Hahn/Schön
Arbeitslos – Chancenlos?

KSPW: Transformationsprozesse

Schriftenreihe der Kommission
für die Erforschung des sozialen und politischen Wandels
in den neuen Bundesländern e.V. (KSPW)

Herausgegeben vom Vorstand der KSPW:
Hans Bertram, Hildegard Maria Nickel,
Oskar Niedermayer, Gisela Trommsdorff

Band 11

Toni Hahn
Gerhard Schön

Arbeitslos – chancenlos?

Verläufe von Arbeitslosigkeit in Ostdeutschland

Leske + Budrich, Opladen 1996

Die Deutsche Bibliothek – CIP-Einheitsaufnahme
Hahn, Toni:
Arbeitslos - chancenlos ? : Verläufe von Arbeitslosigkeit in Ostdeutschland / Toni Hahn ; Gerhard Schön. – Opladen : Leske und Budrich, 1996
(Transformationsprozesse ; Bd. 11)

ISBN 978-3-8100-1614-0 ISBN 978-3-322-91438-5 (eBook)
DOI 10.1007/978-3-322-91438-5

NE: Schön, Gerhard:; GT

Satz: Leske + Budrich

Editorial

Der vorliegende Band präsentiert Ergebnisse eines *Projekts aus der zweiten Forschungs- und Förderphase* der Kommission für die Erforschung des sozialen und politischen Wandels in den neuen Bundesländern e.V. (KSPW).

Die KSPW ist eine vom Wissenschaftsrat (Ende 1991) empfohlene, auf fünf Jahre begrenzte Initiative (1992-1996) von namhaften SozialwissenschaftlerInnen aus den neuen und alten Bundesländern, finanziert und unterstützt vom Bundesministerium für Bildung, Wissenschaft, Forschung und Technologie sowie vom Bundesministerium für Arbeit und Sozialordnung. Ihre erklärte dreifache Aufgabe sieht sie darin,

- den sozialen und politischen Wandel in den neuen Bundesländern zu erforschen bzw. seine Erforschung zu fördern,
- damit auch die empirischen und theoretischen Grundlagen für politische Handlungsempfehlungen zu verbessern sowie
- angesichts des Umbruchs der Sozialwissenschaften in den neuen Bundesländern das sozialwissenschaftliche WissenschaftlerInnen-Potential und den Nachwuchs dort zu unterstützten.

In einer ersten *Forschungs- und Förderphase 1992* wurden 176 sogenannte „Kurzstudien" (mit einer Laufzeit von meist nur drei bis höchstens sechs Monaten) vergeben – ausgeschrieben nach bestimmten relevanten Themen des ostdeutschen Transformationsprozesses und mit dem Ergebnis des Eingangs von rund 1.700 Anträgen. Sie sollten sozialwissenschaftliche Analysen anregen (häufig im Vergleich zu vorliegenden Daten aus der DDR), die im Umbruch befindliche sozialwissenschaftliche Potential unterstützen (fast ausschließlich an WissenschaftlerInnen in den neuen Bundesländern vergeben) sowie empirische Daten aus der DDR-Soziologie sichern helfen. Die Ergebnisse und Fachtagungen in deren Umfeld wurden im einzelnen in der Grauen Reihe der KSPW sowie thematisch zusammengefaßt in 8 Titeln der Buchreihe „KSPW: Transformationsprozesse" publiziert und damit einer breiten politischen und Fachöffentlichkeit zugänglich gemacht.

Die Reihe „KSPW: Transformationsprozesse" wird vom Vorstand der KSPW herausgegeben und ordnet sich in die eingangs genannten Ziele der

KSPW ein: Zum einen finden interessierte Leser aus der Wissenschaft, der politischen Administration sowie aus der sozialen und politischen Praxis Materialien, Analysen und anwendungsbezogenen Konzeptionen, die für die tägliche Auseinandersetzung mit dem und im Transformationsprozeß genutzt werden können; zum anderen gibt sie SozialwissenschaftlerInnen (vor allem der neuen Bundesländer) Gelegenheit, die Ergebnisse ihrer Forschung – durchgeführt teils in für sie neuen Forschungsfeldern, teils in Anlehnung an „alte“ – hier zu präsentieren.

Die *zweite Forschungs- und Förderphase* der KSPW förderte 53 größere Projekte zum ostdeutschen Transformationsprozeß (Antrags-Eingänge: rund 250), wovon ausgewählte auch in dieser Reihe veröffentlicht werden.

Die *dritte Forschungs- und Förderphase* zielt – über die Arbeit von sechs Berichtsgruppen (ehrenamtlich von ost- und westdeutschen SozialwissenschaftlerInnen geleistet) – auf die Berichte der KSPW ab, die ebenfalls (als sechs Berichts- und darüber hinaus zugeordnete Materialbände noch in 1996) im Verlag Leske + Budrich erscheinen werden.

Halle, im Mai 1996

Hans Bertram
Der Vorsitzende des Vorstandes der
Kommission für die Erforschung
des sozialen und politischen Wandels
in den neuen Bundesländern e.V.

Inhalt

Einleitung

In der östlichen Teilgesellschaft der Bundesrepublik Deutschland ist mit der Implementation marktwirtschaftlicher Strukturen in ein zuvor auf weiten Strecken ineffizientes ökonomisches System etwas aufgetaucht, das die Lebenswelt der meisten Bevölkerungsgruppen in bisher unbekannter Weise mehr oder weniger direkt und nachhaltig prägt: Abschnitte von Lebensläufen fokussieren sich plötzlich für viele in Arbeitslosigkeitsverläufen.

Berücksichtigt man, daß fünf Jahre nach der ,Wende' Arbeitslosigkeit zusammen mit anderen Defiziten normaler Beschäftigung mehr als ein Drittel der 1989 erwerbstätigen Personen erfaßt hat[1] und bedenkt man, daß die Mehrheit der Familien durch ein oder mehrere Mitglieder mit unfreiwilligen Erwerbsbrüchen konfrontiert war bzw. ist, erschließt sich die Reichweite die-

---

1 Der Arbeitsmarktmonitor für die neuen Bundeländer weist aus, daß von den im November 1989 8,9 Mio Erwerbstätigen fünf Jahre später nur noch 64 Prozent erwerbstätig waren (von den Männern 70 Prozent, von den Frauen 59 Prozent). Von den Erwerbstätigen im November 1994 hatten 16 Prozent zwischenzeitlich ihre Beschäftigung unterbrochen, oft durch Arbeitslosigkeit. Siehe: Bielinski, H./Brinkmann, C./Kohler, B. 1995, Tabelle 1 und 2. Nach Befunden des ALLBUS waren von den befragten Erwerbstätigen zum Zeitpunkt 1994 in den letzten 10 Jahren mindestens einmal arbeitslos: im Westen 20 Prozent, im Osten 26 Prozent (obwohl hier der Zeitraum realen Risikos des Überganges in Arbeitslosigkeit nur 5 Jahre beträgt). Diese und die im weiteren ausgewerteten Daten des ALLBUS entstammen der 'Allgemeinen Bevölkerungsumfrage der Sozialwissenschaften'. (Der ALLBUS ist eine von Bund und Ländern über die GESIS finanzierte Umfrage, die vom ZUMA Mannheim und vom ZA Köln in Zusammenarbeit mit dem ALLBUS-Ausschuß realisiert wurde. Die Dokumentationen und Daten sind beim ZA Köln erhältlich. Die vorgenannten Institutionen und Personen tragen keine Verantwortung für die Verwendung der Daten in diesem Buch). In der Mehrthemenumfrage der KSPW von 1993 (MTU) gaben, bezogen auf den Zeitraum seit Anfang 1990, 18 Prozent der ostdeutschen Erwerbstätigen von 1993 an, in dieser Zeit mindestens einmal den Arbeitsplatz verloren zu haben, 31 Prozent hatten den Arbeitsplatz gewechselt (Zur Anlage der MTU siehe: J.H.P. Hoffmeyer-Zlotnik: KSPW-Repräsentativumfrage 1993: Methodische Anlage und Durchführung. In: Bertram, H. (Hg.) 1995, S. 287-309

ser Seite des gesellschaftlichen Transformationsprozesses im Osten Deutschlands.

Wenn Arbeitslosigkeit sehr rasch und in den neuen noch viel stärker als in den alten Bundesländern zu einer ganz alltäglichen Erfahrung geworden ist, so sollte nicht übersehen werden, daß das Erleben eigener Arbeitslosigkeit im Osten dominant Frauen betrifft. Von den zur Wendezeit erwerbstätigen Frauen sind fünf Jahre später über 40 Prozent arbeits- oder in sonstiger Form erwerbslos. Von den nunmehr noch erwerbstätigen Frauen war jede dritte inzwischen schon einmal arbeitslos. Bei den Männern sehen diese Relationen anders aus. Rund 30 Prozent der einst Erwerbstätigen sind arbeitsbzw. erwerbslos, von den jetzt Erwerbstätigen hat jeder fünfte Arbeitslosigkeitserfahrung.

Grob gerechnet und unter Ausschluß der in Rente übergegangenen Personen kann man davon ausgehen, daß aus Arbeits- bzw. Erwerbslosigkeit nur ein Drittel der betroffenen Frauen, aber die Hälfte der betroffenen Männer herausgefunden haben.

Daß solche Wiedereinstiege ins Erwerbsleben nach Arbeitslosigkeit trotz der zunehmend angespannten Arbeitsmarktlage gelingen, belegt, daß Übergang in Arbeitslosigkeit keineswegs nur Chancenlosigkeit bedeuten muß, obwohl sie das natürlich für einen Großteil der Betroffenenen nach wie vor ist. Für manch einen kann sie sich sogar als Weg zu neuen beruflichen Handlungsfeldern darstellen. Nur ganz selten wird sie als Chance völliger Umstellung bisherigen Lebens und bisheriger Lebensplanung im Sinne freiwilliger Abkopplung vom Erwerbssystem angesehen. Dafür dürfte es viele Ursachen geben. Einige von ihnen werden in diesem Buch eine Rolle spielen.

Wann aber wird Arbeitslosigkeit nun zur Chancenlosigkeit und wann bezieht sich diese nicht nur auf den Ausschluß aus dem Erwerbsleben, sondern auf tiefgreifende und dauerhafte Einschränkungen in der Lebensweise insgesamt? Dazu wollen wir in diesem Buch Stellung nehmen. Nicht nur die objektiven Lebenschancen, sondern insbesondere deren subjektive Wahrnehmung im Bewußtsein und das Verhalten ostdeutscher Arbeitsloser stehen im Mittelpunkt unserer Überlegungen.

Im Massenbewußtsein wird die bisherige Arbeitsmarkt- und Erwerbsentwicklung sehr sensibel wahrgenommen. Arbeitslosigkeit gilt als jenes gesellschaftliche Problem, das mehrheitlich die größten persönlichen Sorgen bereitet, auch wenn man zur Zeit nicht selbst betroffen ist. Nur 30 Prozent der Erwerbstätigen (27 Prozent der Frauen, 32 Prozent der Männer) aus den neuen Bundesländern gaben 1994 an, sich keine Sorgen um die Sicherheit ihres Arbeitsplatzes zu machen. Große Sorgen artikulierte jede(r) fünfte[2]. Daß

2 Eigene Auswertung der Daten des SOEP 1994

sie innerhalb der nächsten zwei Jahre ‚ganz sicher' bzw. ‚wahrscheinlich' ihren Arbeitsplatz verlieren würden, glaubten 25 Prozent der erwerbstätigen Frauen und 16 Prozent der erwerbstätigen Männer. Gegenüber 1993 hatten sich diese Relationen von Sorgen und Erwartungen 1994 kaum verändert[3]. Vier Jahre zuvor waren sie allerdings deutlich noch stärker ausgeprägt. Damals hatte im Osten der umfassende Freisetzungsprozeß von Arbeitskräften gerade erst begonnen. Geht man in das Jahr 1990 zurück und verfolgt den weiteren Erwerbsverlauf damals Erwerbstätiger, so wird erkennbar: Personen, die 1994 arbeitslos waren, hatten vier Jahre zuvor weitaus häufiger den Verlust ihres Arbeitsplatzes erwartet als Personen, die 1994 vollerwerbstätig waren (‚ganz sicher' oder ‚wahrscheinlich' 56 Prozent vs. 39 Prozent). 1992 war die Spanne in den Erwartungen zwischen den beiden Gruppen mit real unterschiedlichem Erwerbsverlauf noch größer geworden (zwei Drittel der 1994 Arbeitslosen gegenüber 30 Prozent der noch oder wieder Beschäftigten hatten zwei Jahre zuvor ihre Sorgen bezüglich des Arbeitsplatzes geäußert).[4]

Teilweise kommt es durch Erwerbsbrüche, vor allem wenn sie sich als endgültige Erwerbsabbrüche erweisen, zu Weichenstellungen in der Biographie, die einschneidender wirken, als der Systemumbruch insgesamt. Arbeitslosigkeit ist dabei unter Umständen Anstoß für einen sonst nicht gewagten oder früher nicht möglich gewesenen beruflichen Neubeginn, der die eigenen Fähigkeiten herausfordert, neue Chancen eröffnet. Er kann im Selbständigmachen bestehen, im Sich-Erproben auf völlig neuen Feldern abhängiger Tätigkeit. Bisher ‚schlummernde' Neigungen und Kräfte werden mobilisiert, neue Fähigkeiten angeeignet. Übergang in Arbeitslosigkeit kann so als Impuls zur Entfaltung bisher kaum genutzter Ressourcen, auch zur Stärkung von Familienzusammenhalt und partnerschaftlicher Unterstützung erlebt werden, als Möglichkeit individuellen Lebensgewinns.

Bei einem beträchtlichen Teil Betroffener werden jedoch die mit dem gesellschaftlichen Wandel allgemein entstandenen neuen Freiräume im konkreten Lebensvollzug bei anhaltender Arbeitslosigkeit aufs äußerste eingeschränkt.

Denn nicht unbedingt werden vorhandene oder neu angeeignete Potenzen auf dem Arbeitsmarkt nachgefragt, zumal, wenn sie von Personen mit bestimmten soziodemographischen Merkmalen verkörpert werden – etwa, wenn diese älter als 40 oder 45 Jahre und/oder weiblichen Geschlechts sind und familial bedingte räumliche Mobilitätsschranken aufweisen. Für viele

---

3 Eigene Auswertung der Daten des SOEP 1993. Das stimmt weitgehend mit Ergebnissen der MTU überein – 22 Prozent der Erwerbstätigen (26 Prozent der nach Arbeitslosigkeit Wiederbeschäftigten) erwarteten, in naher Zukunft arbeitslos zu werden.

4 Eigene Auswertungen der SOEP-Panel-Datei 1990-1994

bleibt ungeachtet ihrer starken Motiviertheit und ihres intensiven Bemühens der Wiedereinstieg in Erwerbstätigkeit langfristig oder dauerhaft verwehrt.

Ihnen werden damit die unter den heutigen institutionellen Rahmenbedingungen namentlich mittels Erwerbstätigkeit (eigener Arbeitsleistung im Beruf) erreichbare Selbstbestimmnung von objektiver und subjektiver Lebensqualität und die Selbstpositionierung in der horizontalen wie vertikalen Sozialstruktur weitgehend versagt[5].

Zwar waren einer solchen Selbstpositionierung auch in der DDR-Gesellschaft Grenzen gesetzt, so

- infolge institutioneller Restriktionen für marktwirtschaftliches Handeln (fehlendes Unternehmertum, eingeschränkte Selbständigkeit),
- infolge einer der Machtsicherung dienenden selektiven Verteilung von bestimmten Berufs- und Einkommenspositionen,
- infolge der weitgehenden Nichtwirksamkeit des Leistungsprinzips bei der Bewertung von Arbeitsleistung
- und schließlich infolge der eingeschränkten Möglichkeiten zu bedürfnisgerechter Realisierung von Arbeitseinkommen (in Konsumgütern, Reisen u.a.).

Für einen großen Teil derjenigen, denen es mit dem Systemwechsel gelingt, aktiv im Erwerbssystem zu verbleiben, sind solche Begrenzungen entfallen oder geringer geworden.[6]

---

5 Ungeachtet aller Modernisierungstendenzen ist die deutsche Gesellschaft noch immer eine ‚Arbeitsgesellschaft', in der die Befriedigung materieller, kultureller, sozialer Bedürfnisse ganz entscheidend über die Teilhabe am Erwerbssystem vermittelt wird. Für die Mehrzahl der Bürger, sofern sie nicht Kapitaleigentümer sind, bilden die Qualität und die Quantität eigener Erwerbsarbeit bzw. der von Familienangehörigen das Hauptmittel zur aktuellen sowie künftigen Lebenssicherung. Daß diese millionenfache Erfahrung, gekoppelt mit dem aktuellen Erleben von Verknappung der Arbeitsplatzressourcen, eher zu einer Stabilisierung der subjektiven Wertigkeit von Erwerbsarbeit als zu ihrer Aufweichung führt, kann nicht verwundern. Wenn andere Werte, etwa die Orientierung auf Freizeit und Genuß, auf nicht genormte, ganz individuelle Selbstrealisierung, gleichzeitig an Bedeutung gewinnen, steht das nicht im Widerspruch dazu. Im Gegenteil, da die Befriedigung auch sog. postmaterialistischer Bedüfnisse an materielle, ökonomische Voraussetzungen gebunden ist, und da man diese in der Regel in der gegenwärtigen Gesellschaft nur durch mehr oder minder kontinuierliche Erwerbsarbeit schaffen kann, ist die individuelle/familiale Position in dieser Gesellschaft objektiv nun einmal von den im zeitlichen Verlauf der Biographie eingenommenen Erwerbspositionen abhängig. Demzufolge wird Nichtarbeit durch Arbeitslosigkeit von den meisten Betroffenen als sozialer Abstieg wahrgenommen, wenngleich unterschiedlich entsprechend ihres Gewichtes im gesamten Erwerbsverlauf. Soziale Ungleichheitslagen finden ihren Ausgangspunkt in der heutigen deutschen Gesellschaft neben der Kapital-Arbeit-Dimension vor allem in der Stellung im Erwerbssystem. Siehe hierzu auch Mutz, G. 1994

6 Das schließt durchaus die Wirksamkeit „askriptiver Diskriminierungen bei der Eingliederung der ehemaligen DDR in die bürokratisch-kapitalistische Ungleichheitsordnung der

Wer jedoch längerfristig oder dauerhaft aus dem Erwerbsleben verdrängt wird, erfährt in der Regel neue, fundamentale Schranken für die Verwirklichung des Anspruchs auf selbstbestimmte Lebensgestaltung. Das betrifft verschiedene Bedeutungsaspekte von Berufsarbeit[7] für Teilhabe an der Gestaltung von Gesellschaft und an deren Gütern und damit auch für Selbstbewußtsein:

- ihre instrumentelle Funktion (Mittel zur Einkommenssicherung und damit Grundlage der Befriedigung verschiedenster materieller und kulturell-geistiger Bedürfnisse, auch Mittel zur Sicherung persönlicher ökonomischer Unabhängigkeit);
- ihre Rolle für die Erlangung sozialer Geltung und für kommunikative Einbindungen, für das Verbleiben in gewohnten sozial-kulturellen Milieus oder für deren Wechsel;
- ihre Selbstzweckfunktion – Anwendung und Bestätigung eigener Kräfte;
- ihre Bedeutung für die Zeitstrukturierung des Alltags und für die Wertschätzung, für das Genießenkönnen von ‚Freizeit'.

In der Erwerbsorientierung und Arbeitsmotivation Erwerbstätiger wie Arbeitsloser verbinden sich diese Bedeutungen von Berufsarbeit zumeist miteinander. Überwiegend, so zeigen ältere wie auch aktuelle Erhebungen, und zwar nur wenig abweichend zwischen West und Ost, ist Berufsarbeit in der

---

vergrößerten Bundesrepublik Deutschland" (Kreckel, R., 1992, S.302) ein. Leistungsbezogene, meritokratische Prinzipien der Verteilung von Arbeitsplätzen und Entgelt werden z.B. in hohem Maße durch die Geschlechterungleichheit bei der Chancenverteilung außer Kraft gesetzt.

7 Arbeit als zweckgerichtete Tätigkeit zur Schaffung, Wahrung und Erneuerung materieller, kultureller, sozialer und moralischer Güter umfaßt sehr viel mehr als die innerhalb des Erwerbssystem der Gesellschaft organisierte und ökonomisch anerkannte Arbeit. Insofern ist eigentlich der Begriff ‚Arbeitslosigkeit' nicht treffend, um den Ausschluß aus Erwerbstätigkeit zu bezeichnen. Sowohl der Arbeit in der Form von Erwerbsarbeit als auch in der Form von Hausarbeit kommt die Funktion der Schaffung von Gütern zu. Das eine Mal vollzieht sich die Anerkennung der Arbeit als abstrakt-menschliche in der Form von Geldleistungen. Das andere Mal wird die Arbeit als konkret-nützliche, als Teil der notwendig zu leistenden Arbeit privat anerkannt. Arbeitslose sind 'nur' getrennt von der Arbeit, die Teil der den gesellschaftlichen Zusammenhang herstellenden Gesamtarbeit sind. Der Verlust der Erwerbstätigkeit bedeutet daher nicht nur einen Ausschluß von materiellen Gütern. Mit dem Verlust der Möglichkeit, sich als Teil der Arbeit in gesellschaftlich allgemeiner Form zu betätigen, geht durch den nicht mehr vorhandenen gesellschaftlichen Zusammenhang ein Verlust kultureller, sozialer und moralischer Güter einher. Das ist ein Grund dafür, daß ‚Arbeitslosigkeit' auch nicht problemlos durch ‚Erwerbslosigkeit' ersetzt werden kann. Ein weiterer Grund ist der, daß dann andere, auch ‚freiwillige' Formen der Nichtbeteiligung an Erwerbstätigkeit nicht mehr abhebbar wären. Freilich ist selbst der Begriff ‚Erwerbs'arbeit nur bedingt treffend, denn objektiv wie subjektiv handelt es sich bei ihr um mehr als den reinen Erwerb. ‚Berufsarbeit' könnte sinnvoller sein und wird im folgenden synonym mit ‚Erwerbsarbeit' verwendet.

Tat in erster Linie ‚Erwerbs'arbeit, aber nur selten ist sie das ausschließlich[8]. Die verschiedenen Aspekte von Arbeit werden allerdings, gestützt auf bisherige biographische Erfahrungen, in unterschiedlichem Maße als persönlich wichtig erlebt. Ihr zeitweiliges oder dauerhaftes Fehlen wird daher, auch in Abhängigkeit von der Gestaltung und den Bedingungen anderer Lebensbereiche, individuell mehr oder weniger stark als Verlust erlebt.

Analoges gilt für das unterschiedliche Wahrnehmen von Gewinnen, die man beim Übergang in Arbeitslosigkeit durch die Befreiung von mit Berufsarbeit verbundenen Zwängen und Belastungen erfahren kann.

Die im folgenden ausgewertete Längsschnittuntersuchung in einer Region Ostdeutschlands zeigt, daß die erzwungene Unterbrechung der gewohnten Erwerbstätigkeit durchaus nach beiden Seiten hin reflektiert wird. Beschränkung und Erweiterung von Handlungsfeldern und von Lebensqualität werden meist gleichzeitig wahrgenommen – allerdings sehr ungleichgewichtig.

Angesichts der strukturellen gesellschaftlichen Rahmenbedingungen, des akuten Arbeitsplatzmangels und der auch perspektivisch sehr beengten Arbeitsmarktsituation, kann es nicht verwundern, daß sowohl bei erst kürzer währender als auch bei langanhaltender Arbeitslosigkeit die Empfindung sehr deutlich überwiegt, bei der Lebensgestaltung unverschuldet drastisch eingeschränkt zu werden.

Wie sich diese Wahrnehmung in den individuellen Bewältigungsmustern von Arbeitslosigkeit, im Verhalten auf dem Arbeitsmarkt und im weiteren Erwerbsverlauf auswirkt, wird im folgenden dargestellt.

Wir wollen uns in diesem Buch nicht mit den Ursachen für die hohe Arbeitslosigkeit in Ostdeutschland beschäftigen und auch nicht mit den Ursachen dafür, daß die einen davon betroffen werden, andere nicht. Das erfolgt ohnehin in Wissenschaft, Politik und Medien in großem Umfang. Aber wir wollen darstellen, was wir über die *Ursachen für unterschiedliche weitere Erwerbsverläufe nach dem Eintritt in Arbeitslosigkeit* erkundet haben.

Wir wollen uns dabei zwar den Folgen von Arbeitslosigkeit für die Betroffenen zuwenden, aber zugleich immer im Auge haben, inwieweit diese Folgen von ihnen selbst beeinflußbar sind.

---

8 Nach den Gründen gefragt, berufstätig sein zu wollen, antworteten Arbeitslose in West und Ost fast gleichartig: ‚Geld verdienen' 50 Prozent West, 53 Prozent Ost, ‚anderer Grund' 2 bzw 5 Prozent und ‚beides gleichermaßen' 45 Prozent hier wie dort (SOEP '94). Laut MTU rangierte 1993 bei den im Osten Befragten das Einkommen unter vorgegebenen 11 Bedeutungsaspekten der Berufsarbeit an fünfter Stelle. Die Multifunktionalität von Berufsarbeit für die einzelnen dürfte es auch sein, die erklärt, warum trotz des ökonomisch begründeten Rückganges der Arbeitskräftenachfrage das Arbeitskräfteangebot eher zunimmt und warum im Westen die Erwerbsneigung von Frauen wächst, im Osten nicht schrumpft, obwohl mancher Politiker hierin die erhoffte Lösung des Arbeitslosigkeitsproblems sieht.

Im Vordergrund steht also eine bisher in der Arbeitslosenforschung wenig übliche Herangehensweise. Wir betrachten *Arbeitslose als Akteure* und untersuchen, ob und wie sie angesichts und im Rahmen für sie jeweils gegebener Handlungsräume den weiteren Gang ihres Erwerbslebens selbst bestimmen. Wir möchten eine Antwort darauf finden, inwieweit typische Arbeitslosigkeitsverläufe als Typen unterschiedlicher Nutzung verschiedener Handlungsmöglichkeiten zu identifizieren sind.

Gestützt auf Daten einer Panelerhebung im Landesarbeitsamtsbezirk Berlin(Ost)/Brandenburg, in der arbeitslos gewordene Personen und deren Lebenspartner(innen) seit 1992 jährlich befragt wurden[9], werden in den folgenden Kapiteln die angesprochenen Problemfelder genauer beleuchtet.

Kapitel 1 analysiert Stand und Defizite der Arbeitslosenforschung in den neuen Bundesländern und skizziert jene offenen Forschungsfragen, zu deren Beantwortung wir einen Beitrag leisten möchten.

Im Kapitel 2 werden empirische Ergebnisse unseres Panels in Gestalt verschiedener Typisierungen von Erwerbsverläufen nach Eintritt in Arbeitslosigkeit dargestellt. Die ermittelten Typen werden in Bezug auf ihre Strukturiertheit und ihre Determiniertheit analysiert.

Konkordanz., Diskrepanz und Wechselwirkung zwischen typischen Verläufen und typischen Bewältigungsformen von Arbeitslosigkeit sind Gegenstand der Ausführungen im Kapitel 3. Auf Gemeinsamkeiten und Unterschiede psychischer Verarbeitung von Arbeitslosigkeit in West und Ost wird dabei mittels Sekundäranalyse eingegangen.

Mit dem Kapitel 4 schließlich werden Erwerbsverläufe nach Eintritt in Arbeitslosigkeit im Kontext sozialer Neustrukturierung der ostdeutschen Gesellschaft betrachtet und untersucht, in welchem zeitlichen und räumlichen Kontext Arbeitslosigkeit zu einer Dimension sozialer Ungleichheit wird. Gleichzeitig werden soziale Selbstverortungen, politische Einstellungen und Wertorientierungen unter dem Einfluß verschiedener Laufbahnen Arbeitsloser sowie in ihrem Einfluß auf diese Laufbahnen analysiert.

Für die Mitarbeit bei der Endredaktion des Manuskriptes gilt unserer besonderer Dank Horst Miethe.

9 Zum Untersuchungsdesign siehe Anlage 1. Im folgenden wird für diese Erhebung die Bezeichung „biab-Erwerbsverlaufspanel“ verwendet.

1 Arbeitslosenforschung in den neuen Bundesländern – Stand und Defizite

Die Arbeitslosenforschung in den alten Bundesländern[1] hat umfangreiche und differenzierte Erkenntnisse über soziale Lagen Betroffener, über individuelle und familiale Folgen, über Bewältigungsformen und Verläufe von Arbeitslosigkeit geliefert. Diese Erkenntnisse sind jedoch nur eingeschränkt auf die neuen Bundesländer übertragbar. Denn Umfang, Strukturen, Dynamik und sozialhistorischer Hintergrund der Arbeitslosigkeit in Ostdeutschland sind sehr spezifisch.

Dementsprechend steht *Arbeitslosenforschung in den neuen Bundesländern* erst am Beginn. Dennoch sind ihre empirischen Felder und Befunde bereits jetzt breit gefächert (von Frauenarbeitslosigkeit über gesundheitliche Risiken bei Arbeitslosigkeit bis zur Problemlage Langzeitarbeitsloser).[2] Mit dem Arbeitsmarktmonitor stehen darüber hinaus repräsentative Panel-Daten zu Übergängen und Verbleiben in Arbeitslosigkeit für die neuen Bundesländer zur Verfügung.[3]

Es muß aber festgestellt werden, daß verallgemeinernde, typisierende Aussagen über Lebenslagen ostdeutscher Arbeitsloser sowie über Bewälti-

---

1 Siehe hierzu den Literaturanhang

2 Einen Überblick über Anfänge sozialwissenschaflicher Analysen zum Problemkreis Arbeitslosigkeit im Osten Deutschlands gaben Kieselbach, Th./P. Voigt, 1992. Unter dem Gerechtigkeitsaspekt wird ostdeutsche Arbeitslosigkeit aus verschiedenen Blickwinkeln beleuchtet (Montada, L., 1994). Eine spezifisch differenzierende Sicht ostdeutscher Arbeitslosigkeit findet sich in Brinkmann, C./K. Müller/E. Wiedemann, 1993. Auswertungen des SOEP-Ost für Arbeitslose zeigen deren oft problematische Einkommenssituation und die Erhöhung des Armutsrisikos (siehe etwa Krause, P., 1994; Hauser, R., 1995; Priller, E. 1995; Hanesch, W., 1995) sowie speziell die extreme hohe Betroffenheit von Frauen durch Arbeitslosigkeit, aber auch deren anhaltende Erwerbsneigung (Holst, E./Schupp J. 1994, 1995). Zunehmend spielen Regionalstudien eine Rolle, so eine Untersuchung im Landkreis Neuruppin (Kronauer, M./Vogel, B., 1994). Zu Problemen ostdeutscher Arbeitslosigkeit siehe auch 'Arbeitslosenreport' des biab I/1994, II/1994, I/1995

3 Siehe etwa: Bielinski, H./Brinkmann, C./Kohler, B., 1995

gungsmuster und Verlaufsformen von Arbeitslosigkeit und über deren komplexe Bedingtheiten noch ausstehen.

Traditionell sind empirische Untersuchungen zur Arbeitslosigkeit überwiegend in eingegrenzten *territorialen Räumen* lokalisiert (Dorf, Stadt, Gemeinde, Bundesland) – angefangen bei der klassischen Marienthal-Studie bis zu jüngsten Analysen.[4] Die Frage, bei welchen Befunden es sich eher um *lokale Besonderheiten* mit spezifischem sozialökonomischen und sozialkulturellen Hintergrund handelt und bei welchen Befunden eher um übergreifende *allgemeine Züge* von Lagen, Befindlichkeiten und Verhaltensweisen Arbeitsloser, steht dabei in der Regel kaum zur Debatte. Das erschwert es auch, sichere Aussagen über Gemeinsamkeiten wie Unterschiede west- und ostdeutscher Arbeitslosigkeit zu treffen. In der Arbeitslosenforschung ist die gezielte Anwendung eines identischen Erhebungsinstrumentes in Regionen mit differenzierten Strukturmerkmalen und Handlungsvoraussetzungen eher selten. Das im vorliegenden Buch ausgewertete empirische Projekt schließt in bestimmtem Maße diese Lücke, indem es sich sowohl auf das Land Brandenburg einerseits als auch auf Ostberlin andererseits konzentriert. Wir haben es hier mit teils durch erhebliche Unterschiede der Wirtschaft, des Arbeitsmarktes und des Erwerbspersonenpotentials gekennzeichneten Räumen zu tun.

Umfassende *repräsentative* Bevölkerungs- bzw. Erwerbspersonenbefragungen, wie das SOEP, der ALLBUS, der Wohlfahrtssurvey oder die Mehrthemenumfrage der KSPW (MTU), bieten zwar interessantes Datenmaterial, um sowohl Lagen, Einstellungen und Verhalten Arbeitsloser mit denen Erwerbstätiger zu vergleichen, als auch Übereinstimmungen wie Differenzen zwischen West und Ost festzustellen. Aber für detailliertere Analysen mit kombinierten soziodemographischen Merkmalen sind zum einen die Fallzahlen[5] zu gering. Zum anderen sind die Indikatoren derartiger Erhebungen natürlich nicht auf die Messung von Lebensverhältnissen und Befinden bei Arbeitslosigkeit zugeschnitten. So kann zwar etwas über die Wirkung von Arbeitslosigkeit und speziell ihrer Dauer auf die Einkommenslage, auf die Erwerbsneigung, auf die Selbstverortung im Oben-Unten-Gefüge der Gesellschaft, auf Sorgen und Erwartungen ausgesagt werden, nichts jedoch über

4 Siehe etwa: Kronauer, M./Vogel, B./Gerlach, M., 1993

5 Im SOEP '93 waren z. B. unter den in den neuen Bundesländern befragten 3973 Personen 570 Arbeitslose (davon aus Ostberlin 25, aus Brandenburg 78 Arbeitslose). Für das SOEP '94 waren diese Relationen fast gleich. Mit dem ALLBUS '94 wurden in den neuen Bundesländern 1108 Personen befragt, davon 147 Arbeitslose (eine weitere regionale Aufsplittung läßt keine statistisch relevanten Analysen zu). An der Mehrthemenumfrage der KSPW von 1993 (MTU) beteiligten sich mit auswertbaren Interviews 2125 Personen, davon 302 Arbeitslose. Zur Auswertung dieser Umfrage siehe: Bertram, H., 1995

spezielle Be- und Entlastungsempfindungen durch Arbeitslosigkeit, über Konzessionsbereitschaft und Flexibilität bei der Arbeitsuche, und erst recht nichts über Konditionen für alternative Optionen zur Erwerbsarbeit.

Der Arbeitsmarkt-Monitor für die neuen Bundesländer[6] liefert in dieser Hinsicht zwar mehr Daten, bleibt aber dennoch mit seinen Indikatoren vorrangig auf Erwerbstätige und auf ihre berufliche Entwicklung bezogen. Gleichzeitig sind auf Grund seiner spezifischen erwerbsarbeitsbezogenen Aufgabenstellung nur wenige Fragestellungen des Erhebungsinstrumentes auf allgemeinere Lebenseinstellungen und Erwartungen, Zufriedenheiten und Befindlichkeiten gerichtet.

Auch bisherige *empirische* Untersuchungen zur Frage, ob sich im Zuge des Transformationsprozesses in den neuen Bundesländern ein *Wertewandel* vollzieht, in welche Richtung er tendiert, welche Differenzierungen er aufweist, inwieweit er Indikator für eine gesellschaftliche Modernisierung oder für ihr Gegenteil ist[7], lassen die Spezifik der Situation ‚Arbeitslosigkeit' weitgehend außer Acht. Wenn auf sie Bezug genommen wird[8], geschieht das in der Regel, indem Arbeitslosigkeit als ein sozialstrukturelles Untermerkmal der Gruppe der Nichterwerbstätigen gewertet wird oder indem Arbeitslose undifferenziert den Erwerbstätigen gegenübergestellt werden[9], unabhängig davon, ob dieser Erwerbsstatus bei den Befragten soeben erst eingetreten oder schon länger anhaltend ist. Eine solche Herangehensweise muß mit Notwendigkeit offen lassen, ob das persönliche Erleben von Arbeitslosigkeit bestimmte Werte und Wertestrukturen verändert und ob diese Veränderungen eher in Richtung der Beschleunigung ‚postmoderner' Umstrukturierungen oder umgekehrt eher in Richtung einer Verstärkung konservativ-traditioneller Muster tendieren. Ebenso kann kaum beantwortet werden, inwieweit die Verarbeitung von Arbeitslosigkeit selbst durch konsistente Wertorientierungen bzw. durch sich im generellen Trend bewegende Werteverschiebungen modifiziert wird.

---

6 Im Arbeitsmarkt-Monitor vom Nov. 1992 waren von den 9763 Befragten 842 Personen arbeitslos gemeldet. Im Monitor vom Nov. 1993 waren von 8351 Befragten 855 arbeitslos gemeldet, 1994 von 7081 Befragten 123 Personen. Die Fallzahlen für Ostberlin (61 bzw. 53 bzw. knapp 30) und das Land Brandenburg (120 bzw. 123 bzw. ca 120) lassen gewisse regionale Vergleiche zu, allerdings kaum bei weiteren soziodemographischen Untergliederungen.

7 Siehe: Landua, D./Spellerberg, A./Habich, R., 1991; Habich, R./Krause, P./Priller, E., 1991; Spellerberg, A., 1994; Zapf, W., 1994; Brähler, E./Richter, H.-E., 1995; Gensicke, T., 1995; Hradil, S., 1995; Meulemann, H., 1995; Vester, M., 1995

8 Ansätze finden sich in der Auswertung des Sozioökonomischen Panels-Ost: Landua, D., 1992; Spellerberg, A., 1994

9 Siehe etwa Habich, R./Spellerberg, A., 1994

Auch in der bundesdeutschen soziologischen *Wertetheorie*[10] sowie in den langjährigen Debatten um den Bedeutungswandel von Arbeit und Beruf[11], wurde dem Zusammenhang von Arbeitslosigkeit und Wertestrukturen bisher relativ wenig Aufmerksamkeit geschenkt.[12]

Bei West-Ost-Vergleichen findet zwar der Zusammenhang zwischen Arbeitsplatzunsicherheit und Bedeutsamkeit der Berufsarbeit Beachtung.[13] So werden Erwerbstätige und Arbeitslose in ihrem Urteil über die Wichtigkeit verschiedener Lebensbereiche verglichen.[14] Differenziertere Analysen, die zur Messung möglicher Abhängigkeit dieser subjektiven Bedeutsamkeiten vom Erwerbsstatus den Einfluß soziodemographischer Merkmale auf Lebensorientierungen und Werthaltungen zu neutralisieren suchen, finden sich jedoch auch hier nicht.

Andererseits verhält sich ihrerseits die bundesdeutsche *Arbeitsmarkt- und Berufsforschung*, die das Problem der Arbeitslosigkeit umfassend thematisiert, weitgehend abstinent gegenüber der Wertewandeldiskussion. Nur selten oder am Rande werden die sozialphilosphisch-soziologische Diagnostik und kontroverse Interpretationsdebatten aufgegriffen.

All das legt es nahe, der Frage nachzugehen, ob und inwieweit das kritische Lebensereignis Arbeitslosigkeit den bereits in der DDR begonnenen Prozeß des Wertewandels[15] forciert, verzögert oder modifiziert. Von Interesse ist es weiterhin, welche Rolle gesellschaftliche Wertorientierungen und persönliche Lebensziele ihrerseits für Handlungsstrategien bei Betroffenheit durch Arbeitslosigkeit spielen, in welchem Maße sie typische Bewältigungsmuster dieser sozialen Situation[16] prägen. Und wenn sich in West wie Ost qualitativ analoge Bewältigungstypen nachweisen lassen, die lediglich differenzierte quantitative Verteilungen und andere soziodemographische Profile zeigen, spricht das auch für Ähnlichkeiten zugrundeliegender Wer-

---

10 Exemplarisch sei als neuere Arbeit angeführt: Esser, H., 1994

11 Zum Wertewandel siehe z. B.: Kmieciak, O., 1976; Klipstein, M.v./Strümpel, B., 1984; Noelle-Neumann,E./Strümpel, B., 1985; Allerbeck, K., 1985; Klages, H., 1985; Hondrich, K.O. et al, 1988; Inglehart, R., 1989; Hillmann, K.-H., 1989; Spellerberg, A.: Freizeitverhalten - Werte - Orientierungen, 1992; Meulemann, H., 1992

12 Eine der Ausnahmen findet man bei: Vester, H.G., 1988 (speziell Kap.III)

13 Siehe Braun, M., 1992

14 Siehe etwa: Habich, R./Spellerberg, A., 1994

15 Siehe hierzu z. B.: Friedrich, W., 1990; Woderich, R., 1990; Klages, H./Gensicke, T., 1992; Gensicke, T., 1992; Wittich, D., 1994; Spellerberg, A., 1994; Zapf, W./Habich, R., 1994;

16 Typisierungen der Bewältigung von Arbeitslosigkeit finden sich zahlreich in der Literatur, angefangen bei der klassischen Marienthalstudie, über Arbeiten der differentiellen Arbeitslosenforschung (A. Wacker 1983; Kieselbach, T./Wacker, A., 1987), bis zu jüngeren Ergebnisberichten (z. B. Siebers, R./Vonderach, R., 1991; Kronauer, M./Vogel, B./Gerlach, F., 1993; Strittmatter, F.J.,1992

testrukturen? Kaum untersucht ist ebenfalls der wechselseitige Zusammenhang zwischen dem Wandel individueller Wertestrukturen einerseits und der Reflexion von Veränderungen der eigenen Position im Oben-Unten-Gefüge der Gesellschaft andererseits. Erfahrene Arbeitslosigkeit dürfte hier auch Einfluß haben.[17]

Ungleichheitsforschung in der Bundesrepublik Deutschland[18] thematisiert zwar das Problem Arbeitslosigkeit[19]. Die Stellung im Erwerbssystem (Ausübung von Erwerbstätigkeit vs. unfreiwillige Erwerbslosigkeit) wird als eines der Kriterien sozialer Ungleichheit bestimmt.[20] Teilweise[21] findet die Frage Erörterung, welches Gewicht die Erwerbslage in Relation zu anderen Kriterien und in Abhängigkeit von der Bündelung mit anderen Dimensionen sozialer Ungleichheit (z. B. Bildung und Beruf, Einkommen, Wohnverhältnisse) hat und inwiefern sie vorhandene schichtspezifische Ungleichheiten verstärkt.[22] Man konstatiert eine sich verfestigende soziale Strukturiertheit von Arbeitslosigkeit.[23] Ferner wird die soziale Ungleichheit der Geschlechter vielfach in Bezug zu Arbeitsmarktsegregierungen gesetzt, die höhere weibliche Arbeitslosenquote wird als ein Indikator dieser Ungleichheit identifiziert.[24] Vor allem findet Arbeitslosigkeit im Kontext der Rolle von Einkommensarmut im Ungleichheitsgefüge Beachtung. Massenarbeitslosigkeit wird als Hauptursache der Armutsausbreitung analysiert, Langzeitarbeitslose werden (undifferenziert) als eine neue deutsche Randschicht charakterisiert und Arbeitslosigkeit in den neuen Bundesländern wird als eines der Momente von „Umschichtungen am gesellschaftlichen Rand der neuen Länder"[25] bestimmt.

Die Differenziertheit von Arbeitslosigkeit und Langzeitarbeitslosigkeit sowie von Arbeitslosigkeitsverläufen, die relevanten Gemeinsamkeiten und Unterschiede dieser Differenziertheit in West und Ost bleiben weitgehend unbeachtet. Es gibt wichtige Ausnahmen. So untersucht Mutz diskontinuierliche Erwerbsverläufe und speziell Arbeitslosigkeitsverläufe im Zusammenhang mit ‚Entschärfung' und gleichzeitiger ‚Verschärfung' sozialer Ungleichheit.[26] Er plädiert, auf empirische Analysen verschiedener Formen diskonti-

17 Die Bedeutung des Erwerbsstatus für die Selbsteinordnung in das Oben-Unten-Gefüge wird unter anderem analysiert in: Noll, H.-H./Schuster, F., 1992

18 Vgl.: Kreckel, R., 1983; Hradil, S., 1985; Hradil, S., 1987; Geißler, R., 1987; Berger, P.A. /S. Hradil, 1990

19 Siehe z. B. Kreckel, R., 1983; Bonß, W./Heinze, R.G., 1984; Berger, P.A.: 1990

20 Siehe etwa: Bolte , K.M., 1990

21 Siehe etwa: Hradil, S., 1990; Schwenk, O.G., 1995

22 Siehe etwa Kreckel, R., 1992 a; Hradil, S., 1994

23 Siehe etwa Beck, U., 1986, S 145

24 Siehe etwa Kreckel, R., 1992 (Kap. IV); Hellwig, G./Nickel, H.M., 1993; Nickel, H.M., 1995, Schröter, U., 1995

25 Geißler, R., 1992, S. 181, S.190; s.a. Glatzer, W./Noll, H.H., 1992

26 Mutz, G., 1993, S. 10

nuierlicher Erwerbsverläufe gestützt, für eine differenziertere Sicht der Ungleichheitsrelevanz unfreiwilliger Erwerbsunterbrechungen, als meist üblich.[27]

Auch spezielle Arbeiten zur Auswertung des sozioökonomischen Panels stellen ganz gezielt die Frage nach der Bedeutung der Häufigkeit und Dauer von Arbeitslosigkeit in der Erwerbsbiographie, nach deren ‚Normalität' und nach der Funktion zeitlich dimensionierter Arbeitslosigkeiten im Ensemble von Marginalisierungsdeterminanten.[28] Als Ausnahme zu nennen sind ferner Arbeiten zum Zusammenhang zwischen Arbeitslosigkeitsverläufen und differenzierten objektiven wie subjektiven Lagen von Familien verschiedener Haushaltstypen.[29] In der Armutsforschung gilt der Rolle von Arbeitslosigkeit im Ensemble von Einflußfaktoren das Augenmerk.[30] Ebenso wird die Rolle von Unterstützungsleistungen für das Maß von Arbeitslosigkeit diskutiert.[31] Milieutheoretische Arbeiten und empirische Analysen sozialer Milieus[32] blenden das Problem Arbeitslosigkeit dagegen weitgehend aus – wohl zu Recht, da Arbeitslosigkeit zwar in bestimmten Milieus gehäuft zu finden, nicht aber konstitutiv für ein eigenes Milieu sein dürfte.

In soziologischen Analysen zur *sozialen Neustrukturierung der Gesellschaft* im Beitrittsgebiet bleibt bisher die Funktion typischer Verläufe und Profile von Arbeitslosigkeit für soziale Mobilitäten und für neue Ungleichverteilungen von Lebenschancen unterbelichtet. Wo der Frage nach der Rolle von Arbeitslosigkeit im Ungleichheitsgefüge explizit nachgegangen wird und Aussagen zur ‚arbeitsmarktinduzierten Ausdifferenzierung' in den neuen Bundesländern gemacht werden[33], stehen eher zeitlich jeweils fixe Sozialpositionen (etwa der Status langzeitarbeitslos oder in einem relativ sicheren Beschäftigungsverhältnis zu sein) im Blickfeld, als typische Richtungen und Verläufe von Erwerbsstatusveränderungen über die Zeit. Letzteres kann allerdings auch nur ein Panel leisten. So gibt es in Auswertung des SOEP durchaus Ansätze in dieser Richtung. Aber nur selten werden untersuchte Zusammenhänge zwischen Arbeitsmarktsegmentierungen und Erwerbskarrieren in Bezug zu anderen Lebensbereichen (etwa Familien-, Partner-, Haushalts-

---

27 Mutz, G., 1994; Mutz, G., 1995

28 Siehe Bonß, W./Plum, W., 1990

29 Landua, D., 1990; Frick, J./Hauser, R./Müller, K./Wagner, G., 1993; Ludwig-Mayerhofer, W., 1992; derselbe, 1995

30 Siehe z. B. Hauser, R./Berntsen, R., 1992; Ludwig-Mayerhofer, W., 1992; Hanesch, W. u.a., 1994

31 Siehe Hujer, R./Schnabel, R., 1992

32 Siehe etwa: Schulze, G., 1990; Vester, M./Oertzen, P.v./Geiling, H./Herrmann, T./Müller, D., 1993; Ritschel, D, 1995

33 Siehe Adler, F./Kretzschmar, A., 1994

kontext) gesetzt und noch seltener als komplexe Lebenszusammenhänge aus der Sicht von Entwicklungen sozialer Ungleichheit betrachtet.[34]

Spezielle Arbeitslosenforschung stellt nun allerdings selbst nur selten die Frage nach der Einordnung spezifischer Lagen von Arbeitslosen in das Gefüge sozialer Ungleichheit[35]. Die Analyse von Problemgruppen Arbeitsloser[36] wird kaum aus der Sicht übergreifender Ungleichheitsstrukturen und anderer Momente der Sozialstruktur vorgenommen[37].

Selbst wenn sich die Frage nach einem Zusammenhang zwischen Arbeitslosigkeit und Ungleichheit vornehmlich bei längerwährender Arbeitslosigkeit stellt, so ist sie angesichts der Dimension, die die Langzeitarbeitslosigkeit[38] im Osten Deutschlands bereits erreicht hat[39], dabei sich hier nicht wie im Westen in einem längeren Zeitraum allmählich, sondern in historisch kürzester Frist aufbauend, keineswegs als Problem einer eher marginalen Gruppe abzutun. Aber es bleibt zu untersuchen, welche typischen Konstellationen erst welche Teile der Langzeitarbeitslosen zu einer besonderen Schicht innerhalb der Ungleichheitsstruktur der Gesellschaft werden lassen und in welchem Maße hier mittelfristig noch wesentliche Abweichungen gegenüber der Strukturierung der westdeutschen Gesellschaft zu erwarten sind.

In der Mehrzahl der Ansätze ist Arbeitslosenforschung, auch die ‚differentielle' Arbeitslosenforschung[40], *Wirkungsforschung*. Es werden die finanziellen, familialen, gesundheitlichen, psychischen und sozialen Folgen bei Betroffenheit durch Arbeitslosigkeit untersucht[41]. Arbeitslosigkeit ist hier ausschließlich unabhängige Variable.

---

34 Thematisiert wird dies bei : Blossfeld, H.P., 1990

35 Büchtemann, C.F., 1984. Aufgegriffen wird diese Fragestellung für die alten Bundesländer auch bei: Gerlach, F./Kronauer, M./Vogel, B., 1990

36 Siehe hierzu etwa die zahlreichen Arbeiten von C. Brinkmann (s. Literaturverzeichnis)

37 Ansätze finden sich bei Schmal,A., 1994. So wird hier die Verknüpfung von Ungleichheiten zwischen Regionen und ungleichen Arbeitsmarktrisiken bei verschiedenen Gruppen betrachtet.

38 Sowohl im engeren Sinne verstanden (ununterbrochen ein Jahr oder länger ohne Beschäftigung), als auch im weiteren Sinne (mit kurzen Unterbrechungen in einem mehrjährigen Zeitraum die überwiegende Zeit arbeitslos gemeldet)

39 Der Anteil Langzeitarbeitsloser an den Arbeitslosen ist im Osten bereits jetzt, nach erst 5 Jahren registrierter Arbeitslosigkeit, höher als im Westen (etwa ein Drittel gegenüber einem Viertel). Nimmt man kurzzeitige Unterbrechungen der Arbeitslosigkeit aus, so sind nach Daten des Arbeitsmarkmonitors fast die Hälfte der Arbeitslosen als langzeitarbeitslos zu betrachten. Berücksichtigt man schließlich noch jene quasiarbeitslosen Personen, die gezwungenermaßen in Vorruhestandsregelungen übergingen und mit vergleichsweise niedrigen Bezügen sowie objektiven Statusverlusten leben müssen, so beträgt die Zahl der im weiteren Sinne Langzeitarbeitslosen nahezu 1 ½ Millionen.

40 Wacker, A., 1983 a)

41 Brinkmann, C., 1984; Wacker, A., 1983 b); Kieselbach, T./Wacker, A., 1987

Wir bevorzugen ein anderes Herangehen: die Verbindung von Wirkungsforschung mit der Betrachtung der *Arbeitslosen als Akteure ihrer Situation.*[42] Lage und Befindlichkeit bei Arbeitslosigkeit und ihr Verlauf werden von uns ganz bewußt auch als abhängige Variable von Lebensmustern, Bewältigungsstrategien und Verhaltensweisen Arbeitsloser betrachtet. Die Handlungsfähigkeit der Arbeitslosen wird dabei als Wechselspiel von subjektiver Kompetenz und objektiven Handlungsräumen (Gelegenheitsstrukturen) verstanden. Es wird davon ausgegangen, daß der Übergang in Arbeitslosigkeit und auch zugespitzte Problemlagen bei Langzeitarbeitslosigkeit stets Verhaltensalternativen bergen, seien sie auch noch so eingeengt und schlössen sie auch nicht unbedingt die Alternative des Übergangs in normale Beschäftigung ein. Der *Umgang mit der Situation der Arbeitslosigkeit, ihre subjektive Bewältigung und ihr realer Verlauf sind immer auch davon abhängig, ob jeweilige Handlungsmöglichkeiten wahrgenommen und genutzt werden.* Wichtige Ansätze und Ergebnisse eines solchen Herangehens wurden in der Münchener Projektgruppe für Sozialforschung erarbeitet[43].

Auch der Zusammenhang von *Arbeitslosigkeit und Familie* wird selten als Handlungsraum von Subjekten betrachtet. Viele der relevanten Untersuchungen haben wiederum mehr die Wirkungen von Arbeitslosigkeit auf die Familien zum Gegenstand[44]. Ebenso werden die Unterstützungs- und Entlastungspotenzen von Familien für Arbeitslose sowie die Anforderungs- und Belastungsaspekte durch Familie in der Situation von Arbeitslosigkeit und auch deren Bedeutung für das Arbeitslosigkeitsrisiko analysiert[45]. Interessant ist, daß in der Arbeitslosenforschung für die alten Bundesländer überwiegend die Familien arbeitsloser Männer das empirische Feld bilden. Bei Untersuchungen im Osten verschiebt sich angesichts dessen, daß hier Arbeitslosigkeit ein dominant weibliches Phänomen ist, die Perspektive. Eine wesentliche Aufgabe scheint uns hier zu sein, die bislang nur selten anzutreffende Betrachtung von Familien bzw. Partnerschaften als kollektive Subjekte des Erfahrens und Bewältigens von Arbeitslosigkeit[46] aufzugreifen.

---

42 Ein handlungsorientiertes Konzept entwickelt z. B. Holzkamp, K., 1986

43 G. Mutz arbeitet den Zusammenhang zwischen Milieulagen und Erwerbsverläufen heraus und untersucht in diesem Kontext, ‚wie groß der tatsächliche und individuell wahrgenommene Handlungsspielraum in Diskontinuitätsphasen überhaupt ist'. Er betont: ‚In allen Biographien wurden Gestaltungsmöglichkeiten gesehen und es wurde auch biographisch gestaltet'. Mutz, G., 1993 b, S12f

44 Schindler, H./A. Wacker/P. Wetzels, 1990; Hess, D./Hartenstein, W./Smid, M., 1991; Bleich, C./Witte, E.H., 1992

45 Beckmann, P./Bender, S., 1993; Hornstein, W./Lüders, C./Rosner, S./Salzmann, W./Schusser, H., 1986

46 Siehe Jackson, P.R., 1990

Noch steht eine *Typologie ostdeutscher Erwerbsverläufe nach Eintritt in Arbeitslosigkeit* aus, aber es gibt bereits eine Reihe von Ansätzen, die dafür genutzt werden können.

Hinsichtlich der Determinanten des Erwerbsverlaufs nach Eintritt in Arbeitslosigkeit in der früheren BRD existieren vor allem Untersuchungen über die Wahrscheinlichkeit von Abgängen aus Arbeitslosigkeit und Zugängen in Arbeitslosigkeit[47] und über die Einflußfaktoren auf Beschäftigungsstabilität nach Arbeitslosigkeit[48]. Ihre Ergebnisse sind über die Verfahren der Ereignisanalyse statistisch relativ gut abgesichert.

Verhältnismäßig gut erforscht sind für den westdeutschen Arbeitsmarkt *Mehrfacharbeitslosigkeit*[49] und *kumulative Arbeitslosigkeit*[50] und damit im Zusammenhang *Dauerarbeitslosigkeit*[51]. Neben diesen Untersuchungen zu einzelnen Gruppen von Arbeitslosen existieren Ansätze, Arbeitslosigkeitsverläufe aller Betroffenen zu klassifizieren. Dabei orientiert sich die Bildung der Typen vor allem an der Dauer und Häufigkeit der Arbeitslosigkeit. Ludwig-Mayerhofer[52] unterscheidet sechs Typen von Arbeitslosigkeit: *vorübergehende Arbeitslosigkeit*; *wiederkehrende Arbeitslosigkeit*; *lang anhaltende Arbeitslosigkeit*; *Dauerarbeitslosigkeit*; *Austritt aus dem Arbeitsmarkt*; *Sonstige*. Zu ähnlichen Typen kommt Mutz[53]. Zusätzlich ordnet er seine sechs Diskontinuitätsmuster[54] in den sozialen Raum ein. Vergleichbare Ergebnisse liegen unserer Kenntnis nach für den ostdeutschen Arbeitsmarkt nicht vor.[55] Die besondere Situation in den neuen Bundesländern erfordert aufgrund der existierenden Unterschiede die Anpassung einer Erwerbsverlaufstypologie an

---

47 Büchtemann, C. F.: Erwerbskarrieren im Anschluß an Arbeitslosigkeit, 1992; Licht, G./Steiner, V., 1991; Büchel, F./Weisshuhn, G., 1990

48 Klein, T., 1990; Klein, T., 1992; Ludwig-Mayerhofer, W., 1992

49 Andreß, Hans-Jürgen: Instabile Erwerbskarrieren und Mehrfacharbeitslosigkeit – ein Vergleich mit der Problemgruppe der Langzeitarbeitslosen, In: MittAB 1/89, S. 16-32

50 Büchtemann, C. F./Rosenbladt, B. von: Kumulative Arbeitslosigkeit, In: MittAB 3/1983; Karr, Werner/John, Karl: Mehrfacharbeitslosigkeit und kumulative Arbeitslosigkeit; In: MittAB 1/89, S. 1-16; Steiner, V.: Kumulative Arbeitslosigkeit, In: Wirtschaft und Gesellschaft, 13. Jg. Heft 1 1988

51 Mutz, Gerd: Biographische Normalisierung diskontinuierlicher Erwerbsverläufe; mps-texte Heft 1/1993

52 Ludwig-Mayerhofer, Wolfgang: Arbeitslosigkeit und Erwerbsverlauf, In: ZfS Jg. 19, Heft 5, Oktober 1990, S. 345-359;

53 Mutz, Gerd: Diskontinuierliche Erwerbsverläufe und soziale Ungleichheit; mps-texte Heft 2/1993, München

54 „einmalige kurze Diskontinuität (< 6 Monat); wiederkehrende Diskontinuität; einmalige längere Diskontinuität (> 6 Monate); lang andauernde Diskontinuität und Austritt aus dem Arbeitsmarkt; wiederkehrende kurze und lange Diskontinuität; keine Zuordnung" Mutz, Gerd: a. a. O. S. 5

55 Zu Ergebnissen eines hierauf bezogenen Forschungsprojektes von G. Mutz liegen uns noch keine Veröffentlichungen vor.

die Besonderheiten des Arbeitsmarktes, bspw. die stärkere Berücksichtigung der Bedeutung von AFG-Maßnahmen. Vor allem muß erkundet werden, inwieweit spezifisch ostdeutsche Deutungs- und Bewältigungsmuster[56] von Arbeitslosigkeit existieren, ob davon bestimmtes persönliches Wollen und Entscheiden Einfluß auf den Fortgang von Arbeitslosigkeit haben und in welchem Maße schließlich typische Arbeitslosigkeitsverläufe das individuelle und gesellschaftliche Leben prägen.

Bisher noch wenige Untersuchungen versuchen aus der Vielzahl von individuellen Erwerbsverläufen nach Eintritt in Arbeitslosigkeit charakteristische Muster herauszuarbeiten und zu Typen zu verdichten. Die Arbeitsmarktstatistik und Querschnittsanalysen erfassen in der Regel nur Dauer und Qualität der Arbeitslosigkeit zum Untersuchungszeitpunkt, nicht aber die weitere Arbeitslosigkeitskarriere. Zu dieser gehört die Häufigkeit der Arbeitslosigkeit und die Richtung des Übergangs aus Arbeitslosigkeit in einen anderen Status (auf den ersten Arbeitsmarkt, in AFG-Maßnahmen, usw.). Sind sie biographisch angelegt, wie das z. B. beim ALLBUS teilweise der Fall war[57], so reichen die Fallzahlen der Teilpopulation der Arbeitslosen nicht für eine multivariate Analyse aus. Ohnehin können für die Darstellung und Systematisierung komplexer Erwerbsverläufe nur Paneldaten herangezogen werden, die als Analyseeinheiten aus einer Längsschnittuntersuchung alle die Personen herausgreifen, die irgenwann im Untersuchungszeitraum arbeitslos waren[58] – das trifft für das SOEP zu – oder die von vornherein als Panelstudie Arbeitsloser angelegt ist, wie das beim biab-Erwerbverlaufspanel der Fall ist.

Ähnlich verhält es sich mit den Ergebnissen des Arbeitsmarkt Monitors. Die Auswertungen des Arbeitsmarkt Monitors für die neuen Bundesländer operieren mit insgesamt 12 Erwerbsverlaufstypen, davon 3 mit Einschluß einer Unterbrechung der Erwerbstätigkeit[59]. Bei der Konstruktion der Erwerbsverlaufstypen wurde vor allem der Zielzustand zum Zeitpunkt der letzten Erhebungswelle einbezogen. Daneben berücksichtigen die Erwerbsverlaufstypen des Arbeitsmarkt-Monitors Qualifizierungsmaßnahmen, Fortbildung und Umschulung, Arbeitslosigkeit, soweit dieser Status zum Zeitpunkt einer Erhebung vorlag. Nicht berücksichtigt werden die Dauer der Arbeitslosigkeit und deren Häufigkeit. Das relativ grobe Raster (Befragungen: 11/90, 2/91, 7/91, 11/91, 5/92, 11/92, 11/93, 11/94) sowie die Anlage des Forschungsdesigns (das Interesse richtete sich auf die Erwerbsbevölkerung insgesamt, so

56 vgl. Mutz, G., 1995b

57 ALLBUS 1994

58 vgl. dazu: Berger, Horst/Bulmahn, Thomas/Hinrichs, Wilhelm: Erwerbsverläufe in Ostdeutschland, WZB-Arbeitspapier FS III 95-403, Berlin 1995

59 Kurze Unterbrechungen zwischen zwei Befragungszeitpunkten wurden nicht gemessen (vgl. IAB werkstattbericht Nr. 6 / 4.7.1995, S. 23).

daß spezifische Fragen für Arbeitslose nur einen relativ geringen Umfang haben konnten), erlauben nur bedingt differenzierbare Aussagen über typische Arbeitslosigkeitsveläufe und deren komplexe Determiniertheit.

Demgegenüber beziehen die Auswertungen des biab-Erwerbsverlaufspanels Dauer und Häufigkeit der Arbeitslosigkeit in die Analyse von Erwerbsverläufen mit ein. Wir versuchen mit unserer Auswertung eine Brücke zu bilden zwischen Untersuchungen der Charakterisierung des Erwerbsverlaufs auf der Grundlage von Anfangs- und Zielzustand, die in der Regel die gesamte Erwerbsbevölkerung zur Grundlage haben, und den Untersuchungen zur Lage, Befindlichkeit und zum Abgangsrisiko aus Arbeitslosigkeit.

Gestützt auf eigene empirische Analysen sowie auf sekundäranalytische Datenauswertungen konzentrieren wir uns im folgenden auf 4 Fragen:

1. Was bedeuten *Erwerbs/Berufsarbeit* und demzufolge deren Verlust durch Arbeitslosigkeit *für die objektive und für die subjektive Wohlfahrt* der Individuen sowie ihrer Partner/Familie? Inwiefern verändern sich durch die Arbeitslosigkeit Handlungsbedingungen und inwieweit können vorhandene oder neu angeeignete Handlungsressourcen Handlungsräume erweitern?

Repräsentative Erhebungen (etwa SOEP, Wohlfahrtssurvey, ALLBUS, MTU, Arbeitsmarktmonitor) und unsere eigene, regional auf das Land Brandenburg und Ostberlin bezogene Längsschnittstudie belegen:

- Arbeitslose haben gegenüber Erwerbstätigen im Schnitt deutliche Einbußen des materiellen Lebensniveaus und der allgemeinen Lebenszufriedenheit zu verzeichnen. Aber nicht die individuelle Betroffenheit allein ist maßgebend, sondern die Erwerbskonstellation im Familien-/Partnerhaushalt insgesamt.
- Die subjektive Bedeutsamkeit von Berufsarbeit ist bei beiden Erwerbsgruppen im Durchschnitt hoch. Dieser Bereich bildet zwar im individuellen Wertgefüge meist nicht das Zentrum des Lebens, aber er steht an vorderer Stelle der Lebensorientierungen. Eine markante Bedeutungsabnahme, die auf einen grundsätzlichen Wertewandel in der Bevölkerung hinweisen würde, findet insgesamt kaum statt.

Die Durchschnittszahlen verbergen allerdings die innere Differenziertheit von Lagen und Handlungsbedingungen, von Befinden und Optionen sowohl Arbeitsloser als auch Erwerbstätiger. Betroffenheit durch Arbeitslosigkeit ist einerseits nicht unbedingt mit tiefgreifenden Einschnitten der materiellen Lebensführung verbunden und andererseits können auch Erwerbstätige in Armut gelangen. Soziale Netzwerke werden nur teilweise und in sehr differenziertem Maße durch Erwerbsstatuswechsel berührt. Lebenszufriedenheit und Zukunftserwartungen erweisen sich eher durch soziodemografische

Merkmale als durch den aktuellen Erwerbsstatus beeinflußt. Alternative Lebenskonzepte, die einen Rückzug aus dem Erwerbssystem einschließen, werden durch Betroffenheit von Arbeitslosigkeit nur unter ganz spezifischen Voraussetzungen und sehr selten befördert.

2. Wie ist das *Gefüge von Einflußfaktoren* strukturiert, von denen Lebenslage, Wohlbefinden und Handeln Arbeitsloser abhängen?

- In welchem Maße ist allein schon ihr Erwerbsstatus als solcher bedeutsam, welche Rolle spielt die Dauer des Verbleibs in Arbeitslosigkeit?
- Welche moderierende Bedeutung haben Einflußfaktoren wie Familien- und Partnersituation, die Einkommenssituation des Haushaltes, das Lebensalter, die Bildung und Qualifikation, soziales Umfeld, kulturelles Milieu?
- Wie bedeutsam sind als Reflexionsfilter wirkende biographisch angeeignete Wertestrukturen, Lebensziele und Motivationen, möglicherweise auch politische Einstellungen?
- Worin bestehen ostdeutsche Spezifika dieser Bedeutungszusammenhänge? Haben die besondere Massenhaftigkeit der Arbeitslosigkeit und das Tempo ihres Aufbaus im Osten, ihre andersartige soziale Strukturiertheit als im Westen und haben die spezifischen biografischen Erfahrungshorizonte sowie Verhaltensgewohnheiten ostdeutscher Arbeitsloser wesentlichen Einfluß auf ihre gegenwärtige objektive und subjektive Situation?

Ein Gewicht dieser modifizierenden Einflußfaktoren ist unbestreitbar und es läßt sich mittels multivariater statistischer Verfahren auch recht genau bestimmen.

Aber es zeigt sich auch, daß eine statische Betrachtung von Zusammenhängen zwischen jeweiliger Erwerbssituation, weiteren Einflußfaktoren und Lebenslage/Befinden allein nicht ausreicht.

Die *Zeitdimension* ist in die Betrachtung einzubringen. Das erfordert nicht nur die Berücksichtigung der bisherigen Verbleibdauer in Arbeitslosigkeit, sondern auch die Erfassung der verschiedenen Formen und Ausdehnungen zwischenzeitlicher Fluktuationen aus Arbeitslosigkeit sowie der differenzierten Arten des Überganges und des Verbleibs in Wiederbeschäftigung oder in unterschiedliche Formen von Erwerbslosigkeit.

Denn, so zeigen Längsschnittdaten, nicht der aktuelle Erwerbs*status*, sondern die Erwerbs*dynamik* beeinflußt Lebenslagen. Die Erwerbsdynamik *und* die Erwerbs*perspektive* beeinflussen auch Lebenszufriedenheiten, Einstellungen, Erwartungen und Ziele. Diese Dynamik mindert oder steigert zudem ferner die moderierende/kompensierende Funktion anderer Faktoren, ja determiniert diese teilweise sogar.

Ein Beispiel dafür ist die Familienatmosphäre. Sie ist zweifellos bedeutsam für die psychische Verarbeitung von Arbeitslosigkeit und für das Handeln in dieser Situation. Aber sie selbst unterliegt auch Veränderungen unter dem Einfluß des Verlaufs der Arbeitslosigkeit und des Verhaltens des arbeitslosen Familienmitgliedes. Ein anderes Beispiel sind subjektive Selbstverortungen in der Gesellschaft und Erwartungen an die Gesellschaft. Sie prägen deutlich die Wahrnehmung der Arbeitslosigkeit. Aber die Arbeitslosigkeitserfahrung selbst kann bisherige Urteile und Maßstäbe, etwa bezüglich des Oben-Unten-Gefüges der Gesellschaft, relativieren. Moderierende Faktoren des Verarbeitens von Arbeitslosigkeit können durch das Erfahren dieser Lage selbst moderiert werden.

Hier stellt sich ein wesentliches methodisches Problem: Wenn die Moderatorfaktoren selbst Veränderungen unterliegen, und zwar auch solchen, die durch den Arbeitslosigkeitsverlauf bedingt sind, dann bedarf es nicht nur eines längeren Beobachtungszeitraumes und möglichst vieler Meßzeitpunkte, sondern auch der Erhebung von Daten bei einer Vergleichsgruppe Erwerbstätiger ohne Arbeitslosigkeitserfahrung, um Zusammenhangsrichtungen und -rangfolgen zwischen

- dem Arbeitslosigkeitsverlauf,
- verschiedenen Moderatorvariablen,
- objektiven Lagen und subjektivem Befinden
- und schließlich dem Bewältigungs- und Handlungsprozeß

in ihrer mehrdimensionalen Wechselwirkung möglichst adäquat abzubilden. Damit ergab sich eine dritte Frage.

3. Lassen sich *typische Verläufe von Arbeitslosigkeit* im Osten herauskristallisieren und unterscheiden sich diese wesentlich von typischen Verläufen im Westen – und zwar in der qualitativen Charakteristik oder/und in den quantitativen Ausprägungen? Gibt es andere Persistenz- und Fluktuationsmuster mit anderen Häufigkeiten und sind vergleichbare Typen auch soziodemographisch ähnlich strukturiert?

Für den Osten fanden wir vier Typen des Erwerbsverlaufs nach Eintritt in Arbeitslosigkeit heraus.

Wir untersuchten das Gewicht verschiedener Determinanten dieser Verlaufstypen:

- gesellschaftliche Rahmenbedingungen in ihrer regionalen Ausgestaltung (insbesondere Arbeitsmarkt),
- gruppenspezifische Chancen und Risiken,
- familial-partnerschaftliche Einbindungen und Impulse,
- individuelle Dispositionen, Bewältigungsmuster und Aktivitäten.

Die empirischen Befunde unserer Längsschnittuntersuchung weisen auf die Verflochtenheit dieser Determinanten hin und darauf, daß in Abhängigkeit von der Ausprägung jeder einzelnen die Bedeutsamkeit der anderen variiert. Ist zum Beispiel der Arbeitsmarkt in einer Region besonders eng und gehört man einer sog. Risikogruppe an, dann gewinnt das individuelle Verhalten zusätzliches Gewicht dafür, ob und in welcher Weise die Arbeitslosigkeit beendet werden kann.

Individuelles Verhalten umfaßt sowohl Arbeitsmarktverhalten im engeren Sinne – Aktivitäten zur Arbeitsuche, zur Anpassung individueller Voraussetzungen an strukturelle Bedarfe –, als auch Verhalten zur Bewältigung von Arbeitslosigkeit im weiteren Sinne – kompensatorisch-entlastendes, verstärktes Hinwenden zu anderen Lebensbereichen, Suche nach alternativen Lebensbezügen.

Zwischen Verhalten zur und Verlauf von Arbeitslosigkeit gibt es Wechselwirkungen.

4. Gibt es nun auch Indizien dafür, daß nicht nur individuelle Lebensbedingungen und Befindlichkeiten sowie Verhaltensweisen in wechselseitigem Zusammenhang mit typischen Arbeitslosigkeitsverläufen stehen, sondern daß auch die *Veränderung sozialer Strukturen* eher mit sich herauskristallisierenden Anteilen bestimmter Verlaufsformen der Arbeitslosigkeit in Zusammenhang steht, als schlicht mit Entwicklungen des Umfanges und der Quoten von Arbeitslosigkeit?

In der Tat läßt sich die mit der ungleichmäßigen Verteilung von Arbeitsmarktchancen und von Erwerbsbeteiligungsmöglichkeiten verbundene Dimension sozialer Ungleichheit nicht einfach am Kriterium, Arbeit zu haben oder gezwungenermaßen arbeitslos zu sein, festmachen. Selbst Langzeitarbeitslosigkeit konstituiert noch nicht unbedingt Lebensbedingungen, die die Zugehörigkeit zu einem der Pole sozialer Ungleichheitslagen determinieren. Es gibt keine Soziallage ‚Arbeitslosigkeit'.

Zu fragen ist, welche Art von Kontinuität bzw. Diskontinuität der Arbeitslosigkeit in welchem Moderatorrahmen es ist, die insofern mitstrukturierend für gesellschaftliche Ungleichheit wirkt, als sich damit eine Bündelung von Lebensbedingungen einstellt, die auf mehreren Feldern unterdurchschnittliche Partizipation an Lebenschancen in der Gesellschaft bedeutet.

Gibt es typische Verläufe von Arbeitslosigkeit, die bei Fehlen gegenwirkender Faktoren ganze Gruppen ins soziale Abseits führen, und gibt es typische Verläufe, die die soziale Positionierung keineswegs nachteilig beeinflussen, ja u. U. sogar soziale Aufstiegsaktivitäten fördern?

Unsere Befunde sprechen dafür, daß Arbeitslosigkeitsprozesse in den seit 1989 sich vollziehenden Angleichungs- und Differenzierungsprozessen der ostdeutschen Gesellschaft eine dreifache Bedeutung haben.

Sie tragen zur Neustrukturierung der Erwerbsbevölkerung bei, indem sie

- einerseits innerhalb gleicher Berufs- und Funktionsgruppen polarisierend wirken, neue Trennlinien schaffen,
- andererseits bestehende oder sich im Osten gerade erst herausbildende Ungleichheitsdimensionen (mit Qualifikation und Leistung verbundene ungleiche Lebenschancen) überlagern, homogenisierend wirken,
- schließlich vor der Wende im Osten teils überwundene oder reduzierte traditionelle soziale Ungleichheiten (etwa zwischen den Geschlechtern) reaktivieren und verstärken.

Erwerbsverläufe nach Eintritt in Arbeitslosigkeit haben zwar durchaus eine Zuweisungsfunktion im sozialen Ungleichheitsgefüge. Dabei sind aber objektive und subjektive Dimension zu unterscheiden.

Eine Verlaufsform von Arbeitslosigkeit etwa, die in unfreiwillige, aus persönlicher Sicht nicht in das Lebenskonzept integrierbare, anhaltende Erwerbslosigkeit mündet, bedeutet oft, aber eben nicht immer sozialen Abstieg hinsichtlich des materiellen und kulturellen Lebensniveaus und/oder hinsichtlich sozialer Kommunikationsnetze. Namentlich bei Frauen kommt in den neuen Ländern häufiger als in den alten Bundesländern die kompensierende Rolle der Einkommens- und Sozialposition eines Partners vor – sofern dieser nicht selbst längerfristig arbeitslos ist, was ebenfalls häufiger als im Westen vorkommt.

Die hinsichtlich wesentlicher Parameter in diesen Fällen auch bei ‚negativem' Arbeitslosigkeitsverlauf stabile objektive soziale Lage kann sich auf der subjektiven Ebene durchaus mit der Wahrnehmung persönlichen Abstiegs verbinden, der durch das Ausgeschlossensein von Möglichkeiten selbstbestimmter, unabhängiger Lebensgestaltung gegeben ist.

2. Struktur und Determiniertheit von Erwerbsverläufen nach Eintritt in Arbeitslosigkeit

Im folgenden Abschnitt verwenden wir drei aufeinander aufbauende Betrachtungsebenen zur Darstellung von Erwerbsverläufen nach Eintritt in Arbeitslosigkeit. Der Einfachheit halber reden wir dabei von ‚Arbeitslosigkeitsverläufen'.

Unsere *erste* Betrachtungsebene ist die Struktur von Arbeitslosigkeitsverläufen.

Wie alle Prozesse sind Erwerbsverläufe nach Eintritt in Arbeitslosigkeit strukturiert. Wesentliche Strukturelemente sind:

- der Aufenthalt bzw. Nichtaufenthalt in Arbeitslosigkeit oder in einem anderen Erwerbsstatus[1] (Fortbildung und Umschulung, in ABM, wiederbeschäftigt, aus anderen Gründen nicht erwerbstätig)
- die Dauer des Verbleibs in einem Erwerbsstatus
- die Häufigkeit des Aufenthalts in einem Erwerbsstatus
- die Richtung des Übergangs in einen anderen Erwerbsstatus.

Die Kombinationen und zeitlichen Abfolgen der verschiedenen Elemente bilden jeweils die spezifische Struktur des Erwerbsverlaufs nach Eintritt in Arbeitslosigkeit.

Im Extremfall weist ein Arbeitslosigkeitsverlauf eine sehr einfache Struktur auf. Er besteht etwa aus einmaligem kurz- oder langfristigen Aufenthalt in Arbeitslosigkeit und schließlich endgültigem Abgang aus dem Erwerbsleben. Oder er beinhaltet eine Arbeitslosigkeitsphase, auf die unmittelbar eine stabile Wiederbeschäftigung folgt. In der Regel sind Arbeitslosigkeitsverläufe wesentlich komplexer aufgebaut.

---

1 Statt vom ‚Erwerbsstatus' wäre es begrifflich präziser, vom ‚Status der Erwerbsbeteiligung' zu sprechen, um ohne Mißverständlichkeit auch Erwerbslose (Arbeitslose, Teilnehmer an FuU u.a.) in diese Begrifflichkeit zu integrieren.

In unserem Forschungsprojekt definieren wir den Abschluß eines Arbeitslosigkeitsverlaufes als Vorliegen einer zweijährigen stabilen Wiederbeschäftigung in einem regulären Arbeitsverhältnis. Eine eventuell nach dieser Zeit erneut auftretende Arbeitslosigkeitsphase wäre nach dieser Begrifflichkeit als der Beginn eines neuen Arbeitslosigkeitsverlaufs zu markieren.

Wovon aber hängt es ab, wie Arbeitslosigkeitsverläufe strukturiert sind und wie sie enden?

Die Struktur von Arbeitslosigkeitsverläufen und auch ihre Auflösung durch Beendigung des Verlaufs werden durch zwei Faktorenkomplexe determiniert:

a) durch endogene Faktoren.
Hierbei handelt es sich um die Ausprägung der Elemente der Struktur selbst, um ihre Reproduktion oder Veränderung durch interne Wechselwirkungen.

Bspsw. hat der mehr oder weniger lange Aufenthalt im Erwerbsstatus ‚Fortbildung und Umschulung‘ einen Einfluß auf das Strukturmerkmal ‚Dauer der Arbeitslosigkeit‘ und auf das Strukturelement ‚Richtung des Überganges in einen anderen Erwerbsstatus, so z.B. auf den Übergang in Wiederbeschäftigung.

b) durch exogene Faktoren.
Dazu zählen in erster Linie die Arbeitsmarktsituation und die soziodemographischen Merkmale der von Arbeitslosigkeit Betroffenen, aber auch deren Verhalten auf dem Arbeitsmarkt.

Die *zweite* von uns gewählte Ebene ist die *Querschnittsbetrachtung von Verläufen.*

Mit Hilfe der Strukturmerkmale des Erwerbsverlaufs ‚Dauer der gegenwärtigen bzw. der letzten Arbeitslosigkeit‘, ‚bisherige Häufigkeit des Aufenthalts im Erwerbsstatus der Arbeitslosigkeit‘, ‚Übergang in einen anderen Erwerbsstatus und Aufenthaltsdauer in diesem‘ lassen sich typische Verlaufsmuster bilden.

Wir beschränken die Querschnittsbetrachtung zum einen auf Erwerbsverläufe, die im (vorläufigen) Erwerbsstatus der Arbeitslosigkeit verharren. Zum anderen betrachten wir Erwerbsverläufe, bei denen der (vorläufige) Erwerbsstatus der Wiederbeschäftigung nach Arbeitslosigkeit erreicht wurde.

Für das Land Brandenburg und Berlin (Ost) wird für diese beiden Zustände der Erwerbsverlauf jeweils von den Befragungszeitpunkten ’93, ’94 und ’95 aus retrospektiv analysiert.

Wir stellen hier also sowohl Typen von Arbeitslosigkeit dar, als auch Typen von Wiederbeschäftigung.

Die Typologisierungen fassen ausgewählte Strukturelemente des Erwerbsverlaufs zusammen (Dauer und Häufigkeit von Arbeitslosigkeitsphasen bei den Arbeitlosentypen; Dauer und Häufigkeit von Arbeitslosigkeitsphasen sowie Teilnahme an Maßnahmen des Arbeitsförderungsgesetzes bei den Wiederbeschäftigtentypen), indem sie deren häufig auftretende Kombinationen abbilden.

Diese Typen werden anschließend nach

- soziodemographischen Eigenschaften der Betroffenen (personen- und haushaltsbezogen) sowie nach
- subjektiven Merkmalen der Betroffenen, wie Befindlichkeiten, Wertorientierungen u. a. näher beschrieben.

Charakteristische Unterschiede zwischen den Typen werden herausgearbeitet, wobei es um die Einflußstärke der genannten Merkmale auf die Zugehörigkeit zu den verschiedenen Typen geht.

Bei der *dritten* Ebene unserer Analyse handelt es sich um die *Längsschnittsbetrachtung von Verläufen*

Hierbei verbinden wir die verschiedenen Statuspassagen, die nach Eintritt in Arbeitslosigkeit durchlaufen werden können – Teilnahme an FuU, Teilnahme an ABM, Wiederbeschäftigung, erneute Arbeitslosigkeit, (zeitweiliger) Austritt aus dem Erwerbsleben – zu Erwerbsverlauftypen auf Längschnittebene.

Datengrundlage sind daher ereignisorientierte erwerbsbiographische Angaben der Panelteilnehmer ‚1993 bis 1995' für den Zeitraum ab 1989. Zusätzlich wurde der Erwerbsstatus auf Monatsbasis jeweils zu den Befragungszeitpunkten für die zurückliegenden 12 Monate erfaßt. Die Personen der betrachteten Population haben seit der Wende mindestens eine Arbeitslosigkeitserfahrung gemacht; sei es im Zeitraum zwischen den einzelnen Erhebungen, oder davor. Dementsprechend ist bei der Längsschnittauswertung nicht nur der Erwerbsstatus der letzten Befragung, wie bei der Querschnittsbetrachtung, Ausgangspunkt, sondern die verschiedenen Ausgangserwerbsstatus und (vorläufig) erreichten Erwerbszustände werden als Grundlage für die Bildung einer Erwerbsverlaufstypologie herangezogen.

Wie ergänzen sich Quer- und Längsschnittsbetrachtung?

Während die Auswertung der Querschnittsdaten die Heterogenität *eines* Erwerbsstatus aufzeigt, dem verschiedenartige Verläufe vorangehen, geht es uns bei der Längsschnittsauswertung darum festzustellen, welche Bedeutung *verschiedene* Erwerbszustände für das Gefüge sich ablösender Statuspassagen haben.

Die *Typologien auf Querschnittsebene* reflektieren den Erwerbsverlauf rückwirkend bis zum gegenwärtigen (vorläufigen, weil nicht unbedingt abgeschlossenen) Erwerbsstatus ‚Arbeitslosigkeit' bzw. ‚Wiederbeschäftigung'. Sie berücksichtigen nur *ausgewählte* Strukturelemente des Arbeitslosigkeitsverlaufs.

Da die Datenbasis hinsichtlich der Fallzahlen im Querschnitt breiter als im Längsschnitt ist[2], kann die Typologie auf Querschnittsebene in bestimmter Hinsicht differenzierter sein, als das im Längsschnitt möglich ist. Sie reduziert einerseits die Vielfalt der Arbeitslosigkeitsverläufe auf solche, die zum jeweils betrachteten Zeitpunkt entweder im Zustand Arbeitslosigkeit (vorläufig) enden oder den Zustand Wiederbeschäftigung (vorläufig) erreicht haben.

Andererseits kann die Analyse auf dieser Ebene tiefergehend gerade innerhalb dieses erreichten Zustandes gliedern und damit spezifische Informationen über die Geschichte der Strukturiertheit einzelner Phasen des Arbeitslosigkeitsverlaufs (hier Arbeitslosigkeit selbst bzw. Wiederbeschäftigung nach Arbeitslosigkeit) liefern.

Die *Typologie auf Längsschnittsebene* erlaubt die Bestimmung der Wechselwirkung und des Gewichtes *aller* Strukturelemente des Arbeitslosigkeitsverlaufs. Zugleich ist eine komplexere Erfassung seiner exogenen Determinanten möglich.

2.1 Struktur von Arbeitslosigkeitsverläufen

Aus den Elementen der Struktur des Erwerbsverlaufs nach Eintritt in Arbeitslosigkeit werden im folgenden nacheinander die Dauer und die Häufigkeit der Arbeitslosigkeit in ihrem Zusammenhang sowohl mit anderen endogenen wie auch mit exogenen Faktoren des Verlaufs dargestellt.

2.1.1 Dauer der Arbeitslosigkeit

Zunächst geht es um die nähere Bestimmung der *Wahrscheinlichkeit eines Abgangs aus Arbeitslosigkeit in Wiederbeschäftigung* und zwar hier in Abhägigkeit von der Dauer der Arbeitslosigkeit sowie einiger weiterer endogener Faktoren der Struktur des Arbeitslosigkeitsverlaufs und unter dem Einfluß exogener Determinanten.

Als methodisches Instrument verwenden wir die der Versicherungsmathematik entlehnte Analyse der ‚Survivorfunktion S(t)' (Überlebenswahr-

---

2 Siehe Anhang 2

scheinlichkeit). Mit ihr wird die Verbleibewahrscheinlichkeit in einem Ausgangszustand für bestimmte Zeitpunkte ermittelt.[3] Ausgangszustand ist in diesem Fall Arbeitslosigkeit. Zielzustand bei der Survivorfunktion ist das definierte Ereignis, welches das Ende des Ausgangszustandes anzeigt. In unserem Fall wird als Zielzustand der Status der Wiederbeschäftigung zugrunde gelegt.

Es wäre natürlich auch denkbar, Survivorfunktionen in andere (hier zeitlich begrenzte) Zielzustände zu betrachten, wie FuU oder ABM, oder unterschiedliche Zielzustände in sog. ‚competing-risks' (Mehr-Zustands-Modelle) zu untersuchen. Derartige Analysen sind jedoch im Rahmen dieser Betrachtung nicht zu leisten und müssen einer Spezialuntersuchung vorbehalten bleiben.

Anstelle des in der Versicherungsmathematik angewendeten Begriffs der Überlebenswahrscheinlichkeit verwenden wir im Zusammenhang mit der Arbeitslosigkeitsdauer den Begriff der Verbleibewahrscheinlichkeit in Arbeitslosigkeit, der in unserer eingegrenzten Betrachtung komplementär ist mit dem Begriff der Abgangswahrscheinlickeit aus Arbeitslosigkeit bzw. dem der Übergangswahrscheinlichkeit in Wiederbeschäftigung. Letzterer wird in den folgenden Survivor-Analysen verwendet. Damit wird die Chance des Ausstiegs aus Arbeitslosigkeit auf dem Wege der Rückkehr in reguläre Beschäftigung charakterisiert.

Selbstverständlich ist eine solche Herangehensweise nicht ganz unproblematisch. So muß beachtet werden, daß von einem Teil der Probanden die Dauer der Arbeitslosigkeit unbekannt ist, weil sie die Arbeitslosigkeit noch nicht verlassen haben. Zeitkontinuierliche Variablen, deren Ende in der Zukunft liegt, bezeichnet man auch als rechtszensiert. Diese rechtszensierten Daten können aber wiederum nicht aus der Analyse ausgenommen werden, weil sonst nur positive Erwerbsverläufe betrachtet werden würden.

Ein weiteres Problem ergibt sich aus der Tatsache, daß ein Teil der ehemals arbeitslosen Personen die Arbeitslosigkeit zwar verlassen haben, aber in einen anderen Zielzustand als Wiederbeschäftigung gewechselt sind (FuU, ABM, anderes). Bei unserer Berechnung von Übergangswahrscheinlichkeiten handelt es sich jedoch nur um den Übergang von Arbeitslosigkeit in Erwerbstätigkeit auf den ersten Arbeitsmarkt.

Ein durchaus beträchtlicher Teil der Arbeitslosen unserer Stichprobe wechselte vorübergehend in eine AFG-Maßnahme über. Von den 1993 im biab-Erwerbsverlaufspanel Arbeitslosen waren ein Jahr später noch rund 50 Prozent arbeitslos und 25 Prozent hatten eine Wiederbeschäftigung gefunden. Nach einem weiteren Jahr waren noch rund 30 Prozent ohne Arbeit und ein Drittel war wiederbeschäftigt. Die restlichen ehemals Arbeitslosen verteilen

---

3 vgl. Blossfeld, H.-P./Hamerle, A./Mayer K.-U. 1986

sich auf FuU, ABM und ‚aus anderen Gründen nicht erwerbstätig'. Das deckt sich vom Trend her mit den Befunden anderer Repräsentativerhebungen, insbesondere mit dem Arbeitsmarkt-Monitor des IAB der Bundesanstalt für Arbeit.

Zum Vergleich: Der Arbeitsmarkt-Monitor für die neuen Bundesländer[4] weist aus, daß von den im November 1993 Arbeitslosen ein Jahr später 44 Prozent immer noch (oder schon wieder) arbeitslos sind und 37 Prozent eine Erwerbstätigkeit (incl. ABM, §249h) gefunden haben. Nach zwei Jahren sind von den im November 1992 Arbeitslosen 38 Prozent weiterhin arbeitslos und 42 Prozent erwerbstätig (einschließlich Arbeitsförderung).

Eine nähere Charakterisierung der Personen, die in Arbeitslosigkeit verblieben sind und der erfolgreich Wiederbeschäftigten bleibt dem Abschnitt über die Arbeitslosigkeitstypen bzw. Wiederbeschäftigungstypen vorbehalten. Worum es uns hier geht ist folgende Frage: *Nach welcher Zeit gelingt wem der Wiedereinstieg*?

Datengrundlage sind die wiederholt (1994 und 1995) befragten Personen, soweit sie zum Befragungszeitpunkt '95 wiederbeschäftigt (54 Prozent oder arbeitslos (46 Prozent) waren.

Es zeigt sich folgendes:

Frauen und Männer sind nicht nur unterschiedlich häufig von Arbeitslosigkeit betroffen, ihre Chancen auf einen Wiedereinstieg unterscheiden sich nach der *Dauer* des Verbleibs (siehe Abbildung 1). Bei Frauen vollzieht sich der Übergang von Arbeitslosigkeit in Wiederbeschäftigung nicht nur seltener, sondern auch zögernder als bei Männern. Diesen gelingt der Übergang zurück in die Erwerbstätigkeit – wenn überhaupt – zum überwiegenden Teil bereits in den ersten acht Monaten ihrer Arbeitslosigkeit, Frauen dagegen überwiegend erst innerhalb von zwölf Monaten. Generell zeigt die Abbildung, daß Frauen, wenn sie ihn überhaupt schaffen, vor ihrem Wiedereinstieg in Erwerbstätigkeit länger als Männer arbeitslos sind.

Diese geschlechtsabhängige Übergangswahrscheinlichkeit stellt aber nur eine allgemeine Tendenz dar. Regional differiert die Übergangswahrscheinlichkeit erheblich. Frauen in Berlin (Ost) haben gegenüber Männern eine in etwa gleiche Wahrscheinlichkeit des Verbleibs in Arbeitslosigkeit (siehe Abbildung 2). Im Land Brandenburg beträgt dagegen die Wahrscheinlichkeit für Frauen, einen Übergang in Wiederbeschäftigung gefunden zu haben, erst nach 1½ Jahren 50 Prozent. Die Berliner und Brandenburger Männer erreichen die 50 Prozent- Schwelle bereits nach ½ bis einem Jahr.

4 Infratest Sozialforschung: Arbeitsmarktmonitor für die neuen Bundesländer, München 1995, S. 44.
Eigene Auswertungen des SOEP '92-'94 ergeben: Von den Arbeitslosen des Jahres '92 im Osten Deutschlands waren 2 Jahre später 42 Prozent noch immer oder wieder arbeitslos, 31 Prozent waren in regulärer Beschäftigung, 6 Prozent in einer ABM

Abbildung 1: Survivorfunktion für den Übergang in Wiederbeschäftigung nach Geschlecht

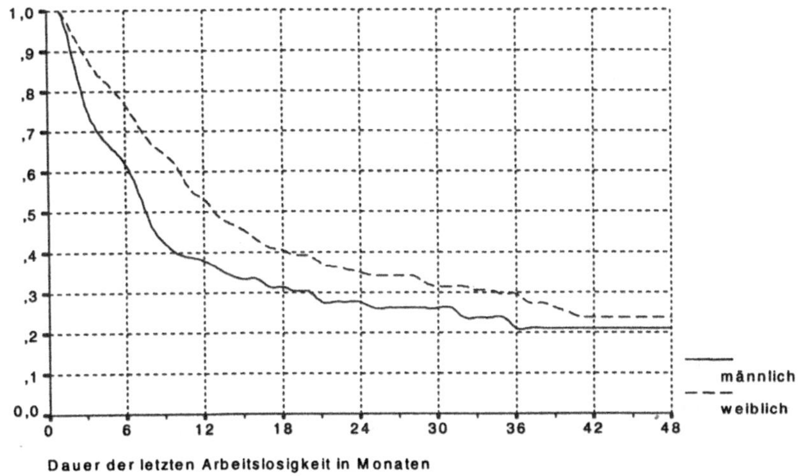

Datenbasis: biab-Erwerbsverlaufspanel

Abbildung 2: Survivorfunktion für den Übergang in Wiederbeschäftigung nach der Region und dem Geschlecht

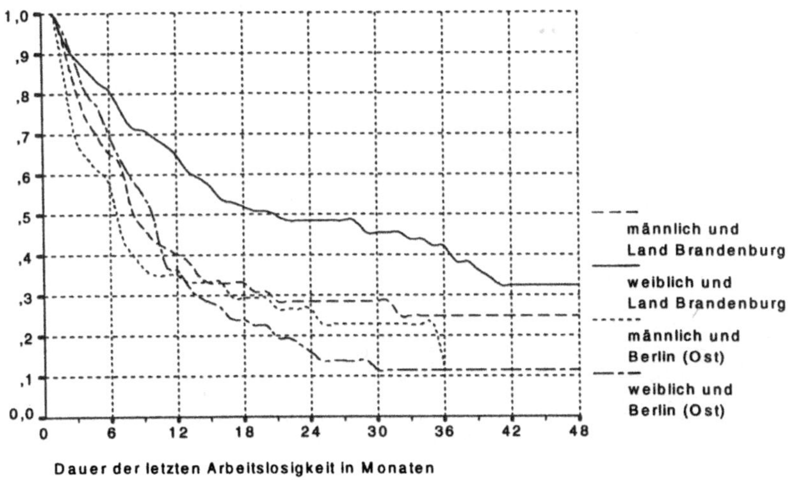

Datenbasis: biab-Erwerbsverlaufspanel

Der Einfluß der *Häufigkeit* von Arbeitslosigkeit, als einem der endogenen Einflußfaktoren auf das Verbleibsrisiko, ist für die alten Bundesländern mehrfach erörtert worden. Nach Büchtemann[5] verlängert sich mit jeder weiteren Arbeitslosigkeit (kumulative Arbeitslosigkeit[6]) die Arbeitslosigkeitsphase. Mutz[7] kommt zu dem umgekehrten Resultat kleiner werdender Bleibewahrscheinlichkeiten bei mehrfacher Arbeitslosigkeit. Kritisch anzumerken bleibt hier, daß Mutz für die Häufigkeit der Arbeitslosigkeit nicht die Anzahl der Arbeitslosigkeitsphasen seit der ersten Arbeitslosigkeit zugrunde legt, sondern einen Index für die Arbeitslosigkeitphasen pro Jahr. Hier liegt schon in der Definition der Häufigkeit begründet, daß es sich um kürzere Phasen handelt muß.

Im Land Brandenburg und Berlin (Ost) beginnen sich die Abgangswahrscheinlichkeiten zwischen erstmaliger und häufigerer Arbeitslosigkeit im wesentlichen erst nach einem halben Jahr zu unterscheiden. Für einmal Arbeitslose aus Berlin ist die Abgangswahrscheinlichkeit aus Arbeitslosigkeit gegenüber mehrmals Arbeitslosen aus dem Land Brandenburg rund doppelt so groß (siehe Abbildung 3).

Einen signifikanten Zusammenhang gibt es auch zwischen der Abgangswahrscheinlichkeit aus Arbeitslosigkeit und dem *Lebensalter* (siehe Abbildung 4).

Nach einem Jahr Arbeitslosigkeitsdauer liegt für die Personen, die 51 Jahre und älter sind, die Wahrscheinlichkeit noch in Arbeitslosigkeit zu sein, bei rund 60 Prozent, nach einem weiteren Jahr immer noch bei rund 50 Prozent. Bei älteren Arbeitslosen flacht also bereits nach einem Jahr die Kurve der Abgangswahrscheinlichkeit stark ab, d.h. wer von den älteren Arbeitslosen es nicht in Jahresfrist geschafft hat, wieder einen Arbeitsplatz zu finden, für den wird ein Übergang in Erwerbstätigkeit immer weniger wahrscheinlich. Für alle anderen Altersgruppen ist nach einem Jahr die Wahrscheinlichkeit in Arbeitslosigkeit zu sein (ca 40 Prozent) bzw. in Wiederbeschäftigung zu sein (ca 60 Prozent) etwa gleich groß. Bei ihnen verläuft zudem nach einem Jahr die Kurve der Abgangswahrscheinlichkeit annähernd stetig.

---

5 vgl. Büchtemann, Ch. F.: Der Arbeitslosigkeitsprozeß. Theorie und Empirie strukturierter Arbeitslosigkeit in der Bundesrepublik Deutschland In: Bonss, W./ Heinze, R. G. (Hrsg.): Arbeitslosigkeit in der Arbeitsgesellschaft. Frankfurt a. M. Suhrkamp 1984, S. 53-105

6 Eine ausführliche Diskussion des Terminus „kumulative Arbeitslosigkeit" findet sich bei Ludwig-Mayerhofer (1995): Was heißt, und gibt es kumulative Arbeitslosigkeit? Untersuchungen zu Arbeitslosigkeitsverläufen über 10 Jahren.

7 Mutz, G./Ludwig-Mayerhofer, W./Koenen, E. J./Eder, K./Bonß, W: Diskontinuierliche Erwerbsverläufe. Opladen, Leske + Budrich 1995

Abbildung 3: Survivorfunktion für den Übergang in Wiederbeschäftigung nach Häufigkeit der Arbeitslosigkeit und der Region

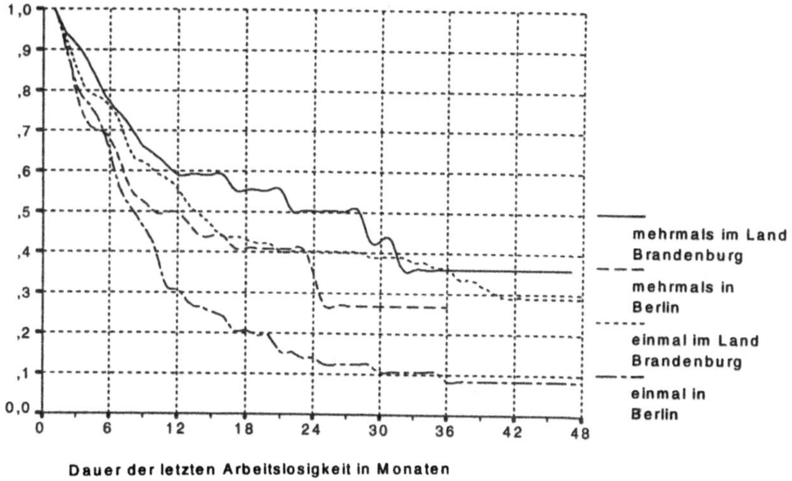

Datenbasis: biab-Erwerbsverlaufspanel

Abbildung 4: Survivorfunktion für den Übergang in Wiederbeschäftigung nach Alter

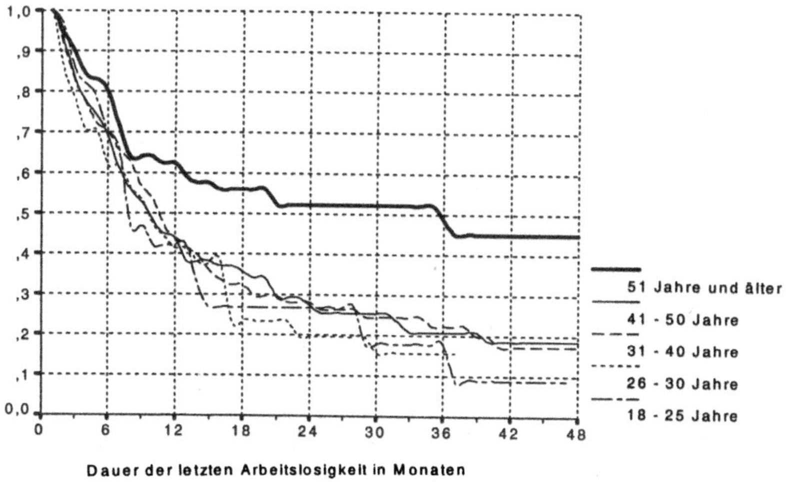

Datenbasis: biab-Erwerbsverlaufspanel

Eine ähnliche Bedeutung, die der Zugehörigkeit zur höchsten Altersjahrgruppe für die Übergangswahrscheinlichkeit zukommt, hat das Merkmal ‚ohne Abschluß und Teilfacharbeiter' unter den beruflichen *Qualifikationsstufen*. Für diese Gruppe ist erwartungsgemäß gegenüber allen anderen Qualifikationsgruppen die geringste Übergangswahrscheinlichkeit in Wiederbeschäftigung kennzeichnend. Bei den Personen mit Fach- und Hochschulabschluß dagegen liegt nach zwei Jahren die Übergangswahrscheinlichkeit bei rund 90 Prozent (siehe Abbildung 5).

Deutlich ist auch der Zusammenhang zwischen der Dauer der (letzten) Arbeitslosigkeit und einer vor der Arbeitslosigkeit liegenden *Teilnahme an FuU in Verbindung mit der Häufigkeit* der Arbeitslosigkeit. Eine arbeitsamtfinanzierte Weiterbildung erhöht merklich die Abgangswahrscheinlichkeit aus Arbeitslosigkeit. Dies aber nur, wenn die Probanden nicht schon das zweite Mal oder noch häufiger arbeitslos sind! (siehe Abbildung 6).

Abbildung 5: Survivorfunktion für den Übergang in Wiederbeschäftigung nach beruflicher Qualifikation

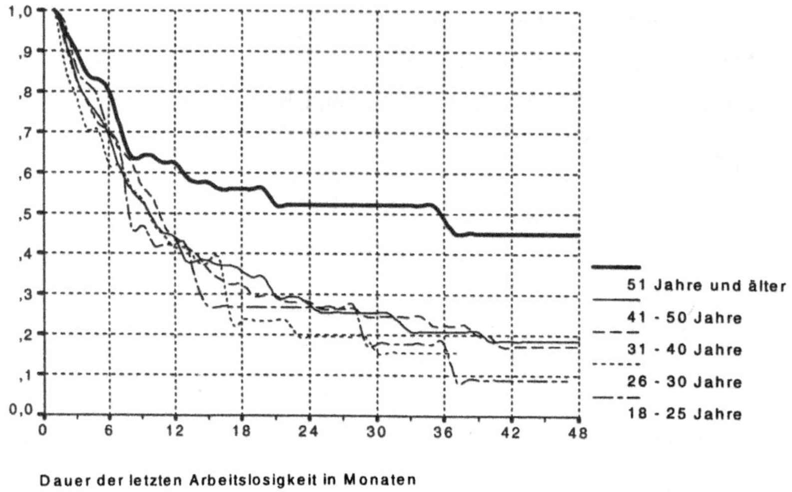

Datenbasis: biab-Erwerbsverlaufspanel

Bereits weiter vorn wurde deutlich, daß der Einfluß des endogenen Faktors ‚Häufigkeit von Arbeitslosigkeit' auf die Übergangswahrscheinlichkeit in den Regionen unterschiedlich ausgeprägt ist, also durch einen exogenen Faktor modifiziert wird (vgl. Abbildung 3).

Hier nun erkennt man den moderierenden Einfluß eines endogenen Faktors (Häufigkeit der Arbeitslosigkeit) für die Wirkung eines anderen andogenen Faktors, hier Fortbildungsaktivitäten der Arbeitslosen, auf ihre Wiedereinstiegschancen. Nach zwei Jahren beträgt die Bleibewahrscheinlichkeit in Arbeitslosigkeit bei jenen Arbeitslosen, die schon einmal an einer geförderten Fortbildungsmaßnahme teilgenommen haben und die nur einmal arbeitslos waren, nur noch rund 10 Prozent. Bei mehrmals Arbeitslosen lag die Bleibewahrscheinlichkeit ebenso wie bei Arbeitslosen ohne FuU-Teilnahme bei rund 50 Prozent.

Abbildung 6: Survivorfunktion für den Übergang in Wiederbeschäftigung nach Teilnahme an FuU und Häufigkeit der Arbeitslosigkeit

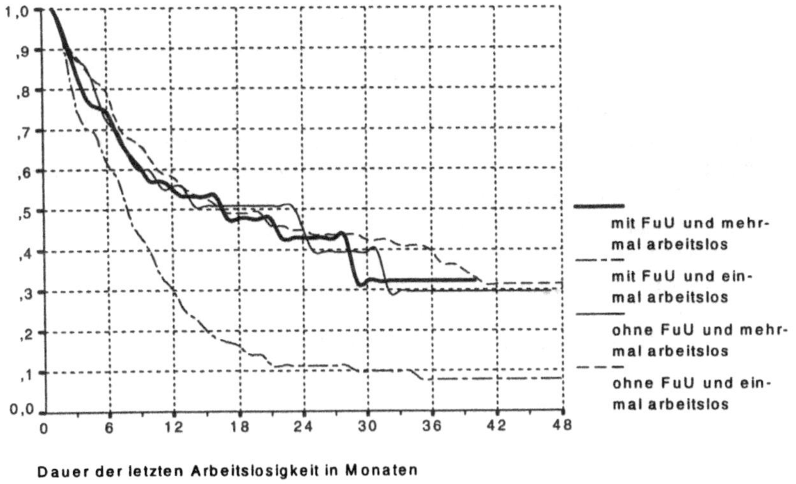

Datenbasis: biab-Erwerbsverlaufspanel

Wurde an diesen Beispielen deutlich, wie stark der Einfluß einzelner endogener oder exogener Faktoren untereinander verflochten ist, so stellen sich daran anknüpfend zwei Fragen:

Erstens: Welches Gewicht haben einzelne Faktoren für sich genommen für den Verlauf von Arbeitslosigkeit?

Zweitens: In welchen Bündelungen werden diese Einflußfaktoren für welche typischen Verläufe wirksam, welche Interaktionseffekte der Faktoren sind für ihre determinierende Funktion der Erwerbsverläufe nach Eintritt in Arbeitslosigkeit charakteristisch?

Zunächst wollen wir uns der ersten Frage zuwenden und den Einfluß der oben zur näheren Bestimmung der Wahrscheinlichkeit des Verbleibs in Arbeitslosigkeit herangezogenen *Kovariaten in ihrem Gewicht* bestimmen.[8]

Nach unseren Befunden steigt die Übergangsrate in Wiederbeschäftigung direkt nach Eintritt in Arbeitslosigkeit steil an und flacht dann merklich ab. D. h. in gleichen Zeitabschnitten innerhalb eines längeren Zeitraums der Arbeitslosigkeit wird der Wiedereinstieg in Erwerbstätigkeit für eine zunehmend kleinere Zahl von Personen wahrscheinlich. Dafür gibt es eine einfache Erklärung. Personen mit nachgefragten arbeitsmarktrelevanten Merkmalen verschwinden schneller aus der Arbeitslosigkeit und die übrig Bleibenden haben es schwerer, in Wiederbeschäftigung zu gelangen.

Die Dauer der Arbeitslosigkeit als ein Element der Struktur von Verläufen nach Eintritt in Arbeitslosigkeit wird durch Elemente der Struktur selbst determiniert. So wird in Tabelle 1 z.B. der Einfluß der Häufigkeit von Arbeitslosigkeit auf den Übergang in Wiederbeschäftigung deutlich.

Noch größer ist jedoch die Bedeutung einer anderen endogenen Determinante: Teilnahme an Fortbildung und Umschulung.

Die Beteiligung an einer vom Arbeitsamt geförderten FuU hat bei den im Land Brandenburg und in Berlin (Ost) Befragten die Übergangswahrscheinlichkeit in Wiederbeschäftigung um rund 50 Prozent erhöht. Relativiert wird dieser Effekt allerdings durch die Tatsache, daß die Probanden, die schon mindestens an einer FuU-Maßnahme teilgenommen haben, ein im Durchschnitt niedrigeres Lebensalter haben. Dieser exogene Faktor erhöht schon allein für sich genommen die Wiedereinstiegschancen.

Den stärksten Einfluß unter den hier erfaßten exogenen Determinanten hat – wie in Tabelle 1 ersichtlich – der Qualifikationsabschluß.

8 Hierzu verwenden wir die Cox-Regression, um den spezifischen Einfluß einzelner Werte einer Kovariaten (das sog. „relatve risk", vgl. Norušis 1994, S. 296) auf die Übergangsrate (Hazardrate) auszudrücken (siehe Tabelle 1). Der spezifische Einfluß der einzelnen Kovariaten wird ausgedrückt durch die Multiplikatoren der Hazardrate. Ist der Multiplikator gleich 1, so gibt es keinen Einfluß auf die Hazardrate. Ist er größer als 1, so ist die Übergangsrate in den Zielzustand größer als die Summe der übrigen Werte dieser Variablen. Entsprechendes gilt für Multiplikatoren unter 1. Mit der Hazardrate wird die Rate des Übergangs für eine bestimmte Zeit ausgedrückt.

Tabelle 1: Gewicht der Kovariablen der Survivorfunktion für den Übergang in Wiederbeschäftigung

		Multiplikatoren der Übergangsraten
Geschlecht	weiblich	0,71
	männlich	1,42
Qualifikation	o. Abschluß und Teilfacharbeiter	0,21
	Facharbeiter	0,67
	Fachschule/Meister	1,51
	Hochschule	2,02
Alter	18 – 25 Jahre	1,22
	26 – 30 Jahre	1,32
	31 – 40 Jahre	1,14
	41 – 50 Jahre	1,15
	51 Jahre und älter	0,53
Region	Berlin (Ost)	1,67
	Land Brandenburg	0,60
seit '89 Teilnahme an FuU	ja	1,54
	nein	0,62
Häufigkeit der Arbeitslosigkeit	einmal	1,25
	mehrmals	0,71

Datenbasis: biab-Erwerbsverlaufspanel

Wenden wir uns nun der zweiten Frage zu, der *Rangfolge der Einflußfaktoren* auf die Dauer des Verbleibs in Arbeitslosigkeit.

In die zur Ermittlung dieser Rangfolge durchgeführte multivariate Cox-Regression wurden alle die Indikatoren einbezogen, die sich in der bivariaten Analyse der Übergangswahrscheinlichkeiten als bedeutsam erwiesen haben. Wir gehen hier allerdings bewußt nicht auf Rückwirkungen von Einstellungen und Aktivitäten auf die Dauer des Verbleibs in Arbeitslosigkeit ein. Eine Hereinnahme subjektiver Indikatoren in die Analyse des Determinationsgefüges der Dauer der Arbeitslosigkeit sieht sich nämlich mit der Schwierigkeit konfrontiert, Bewußtsein und Verhalten als *Ursache* und als *Folge* des Verbleibs in Arbeitslosigkeit zu trennen. Eine solche Analyse wäre jedoch nur für Personen möglich, für die subjektive Indikatoren vor Eintritt des Arbeitslosigkeitsereignisses erhoben wurden. Dies war jedoch bei unserer Population nicht der Fall.

Die Einbeziehung des Merkmals ‚Teilnahme an einer vom Arbeitsamt geförderten FuU' erbrachte keine signifikante Verbesserung der Regressionsgleichung. Das kann nur dadurch erklärt werden, daß ein Faktor, der sich bei der bivariaten Analyse als bedeutsam erwiesen hat, durch das Zusammenwirken mit anderen ebenfalls bedeutsamen Faktoren in seinem Einfluß aufgehoben oder reduziert wird.

Zum Teil ergaben sich zwischen den Indikatoren Interaktionseffekte, die die Ergebnisse der zuvor dargestellten bivariaten Analyse in einigen Punkten präzisieren oder ihnen ein anderes Gewicht verleihen. Das betrifft namentlich den Einfluß der Kovariaten ‚Geschlecht' und ‚Region' auf die Dauer von Arbeitslosigkeit. Der aus der Analyse der Survivorfunktion ermittelte Einfluß von Geschlecht und Region auf die Dauer der Arbeitslosigkeit konnte in einem multivariten Modell über die Gesamtpopulation nicht mehr verifiziert werden. *Der Zusammenhang zwischen der Wahrscheinlichkeit eines Übergangs in Wiederbeschäftigung und dem Geschlecht hat in Berlin (Ost) nur eine untergeordnete Bedeutung. Im Land Brandenburg dagegen wird er zum kennzeichnenden Unterschied* (vgl. Abbildung 2). Wenn sich in den untersuchten Regionen Berlin (Ost) und Land Brandenburg unterschiedliche geschlechtsspezifische Differenzierungen zeigen, so erklärt sich das wesentlich aus Besonderheiten des Arbeitsmarktes (siehe Anhang 2).

Auch die berufliche Qualifikation hat für die Wiedereinstiegswahrscheinlichkeit von Frauen und Männern unterschiedliches Gewicht.

Das geschlechtsspezifisch unterschiedliche Zusammenwirken der Determinanten von Arbeitslosigkeitsverläufen ist auch der Grund, weswegen wir uns entschlossen, eine multivariate Analyse getrennt für Frauen und Männer durchzuführen.

Die bivariaten Analysen haben ergeben, daß vor allem ein Zusammenhang zwischen der beruflichen Qualifikation und dem Alter sowie der Dauer der Arbeitslosigkeit existiert. Bei Frauen ist die Qualifikation die am stärksten wirksame Determinante des Verbleibs in Arbeitslosigkeit, sie rangiert noch vor der Region und auch vor dem Alter. Je niedriger das Qualifikationsniveau, desto länger der wahrscheinliche Verbleib in Arbeitslosigkeit. Zwar gilt das auch für Männer, aber andere Determinanten haben für ihren Verbleib in Arbeitslosigkeit noch stärkeres Gewicht (siehe Tabelle 2). Zudem haben Brandenburger Frauen einen signifikant längeren Verbleib in Arbeitslosigkeit als Männer, während in Berlin (Ost) das Geschlecht im Bezug auf das Verbleibsrisiko nicht differenziert.

Tabelle 2: Rangfolge der Einflußfaktoren auf die Übergangsrate Arbeitsloser in Wiederbeschäftigung nach Geschlecht und Region

	Geschlecht		Region	
Rang	Frauen	Männer	Land Brandenburg	Berlin (Ost)
1	Qulifikation	Alter	Alter	Qualifikation
2	Region	Qualifikation	Qualifikation	Alter
3	Alter	n. s.	n. s.	Geschlecht
4	n. s.	n. s.	n. s.	Teilnahme an FuU

Datenbasis: biab-Erwerbsverlaufspanel

Abbildung 8: Häufigkeit der Arbeitslosigkeit bei Personen, die zum Befragungszeitpunkt wiederbeschäftigt waren

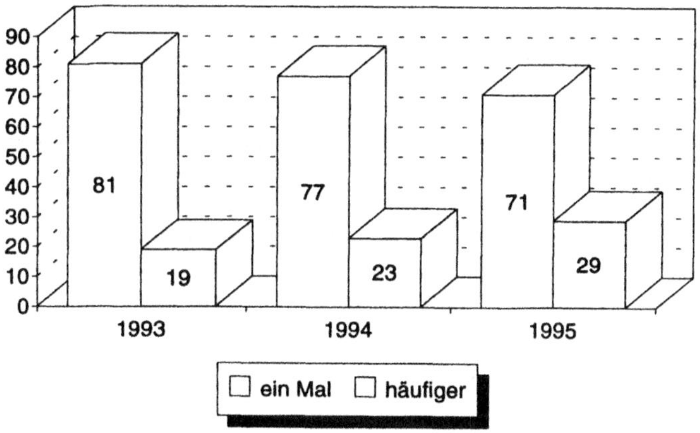

Datenbasis: biab-Erwerbsverlaufspanel Querschnitte 1993 – 95

Der Anteil der mehrfach Arbeitslosen unter den Wiederbeschäftigten insgesamt ist nach unseren Befunden im betrachteten Zeitraum von rund 20 auf rund 30 Prozent gestiegen. Von jenen Wiederbeschäftigten 1995, die ihren Arbeitslosigkeitsverlauf nach unserer Definition beendet hatten, die also bereits zwei Jahre oder länger stabil einer regulären Beschäftigung nachgingen, waren nur 15 Prozent vorher mehrfach arbeitslos gewesen. Dieser Anteil hat sich gegenüber 1993 nur geringfügig erhöht. 1993 betrug er 10 Prozent, 1994 12 Prozent. Erst eine längere Beobachtung wird zeigen, ob es sich um eine in etwa konstante Relation handelt, ob also mehrheitlich mit einer andauernden Reintegration Arbeitsloser in das Erwerbsverleben vor allem dann zu rechnen ist, wenn sie es bereits beim ersten Versuch schaffen, in der neuen Beschäftigung zu bleiben bzw. nahtlos einen Wechsel zu einer anderen zu vollziehen.

Von jenen Wiederbeschäftigten 1995, die erst kürzer als ein Jahr erneut erwerbstätig waren, hatten mehr als die Hälfte Erfahrung mit Mehrfacharbeitslosigkeit. Wiederbeschäftigte der Befragung 1994, die auch 1995 noch in Beschäftigung waren, hatten zu drei Vierteln einmalige Arbeitslosigkeitserfahrung gegenüber nur der Hälfte derjenigen, die 1995 wieder erwerbslos waren.

Die oben getroffene Aussage tendenziell verringerter Chancen für eine stabile Rückkehr in Erwerbstätigkeit nach wiederholter gegenüber einmaliger vorangegangener Arbeitslosigkeit wird damit bestätigt.

2.2 Querschnittsbetrachtung von Arbeitslosigkeitsverläufen

Im folgenden Abschnitt stellen wir Typen von Arbeitslosigkeit und Wiederbeschäftigung dar. Dabei gehen wir jeweils vom Erwerbsstatus der Befragungen 1993 bis 1995 aus und nehmen retrospektiv erwerbsverlaufsrelevante Informationen in die Typologie auf. Z.B. kann für Arbeitslose die Arbeitslosigkeit zum Zeitpunkt der Befragung („gegenwärtige Arbeitslosigkeit") die erste Unterbrechung nach regulärer Erwerbstätigkeit sein, so daß keine weiteren Statuspassagen einfließen. Für Wiederbeschäftigte muß zwischen der regulären Erwerbstätigkeit und der Wiederbeschäftigung definitionsgemäß mindestens eine Arbeitslosigkeitsphase liegen.

2.2.1 Arbeitslosigkeitstypen

Unsere Befunde zeigen, daß sich vier Typen von Arbeitslosigkeit voneinander unterscheiden lassen. Zu ihrer Konstruktion wurden von uns die Strukturelemente „Dauer der Arbeitslosigkeit zum Befragungszeitpunkt" und „Häufigkeit der Arbeitslosigkeit" herangezogen.

Die vier Typen sind:

Typ 1: Erste Arbeitslosigkeitsphase mit einer Dauer von unter einem Jahr; *„erstmalige Arbeitslosigkeit bis unter 1 Jahr"*

Typ 2: Zweite oder häufigere Arbeitslosigkeitsphase mit einer Dauer der gegenwärtigen Arbeitslosigkeit von unter einem Jahr; *„wiederholte Arbeitslosigkeit bis unter 1 Jahr"*[13]

Typ 3: Aktuelle Arbeitslosigkeitsphase zwischen 1 Jahr und unter 2 Jahren ohne Berücksichtigung der Anzahl der Arbeitslosigkeitsphasen; *„Langzeitarbeitslosigkeit 1 bis unter 2 Jahre"*

Typ 4: Aktuelle Arbeitslosigkeitsphase 2 Jahre und mehr ohne Berücksichtigung der Anzahl der Arbeitslosigkeitsphasen; *„Langzeitarbeitslosigkeit 2 Jahre und länger"*. Diesen Typ von Arbeitslosigkeit bezeichnen wir auch „potentielle Dauerarbeitslosigkeit".

13 Für 1993 und 1994 enthält dieser Typ auch die (sehr kleine) Gruppe von Personen, deren erste Arbeitslosigkeitsphase kürzer als ein Jahr währt und bei der es sich um die dritte oder noch häufigere Arbeitslosigkeit seit 1989 handelt.

Diese Typen heben sich voneinander nicht nur hinsichtlich ihrer Konstitution, sondern auch hinsichtlich sozialer Lagemerkmale des ihnen zuzurechnenden Personenkreises ab.

Die durchschnittliche Dauer der Arbeitslosigkeit betrug im Typ 1 für die Befragungsjahre von 1993 bis 1995 zwischen 5 und 6 Monaten. Für den Typ 2 war die durchschnittliche Dauer der zum Befragunszeitpunkt aktuellen Arbeitslosigkeit geringfügig kleiner. Dagegen hat die Häufigkeit der Arbeitslosigkeit beim Typ 2 auf der Zeitachse ständig zugenommen. 1995 waren von diesen Personen schon 37 Prozent mehr als zweimal arbeitslos, 1994 waren es nur 21 Prozent. Es handelt sich bei diesem Arbeitslosigkeitstyp zum Teil um Personen, deren Erwerbsverlauf häufige Statuswechsel aufweist, die aber nicht von den Folgen von Langzeitarbeitslosigkeit betroffen sind.

Aber auch wer länger als 1 Jahr ohne Arbeit ist, hat häufig schon mehr als eine Arbeitslosigkeitserfahrung hinter sich. Beim Typ der „Langzeitarbeitslosigkeit 1 bis unter 2 Jahre“ sind das 1995 59 Prozent und bei „Langzeitarbeitslosigkeit 2 Jahre und mehr“ immer noch 31 Prozent.

Die Dauer der *kumulierten Arbeitslosigkeitsphasen* seit 1989 betrug 1995 bei „Langzeitarbeitslosigkeit 1 bis unter 2 Jahre“ in Berlin (Ost) 27 Monate und im Land Brandenburg 22 Monate. Die Summe der Arbeitslosigkeitsmonate bei „Langzeitarbeitslosigkeit über 2 Jahre“ war im Durchschnitt in Berlin (Ost) 32 Monate und im Land Brandenburg 41 Monate. Anders gesagt: Im Land Brandenburg ist potentielle Dauerarbeitslosigkeit noch häufiger als in Berlin (Ost) anzutreffen.

Tabelle 3 und 4 zeigt die Verteilung der Arbeitslosigkeitstypen in den drei Befragungsjahren 1993 bis 1995.

Tabelle 3: Verteilung der Arbeitslosigkeitstypen von 1993 – 1995

	1993	1994	1995
Erstmalige Arbeitslosigkeit bis unter 1 Jahr	32	25	18
wiederholte Arbeitslosigkeit bis unter 1 Jahr	23	21	39
Langzeitarbeitslosigkeit 1 bis unter 2 Jahre	27	25	19
Langzeitarbeitslosigkeit 2 Jahre und länger	18	29	24

Datenbasis: biab-Erwerbsverlaufspanel Querschnitte 1993-1995, Angaben in Spaltenprozent

Fünf Jahre nach der Einführung der Marktwirtschaft bleibt es im Falle des Verlustes des Arbeitsplatzes immer seltener bei nur einer Arbeitslosigkeitsphase. 1995 befanden 70 Prozent derjenigen Arbeitslosen, deren aktuelle Arbeitslosigkeit ein Jahr und weniger betrug, schon mindestens das zweite Mal in diesem Stadium. Von den Langzeitarbeitslosen mit einer Verweildauer von ein bis zwei Jahren waren es 60 Prozent, von den noch länger Arbeitslosen 30 Prozent. Wiederum ist die ungleiche Betroffenheit der Geschlechter auffällig. Während seit zwei oder mehr Jahren arbeitslose Männer zur Hälfte schon mindestens zweimal arbeitslos waren, sind 80 Prozent der seit zwei Jahren oder länger arbeitslosen Frauen seit Verlust ihres Arbeitsplatzes stetig in Arbeitslosigkeit verblieben. Die Dauer ihrer Arbeitslosigkeit liegt durchschnittlich sechs Monate über der dieser Männer.

Bezieht man in die Betrachtung die regional differenzierte Strukturiertheit der Arbeitslosen ein[14], so zeigt sich:

1. Im Land Brandenburg wie in Berlin (Ost) ist der Anteil der unter ein Jahr Arbeitslosen zwischen 1993 und 1995 deutlich gesunken, dabei – bei annähernd gleicher Ausgangsbasis – in Berlin (Ost) in geringerem Maße als im Land Brandenburg.
2. Der Anteil wiederholte Arbeitslosigkeit bis unter 1 Jahr ist sowohl im Land Brandenburg als auch in Berlin (Ost) auf das gleiche Niveau gestiegen, in Berlin (Ost) allerdings von einer geringeren Ausgangsbasis aus. Das spricht für die größere Dynamik des Arbeitsmarktes in Berlin.
3. Im Land Brandenburg hat sich die hohe Zahl der Langzeitarbeitslosen auf einem höheren Niveau verfestigt, als in Berlin (Ost), was die erheblich größeren Arbeitsmarktprobleme im Land Brandenburg bestätigt. Abbildung 9 spiegelt die Unterschiede auf dem Arbeitsmarkt in Berlin (Ost) und im Land Brandenburg wieder.
   Laut Arbeitsmarktstatistik waren Ende September 1994 24,1 Prozent (Land Brandenburg: 26,9 Berlin (Ost): 18,8) der registrierten Arbeitslosen in den neuen Bundesländern länger als ein Jahr ohne Beschäftigung, also langzeitarbeitslos. Der Arbeitsmarkt-Monitor, der kurzzeitige Unterbrechungen ausnimmt, weist bereits für Novemer 1994 einen Anteil Langzeitarbeitsloser von 47 Prozent aus[15].

---

14 Die hier regional differenziert dargestellten Befunde der Querschnitte des biab-Erwerbsverlaufspanels sind nicht nur ein Abbild der tatsächlichen Strukturiertheit von Arbeitslosigkeit, sondern *auch* ein Effekt des Untersuchungsdesigns, s. Anhang 2

15 Arbeitsmarkt-Monitor für die neuen Bundesländer 1995, S. 43

Abbildung 9: Verteilung der Arbeitslosigkeitstypen 1993 und 1995 im Land Brandenburg und in Berlin (Ost)

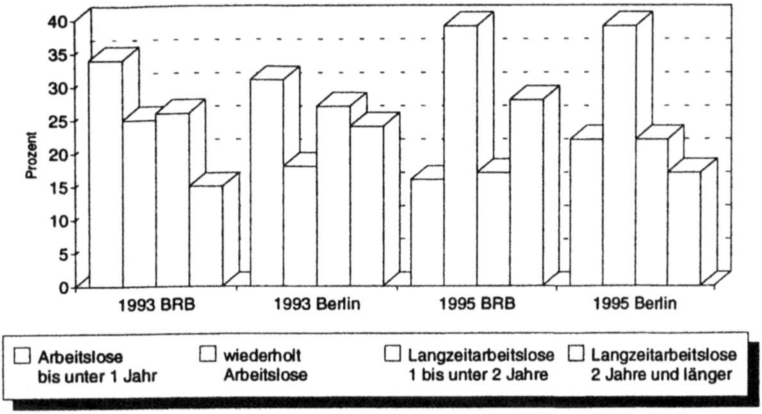

Datenbasis: biab-Erwerbsverlaufspanel Querschnitte 1993 und 1995

Typen von Arbeitslosigkeit und charakteristische Lagemerkmale der Betroffenen

Die von uns ermittelten Muster von Arbeitslosigkeit unterscheiden sich nicht nur hinsichtlich der Dauer der Arbeitslosigkeit und ihrer Häufigkeit. Mit den Typen korrespondieren eine Reihe von Lagemerkmalen soziodemographischer und sozialer Art. Tabelle 4 und 5 weisen dies differenziert für die individuelle und die Haushaltslage aus.

In allen Arbeitslosigkeitstypen liegt der Anteil der Frauen weit über dem der Männer. Im Durchschnitt der Jahre und der Typen beträgt er zwei Drittel zu einem Drittel. Tendenziell am höchsten ist er bei den „Langzeitarbeitslosen zwei Jahre in und länger“.

Wie schon die multivariate Analyse zeigte, gibt es einen Zusammenhang zwischen der Dauer der Arbeitslosigkeit, dem Alter und der beruflichen Qualifikation. Entsprechend haben die Langzeitarbeitslosen das höchste durchschnittliche Alter und den höchsten Anteil an Personen ohne abgeschlossene Berufsausbilding. 1993 war dieser Anteil besonders hoch. Das erklärt sich vor allem aus der prekären Arbeitsmarktsituation. Für die bis 1993 schon über ein Jahr Arbeitslosen war die niedrige berufliche Qualifikation ein entscheidendes Ausschlußkriterium vom Arbeitsmarkt. Inzwischen hat sich die Situation auf dem Arbeitsmarkt keinesfalls entspannt. Länger als ein Jahr arbeitslos zu sein, betrifft aber besonders ab 1994 auch die besser Qualifizierten, woraus sich der *relative* Rückgang des Anteils der Personen ohne abgeschlossene Berufsausbildung erklärt.[16]

Tabelle 4: Arbeitslosigkeitstypen nach individuellen Lagemerkmalen 1993-95

		Erstmalige Arbeitslosigkeit bis unter 1 Jahr	wiederholte Arbeitslosigkeit bis unter 1 Jahr	Langzeitarbeitslosigkeit 1 bis unter 2 Jahre	Langzeitarbeitslosigkeit 2 Jahre und länger
Geschlecht					
– Frauen	1993	68	58	65	58
	1994	56	61	64	70
	1995	63	62	62	66
– Männer	1993	32	42	35	42
	1994	44	39	36	30
	1995	37	38	38	34
Alter (Mittelwerte	1993	37	36	39	42
in Jahren)	1994	36	40	40	42
	1995	37	39	41	43
Qualifikation					
– ohne Abschluß	1993	10	15	38	40
und	1994	17	20	17	37
Teilfacharbeiter	1995	18	21	16	37
– Facharbeiter	1993	75	66	50	50
	1994	63	64	70	52
	1995	66	60	65	57
– Fachschule/	1993	8	8	10	6
Meister	1994	11	9	8	7
	1995	9	10	10	4
– Hochschule	1993	7	11	2	4
	1994	9	7	5	4
	1995	7	8	9	2
individuelles	1993	1009,–	1048,–	844,–	773,–
Nettoeinkommen	1994	1036,–	1036,–	884,–	788,–
	1995	1023,–	1020,–	1014,–	740,–

Datenbasis: biab-Erwerbsverlaufspanel Querschnitte 1993 – 95, Angaben in Teilspaltenprozenten

Neben den soziodemographischen Lagemerkmalen unterscheiden sich die Arbeitslosigkeitstypen auch in einer Reihe von Haushaltsmerkmalen (siehe Tabelle 5).

Auffallend ist hier *erstens* der höhere Anteil Alleinstehender an den Langzeitarbeitslosen. Dies ist auch ein Effekt der nicht nur aus unserer Erhebung bekannten Tatsache[17], daß alleinstehende Arbeitslose eine signifikant

16 S. hierzu Anhang 2, Tabelle 1 und 2

17 Eigene Auswertungen des SOEP (Ost), des ALLBUS, der MTU und des Arbeitsmarktmonitors

niedrigere berufliche Qualifikation gegenüber jenen Arbeitslosen haben, die in Partnerschaft, mit oder ohne Kind(er), leben.

Tabelle 5: Arbeitslosigkeitstypen nach Haushaltsmerkmalen 1993 – 95

		Erstmalige Arbeits-losigkeit bis unter 1 Jahr	wiederholte Arbeits-losigkeit bis unter 1 Jahr	Langzeit-arbeits-losigkeit 1 bis unter 2 Jahre	Langzeit-arbeits-losigkeit 2 Jahre und länger
Familienstand					
– Partner ohne Kind	1993	20	18	27	22
	1994	27	34	26	30
	1995	35	40	37	27
– Partner mit Kind	1993	53	48	34	31
	1994	35	34	39	30
	1995	37	32	30	34
– alleinstehend	1993	17	24	28	36
	1994	32	27	32	35
	1995	24	23	30	31
– alleinerziehend	1993	10	10	11	11
	1994	6	5	3	5
	1995	4	5	3	8
Haushaltsindex[1] der Betroffenheit durch Arbeitslosigkeit	1993[2]	–	–	–	–
	1994	0,64	0,66	0,69	0,72
	1995	0,56	0,64	0,65	0,71
Haushaltsnettoein-kommen pro Kopf bedarfsgewichtet	1993	1069,–	1073,–	917,–	794,–
	1994	1238,–	1178,–	996,–	920,–
	1995	1317,–	1159,–	1137,–	856,–
Einkommensarmut[3]	1993	17 %	11 %	25 %	35 %
	1994	8 %	9 %	28 %	42 %
	1995	16 %	22 %	26 %	44 %
Bezug von Sozialhilfe	1993	3 %	3 %	7 %	35 %
	1994	7 %	5 %	6 %	16 %
	1995	0 %	3 %	1 %	17 %
Schulden machen	1993	14 %	31 %	35 %	39 %
	1994	26 %	13 %	31 %	28 %
	1995	24 %	23 %	20 %	35 %

1 Der von uns verwendete Haushaltsindex mißt die Betroffenheit von Arbeitslosigkeit im Haushalt als das Verhältnis der arbeitslosen Personen in einem Haushalt zu den Erwerbspersonen insgesamt.
2 Der Haushaltsindex konnte wegen fehlender Indikatoren nicht gebildet werden
3 Hier wurde die 50-Prozent-Schwelle zugrunde gelegt

Datenbasis: biab-Erwerbsverlaufspanel Querschnitte 1993-95, Angaben in Teilspaltenprozent

Zweitens wird deutlich, daß für die materielle Lage Arbeitsloser der Erwerbsstatus aller am Haushalt beteiligten Mitglieder wichtig ist. Der Haushaltsindex der Betroffenheit durch Arbeitslosigkeit hat sich zwischen 1994 und 1995 kaum verändert. Auch das spricht wiederum dafür, daß eine Konsolidierung der Wirtschaft und des Arbeitsmarktes bisher nicht erreicht werden konnte.

Die Betroffenheit der Haushalte von Arbeitslosigkeit ist bei „erstmaliger Arbeitslosigkeit bis unter 1 Jahr" am niedrigsten und bei „Langzeitarbeitslosigkeit 2 Jahre und länger" am größten. Das heißt, die an sich schon durch die eigene Arbeitslosigkeit angespannte materielle Lage verstärkt sich durch längere oder wiederholte Arbeitslosigkeit eine(r)s Partner(in)s bei einem beträchtlichen Teil betroffener Haushalte. Das schlägt sich auch in den Indikatoren zum Einkommen nieder. Der Anteil der Einkommensarmen bei den 2 Jahre und länger Arbeitslosen ist seit 1993 kontinuierlich angestiegen und beträgt 1995 für diesen Typ 44 Prozent. Dahinter dürfte sich die Tatsache verbergen, daß Langzeitarbeitslosigkeit weniger ein der individuellen Konstitution geschuldetes, sondern ein flächendeckend gesellschaftlich induziertes Phänomen ist.

Befindlichkeiten und Arbeitslosigkeitstypen

Wie reflektieren die den verschiedenen Arbeitslosigkeitstypen zugehörigen Personen ihre derzeitige Situation? Welche Gemeinsamkeiten und Unterschiede zeigen sich dabei?

Die *allgemeine Lebenszufriedenheit* hat sich offenbar im Verlaufe der Jahre nicht wesentlich verändert (siehe Tabelle 6). Es ist zu berücksichtigen, daß positive Entwicklungen in einzelnen Lebensbereichen (z. B. Reisen) der allgemeinen Unzufriedenheit durch Arbeitslosigkeit teilweise entgegenwirken können. Insgesamt sind zu allen drei Befragungszeitpunkten besonders dem Typ „Langzeitarbeitslosigkeit 2 Jahre und länger" zuzuordnende Personen unzufrieden mit ihrem Leben.

Hinsichtlich der subjektiven *Wichtigkeit von Arbeit und Berufserfolg* ergeben sich hingegen keine signifikanten Unterschiede.

In ihrer Selbsteinordnung in das *Oben-Unten-Gefüge* der Gesellschaft sehen sich vor allem Langzeitarbeitslose häufig im unteren Bereich der Gesellschaft, und zwar bereits schon bei „Langzeitarbeitslosigkeit bis unter 2 Jahren". Sie rechnen auch für die nächste Zeit kaum mit einer Verbesserung ihrer Lage. Das widerspiegelt sich auch im hohen Anteil von Langzeitarbeitslosen, die damit rechnen, in der nächsten Zeit auf Sozialhilfe angewiesen zu sein.

Interessant ist auch, daß 1995 Personen des Typs „Langzeitarbeitslosigkeit 1 bis 2 Jahre" je knapp zur Hälfte Arbeitslosengeld bzw. Arbeitslosenhilfe bezogen. Von den „Langzeitarbeitslosen über zwei Jahre und mehr" gaben nur noch 14 Prozent den Bezug von Arbeitslosengeld, 58 Prozent den Bezug von Arbeitslosenhilfe an. Mehr als ein Viertel der Personen dieses Typs war also ohne jede Leistung vom Arbeitsamt (siehe auch Anlage 2).

Tabelle 6: Arbeitslosigkeitstypen nach subjektiven Merkmalen 1993 – 1995

		Erstmalige Arbeits-losigkeit bis unter 1 Jahr	wiederholte Arbeits-losigkeit bis unter 1 Jahr	Langzeit-arbeits-losigkeit 1 bis unter 2 Jahre	Langzeitar-beitslosigkeit 2 Jahre und länger
allgemeine	1993	4,5	4,6	4,6	3,8
Lebenszufriedenheit[1]	1994	5,2	5,8	5,0	4,8
	1995	5,7	5,0	5,1	4,6
Wichtigkeit von Lebensber.:[2]					
Arbeit	1993	8,9	8,8	8,6	7,6
	1994	8,9	9,3	9,1	8,9
	1995	8,7	9,1	8,7	8,8
Berufserfolg	1993	7,9	7,8	7,7	7,3
	1994	7,4	7,6	7,4	7,5
	1995	6,9	7,5	7,2	6,9
Selbsteinordnung in das	1993	3,8	3,6	3,7	3,0
Oben-Unten-Gefüge[3]	1994	3,8	4,2	3,5	3,3
	1995	4,4	4,0	3,9	3,4
Erwartung von	1993	11 %	17 %	39 %	28 %
Sozialhilfe[4]	1994	10 %	8 %	23 %	28 %
	1995	12 %	20 %	21 %	30 %

1 Mittelwerte auf einer Skala von 0 = ganz und gar unzufrieden bis 10 = ganz und gar zufrieden
2 Mittelwerte auf einer Skala von 0 = gar nicht wichtig bis 10 = sehr wichtig
3 Mittelwerte auf einer Skala von 0 = unten bis 10 = oben
4 ohne Personen mit gegenwärtigem Sozialhilfebezug

Datenbasis: biab-Erwerbsverlaufspanel Querschnitte 1993-95, Angaben in Teilspaltenprozent

Deutliche Unterschiede sind zwischen den Arbeitslosigkeitstypen auch hinsichtlich der *Einstellung auf Erfordernisse des Arbeitsmarktes* zu verzeichnen (siehe Tabelle 7).

Es zeigt sich:

1. Bei allen Arbeitslosen ist unabhängig von ihrer Zugehörigkeit zu einem bestimmten Arbeitslosigkeitstyp die Bereitschaft zur Zurücknahme eigener Erwartungen an einen Arbeitsplatz, die Bereitschaft zu Mobilität vorhanden. Sie ist am höchsten hinsichtlich der Akzeptanz einer niedrigeren beruflichen Position und eines längeren Arbeitsweges ausgeprägt.
2. Mit zunehmender Dauer der Arbeitlslosigkeit steigt die Konzessionsbereitschaft nur bei wenigen der Indikatoren an.

Tabelle 7: Einstellung auf Erfordernisses des Arbeitsmarktes bei den Arbeitslosigkeitstypen 1993 – 1995

Bereitschaft zu(r):[1]					
– Arbeit weit unter Qualifikationsniveau	1993	12	18	25	37
	1994	25	26	30	26
	1995	21	23	25	40
– weniger Verdienst	1993	11	9	13	13
	1994	19	15	11	18
	1995	14	15	15	23
– geringere berufliche Position	1993	43	52	41	56
	1994	53	51	51	56
	1995	40	54	55	53
– längerem Arbeitsweg	1993	55	56	49	43
	1994	70	64	57	54
	1995	55	59	56	52
– Umzug	1993	14	14	10	14
	1994	12	14	17	15
	1995	15	16	14	20

1 Bejahungen, weitere Antwortmöglichkeiten: „vielleicht" und „nein"

Datenbasis: biab-Erwerbsverlaufspanel Querschnitte 1993 – 95, Angaben in Teilspaltenprozent

Ihre *Aussichten auf dem Arbeitsmarkt* (siehe Tabelle 8) schätzen zu allen drei Befragungszeitpunkten die erst kürzere Zeit Arbeitslosen im Durchschnitt mittelmäßig ein. Allerdings sind Männer häufiger als Frauen eher optimistisch. Langzeitarbeitslose beurteilen die Chancen überwiegend als nicht besonders günstig oder sogar als aussichtlos. 1995 betrug letzteres mehr als die Hälfte der potentiell Dauerarbeitslosen.
Seit 1993 hat die ausgesprochen pessimistische Erwartung (aussichtslos) unter den befragten Arbeitslosen insgesamt zugenommen (von 20 auf 27 Prozent). Wie die Tabelle 8 zeigt, vollzog sich diese Entwicklung bei den Arbeitslosigkeitstypen in differenzierter Weise.

1. Lediglich die erstmalig unter einem Jahr Arbeitslosen beurteilen 1995 ihre Chancen auf dem Arbeitsmarkt leicht positiver, als im Jahr 1993. Bei allen anderen Arbeitslosen überwiegt die pessimistische Beurteilung.
2. Besonders schlecht beurteilen Langzeitarbeitslose ihre Arbeitsmarktperspektiven. Das mag auch ein Grund dafür sein, daß sich ein – wenn auch kleiner Teil – von ihnen bereits ein Leben auch ohne Erwerbsarbeit vorstellen kann. Das Durchschnittsalter dieser Arbeitslosen beträgt 1995 47 Jahre.
3. Nur ein kleiner Teil der Arbeitslosen hat sich überhaupt noch nicht um eine Stelle beworben. Auch die Langzeitarbeitslosen haben sich überwiegend *aktiv um Arbeit bemüht*, insbesondere durch eigene Bewerbun-

gen. Allerdings geben vor allem potentiell Dauerarbeitlslose seltener an, im letzten Monat aktiv bei der Arbeitssuche geworden zu sein. Unter dem Einfluß anhaltender persönlicher Mißerfolge bei bisherigen Bemühungen um eine neue Arbeit und angesichts der zunehmend kritischen Arbeitsmarktlage haben 1995 zwei Drittel dieser Arbeitslosen ihre aktuellen Aktivitäten zur Arbeitssuche aufgegeben, zumeist jedoch ohne ihre Rückkehr ins Erwerbsleben gänzlich abzuschreiben.

Tabelle 8: Arbeitslosigkeitstypen nach Einschätzung ihrer Arbeitsmarktsituation und ihrem Belastungsempfinden

		Erstmalige Arbeits-losigkeit bis unter 1 Jahr	wiederholte Arbeits-losigkeit bis unter 1 Jahr	Langzeit-arbeits-losigkeit 1 bis unter 2 Jahre	Langzeitar-beitslosigkeit 2 Jahre und länger
Die Chancen für eine					
neue Stelle sind „nicht	1993	59	49	70	86
besonders günstig“	1994	51	55	65	81
oder „aussichtslos“	1995	47	57	81	86
„ich habe mich noch	1993	23	12	26	21
gar nicht um eine	1994	13	22	13	27
neue Stelle beworben“	1995	20	10	20	20
„ich möchte nicht	1993	10	3	14	16
unbedingt wieder	1994	7	3	8	12
arbeiten“	1995	3	4	8	17
Belastungen[1]					
„ich gehe nicht mehr	1993	9	21	35	39
so oft zu meinen Freun-	1994	14	21	30	32
den und Bekannten“	1995	27	37	42	46
„fühle mich überflüssig“	1993	38	42	55	71
	1994	53	43	54	53
	1995	35	48	60	60
„warum gerade ich“	1993	39	35	48	56
	1994	26	29	32	44
	1995	30	33	40	45

1 Bejahungen, weitere Antwortmöglichkeiten: „unentschieden“ und „nein“

Datenbasis: biab-Erwerbsverlaufspanel Querschnitte 1993 – 95, Angaben in Teilspaltenprozent

In der Wahrnehmung von *Be- bzw. Entlastungen* unterscheiden sich die den unterschiedlichen Arbeitslosigkeitstypen zuzurechnenden Befragten insgesamt zwar nur relativ wenig. Durchgängig in allen drei Querschnittsbefragungen treten jedoch signifikante Unterschiede zwischen den Typen hinsichtlich der Entwicklung sozialer außerfamilialer Kontakte sowie des Gefühls des Überflüssigseins und des Selbstzweifels auf: Gehen auch erstmalig Arbeitslose heute um 18 Prozent häufiger als noch 1993 nicht mehr so oft zu

Freunden und Bekannten, so ist dieser Anteil unter den über zwei Jahre Arbeitslosen fast doppelt so hoch. Auch das Gefühl, überflüssig zu sein und die Selbstzweifel („warum gerade ich?") verdoppeln sich nahezu im Verlauf längerer Arbeitslosigkeit.

Entlastungen werden zwar auch wahrgenommen, spielen aber bei allen Arbeitslosigkeitstypen gegenüber den Belastungen nur eine untergeordnete Rolle. Am stärksten wird die Unsicherheit reflektiert, je wieder eine neue Stelle zu bekommen. Das betrifft in besonders hohem Maße die Langzeitarbeitslosen.

2.2.2 Wiederbeschäftigungstypen

Im folgenden wird jener Personenkreis näher charakterisiert, dem ein Ausstieg aus der Arbeitslosigkeit gelungen ist, und zwar in reguläre Beschäftigung (ohne ABM-Beschäftigung).

Dabei gehen der Wiederbeschäftigung, als erfolgreicher, mehr oder weniger stabiler Beendigung der Arbeitslosigkeit, unterschiedliche Erwerbsverläufe voraus. Nimmt man diese unterschiedlichen Verläufe zum Gegenstand näherer Analyse[18], so lassen sich drei Typen des Überganges von Arbeitslosigkeit in Wiederbeschäftigung unterscheiden:

Typ 1: *Übergang aus Arbeitslosigkeit in Wiederbeschäftigung direkt aus einer AFG-Maßnahme unabhängig von der Dauer der Arbeitslosigkeit, die der AFG-Maßnahme vorausging,* im folgenden als „Maßnahme-Wiederbeschäftigung" bezeichnet.

Typ 2: *Direkter Übergang von Arbeitslosigkeit in Wiederbeschäftigung nach einer vorangegangenen Arbeitslosigkeit von unter 6 Monaten,* im folgenden als „Wiederbeschäftigung nach kürzerer Arbeitslosigkeit" bezeichnet.

Typ 3: *Direkter Übergang von Arbeitslosigkeit in Wiederbeschäftigung nach einer vorangegangenen Arbeitslosigkeit von 6 Monaten und länger*, im folgenden als „Wiederbeschäftigung nach längerer Arbeitslosigkeit" bezeichnet.

---

18 Für die Querschnittsbetrachtung haben wir die Merkmale „direkter Übergang von der letztmaligen Arbeitslosigkeit in Wiederbeschäftigung", „Übergang aus Arbeitslosigkeit in Wiederbeschäftigung über eine AFG-Maßnahme" und „Dauer der letzten Arbeitslosigkeit", und zwar unmittelbar vor der Wiederbeschäftigung bzw. vor der AFG-Maßnahme, zu Gruppen zusammengefaßt.

Von den zum Untersuchungszeitpunkt Sommer '95 wiederbeschäftigten Personen haben zwei Drittel den Übergang direkt aus Arbeitslosigkeit in eine neue Beschäftigung gefunden. Ein Drittel hatte unmittelbar vor der Wiederbeschäftigung einen anderen Erwerbsstatus, überwiegend AFG-Maßnahmen (ABM und Fortbildung und Umschulung) (siehe Tabelle 9).

Tabelle 9: Verteilung der Wiederbeschäftigungstypen 1993 – 1995

	1993	1994	1995
Maßnahme-Wiederbeschäftigung	25	30	33
Wiederbeschäftigung nach kurzer Arbeitslosigkeit	29	28	32
Wiederbeschäftigung nach längerer Arbeitslosigkeit	46	42	35

Datenbasis: biab-Erwerbsverlaufspanel Querschnitte 1993 – 1995, Angaben in Spaltenprozent

Auffallend ist erstens, daß seit 1993 der Anteil der Personen, denen ein Übergang in ein reguläres Arbeitsverhältnis direkt im Anschluß an eine Arbeitsförderung gelang, ständig gestiegen ist. Das spricht für die – wenn auch bescheidene – Brückenfunktion von AFG-Maßnahmen in den neuen Bundesländern. Insbesondere der *Fortbildung und Umschulung* kommt in diesem Kontext Bedeutung zu. Die Maßnahmewiederbeschäftigten 1995 befanden sich zwischen Arbeitslosigkeit und Wiederbeschäftigung zu 65 Prozent in einer FuU und zu 29 Prozent in einer ABM (Sonstiges 6 Prozent).

Ein zweiter Trend ist der kontinuierlich zurückgegangene Anteil des Typs ‚Wiederbeschäftigung nach sechs Monate und länger währender Arbeitslosigkeit'. Wiederbeschäftigung gelingt also immer seltener, wenn die Arbeitslosigkeitsdauer sechs Monate übersteigt.

Drittens zeigt sich eine deutliche Geschlechterdifferenzierung (siehe Abbildung 10). Während Frauen 1993 wie 1995 vorrangig dem Typ 3 zuzuordnen sind, haben sich bei Männern deutliche Veränderungen vollzogen. Gehörten sie 1993 fast zur Hälfte dem Typ 3 an und nur zu einem Fünftel dem Typ 1, so hat bei ihnen der letztgenannte Typ 1995 deutlich an Gewicht gewonnen, während der Anteil des Typs 3 stark zurückging. Der Typ 2 ist zu beiden Zeitpunkten bei Männern sichtbar häufiger als bei Frauen zu finden.

Unsere Erhebung belegt, daß die Teilnahme an einer Fortbildung oder Umschulung generell die Chance auf einen Arbeitsplatz erhöht, wie auch im allgemeinen eine höhere Qualifikation die Wahrscheinlichkeit des Verbleibs in Arbeitslosigkeit verringert. Auch innerhalb der Gruppe der Personen, die aus Arbeitslosigkeit direkt in Wiederbeschäftigung übergegangen sind, war die Verbleibsdauer in Arbeitslosigkeit niedriger, sofern sie schon einmal eine vom Arbeitsamt geförderte Weiterbildung absolviert hatten. Die Teilnahme an FuU erhöht in größerem Maße als eine Teilnahme an ABM die Wiederbeschäftigungschancen. Zweifellos ist dies aber auch ein Effekt der unterschiedlichen Altersstruktur dieser beiden Gruppen. FuU-Teilnehmer(innen) sind im Durchschnitt jünger als ABM-Teilnehemer(innen).

Abbildung 10: Verteilung der Wiederbeschäftigungstypen 1993 und 1995 bei Frauen und Männern

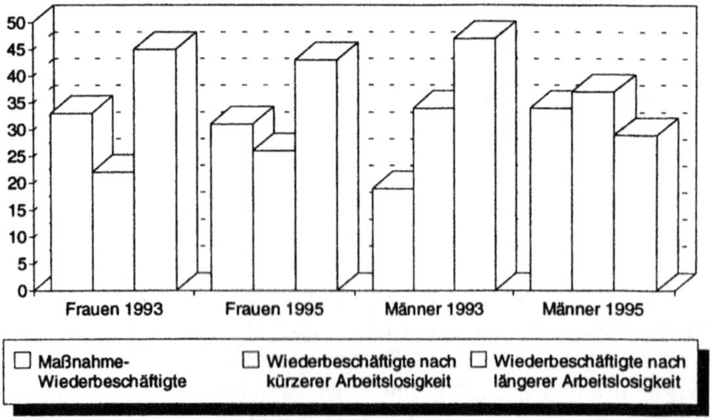

Datenbasis: biab-Erwerbsverlaufspanel Querschnitte 1993 und 1995

Wiederbeschäftigte ohne AFG-Maßnahmen zwischen der letztmaligen Arbeitslosigkeit und der jetztigen Wiederbeschäftigung haben allerdings mehrheitlich *vor* der letzten Arbeitslosigkeit schon einmal an einer FuU teilgenommen (1995: 60 Prozent beim Typ 2, 48 Prozent beim Typ 3). Insbesondere für jene nach wie vor arbeitslosen Personen, die bereits länger als zwei Jahre in dieser Erwerbssituation sind, liegt nach den Befunden des biab-Erwerbsverlaufspanels der entsprechende Anteil deutlich niedriger (1995: 30 Prozent).

Welche Lagemerkmale kennzeichnen die Wiederbeschäftigten in den jeweiligen Typen?

Charakteristisch für die Situation am Arbeitsmarkt ist der höhere Anteil der Männer unter den „Wiederbeschäftigten nach kürzerer Arbeitslosigkeit". Männer sind auch in zunehmenden Maße, wenn ihnen der Wiedereinstieg gelungen ist, über eine AFG-Maßnahme gegangen. Frauen finden sich dagegen häufiger unter den „Wiederbeschäftigten nach einer längeren Arbeitslosigkeit" (siehe Tabelle 10 und 11). Wie oben bereits dargestellt, bedeutet das nicht, daß längere Dauer der Arbeitslosigkeit ihre Wiedereinstiegschancen erhöht. Vielmehr handelt es sich darum, daß die gegenüber Männern ohnehin seltenere Rückkehr in Erwerbstätigkeit betroffenen Frauen erst nach längerer Zeit gelingt.

Tabelle 10: Wiederbeschäftigungstypen nach individuellen Lagemerkmalen 1993 – 95

		Maßnahme-Wiederbeschäftigung	Wiederbeschäftigung nach kürzerer Arbeitslosigkeit	Wiederbeschäftigung nach längerer Arbeitslosigkeit
Geschlecht				
– Frauen	1993	57	33	42
	1994	46	39	49
	1995	41	35	54
– Männer	1993	43	67	58
	1994	54	61	51
	1995	59	65	46
Alter (Mittelwerte in Jahren)	1993	37	38	38
	1994	35	36	41
	1995	36	38	39
Qualifikation				
– ohne Abschluß und Teilfacharbeiter	1993	5	1	12
	1994	3	4	1
	1995	–	12	6
– Facharbeiter	1993	49	66	57
	1994	59	47	74
	1995	55	54	68
– Fachschule/Meister	1993	21	21	13
	1994	19	27	14
	1995	22	14	19
– Hochschule	1993	25	12	18
	1994	19	22	11
	1995	23	20	7
individuelles Nettoeinkommen	1993	1731,–	2037,–	1657,–
	1994	1904,–	1969,–	1600,–
	1995	2132,–	1769,–	1598,–

Datenbasis: biab-Erwerbsverlaufspanel Querschnitte 1993-95, Angaben in Teilspaltenprozent

Personen ohne abgeschlossene Berufsausbildung oder mit Teilfacharbeiterabschluß sind bei den Wiederbeschäftigten generell unterrepräsentiert. Sie sind am ehesten noch unter denen zu finden, die erst nach längerer Arbeitslosigkeit eine neue Stelle gefunden haben. Allerdings haben die wenigen niedrig qualifizierten noch häufiger an einer Weiterbildung teilgenommen, als die übrigen Wiederbeschäftigten. Personen mit Hochschulabschluß finden sich vergleichsweise häufig unter den Maßnahme-Wiederbeschäftigten.

Das deutlich niedrigere Einkommen der nach längerer Arbeitslosigkeit Wiederbeschäftigten mag seine Ursachen auch in der niedrigeren beruflichen Qualifikation haben. Bei den anderen Wiederbeschäftigungstypen ist der Anteil der Personen mit Hochschulbildung mehr als doppelt so hoch, und dementsprechend ist auch das individuelle Nettoeinkommen höher.

Aber die Querschnitte der Befragungsjahre zeigen auch, daß im zeitlichen Verlauf Wiederbeschäftigte, deren Eintritt in Arbeitslosigkeit unmittelbar aus Arbeitslosigkeit erfolgte, über ein immer geringeres persönliches Nettoeinkommen verfügen. Umgekehrt ist die Tendenz bei den Personen des Typs ‚Maßnahme-Wiederbeschäftgung'.

Diese Differenzierungen werden aber durch den Haushaltskontext, in den die Befragten eingebunden sind, abgeschwächt (siehe Tabelle 11). Das bedarfsgewichtete Haushaltsnettoeinkommen pro Kopf variiert zwischen den nach kürzerer und längerer Arbeitslosigkeit Wiederbeschäftigten nur geringfügig. Die Haushaltsstruktur dürfte dafür ausschlaggebende Bedeutung haben. „Wiederbeschäftigte nach längerer Dauer" leben häufiger als Personen der anderen Typen in Partnerschaft ohne Kind.

Tabelle 11: Wiederbeschäftigungstypen nach Haushaltsmerkmalen 1993-95

		Maßnahme-Wiederbeschäftigung	Wiederbeschäftigung nach kürzerer Arbeitslosigkeit	Wiederbeschäftigung nach längerer Arbeitslosigkeit
Familienstand				
– Partner ohne Kind	1993	19	27	27
	1994	18	20	34
	1995	34	34	48
– Partner mit Kind	1993	54	60	51
	1994	49	63	51
	1995	41	34	40
– alleinstehend	1993	17	9	15
	1994	24	15	10
	1995	22	26	10
– alleinerziehend	1993	10	4	7
	1994	9	2	5
	1995	3	6	2
Haushaltsnettoeinkommen pro Kopf bedarfsgewichtet	1993	1450,–	1486,–	1411,–
	1994	1581,–	1464,–	1357,–
	1995	1632,–	1434,–	1421,–

Datenbasis: biab-Erwerbsverlaufspanel Querschnitte 1993 – 95, Angaben in Teilspaltenprozent

In welchem Maß pendeln Wiederbeschäftigte in den Westen?

Die Personen aller Wiederbeschäftigtentypen haben – verglichen mit der Kontrollgruppe der Erwerbstätigen ohne Arbeitslosigkeitserfahrung – häufiger im Westen (meist Berlin/West) eine Arbeit gefunden (siehe Tabelle 12). Vor allem betrifft das Personen aus Berlin (Ost). Dabei ist aber der Pendleranteil bei allen Wiederbeschäftigten von 1993 zu 1995 kontinuierlich zurückgegangen. Das liegt aber nicht an der nachlassenden Bereitschaft, im Westen eine Arbeit zu suchen, sondern daran, daß sich der Arbeitsmarkt in Berlin (West) zunehmend verengt hat.

Tabelle 12: Wiederbeschäftigungstypen und die Kontrollgruppe der Erwerbstätigen ohne Arbeitslosigkeitserfahrung nach dem Ort der (Wieder)Beschäftigung

		Maßnahme-Wieder beschäftigung	Wiederbeschäftigung nach kürzerer Arbeitslosigkeit	Wiederbeschäftigung nach längerer Arbeitslosigkeit	Erwerbstätige ohne Arbeitslosigkeitserfahrung
in den alten Bundes-	1993	11	19	10	12
ländern oder in	1994	9	6	5	3
Berlin (West)	1995	9	11	5	4

Datenbasis: biab-Erwerbsverlaufspanel Querschnitte 1993-95, Angaben in Prozent für das jeweilige Jahr

Wie sicher scheint der neue Arbeitsplatz?

Im Vergleich zur Kontrollgruppe der Erwerbstätigen schätzen Wiederbeschäftigte die Sicherheit ihres Arbeitsplatzes deutlich niedriger ein. Über 50 Prozent der Erwerbstätigen halten ihn für sicher, aber nur zwischen 25 und 35 Prozent der Wiederbeschäftigten. Zwischen 1993 und 1995 haben sich nur tendenzielle Veränderungen in der Beurteilung der Arbeitsplatzsicherheit vollzogen. Zwischen den Wiederbeschäftigungstypen sind Unterschiede vorhanden, jedoch statistisch nicht signifikant (siehe Abbildung 11).

Wenn die Teilnahme an einer vom Arbeitsamt geförderten Weiterbildungsmaßnahme die Arbeitsmarktchancen generell erhöht, und zwar auch unabhängig davon, zu welchen Zeitpunkt ihres Arbeitslosigkeitsverlaufes der später Wiederbeschäftigten sie stattfand, so steigert eine solche Teilnahme nach unseren Befunden nicht unbedingt die Erwartung der Betroffenen, ihren neuen Arbeitsplatz auch zu behalten.

Zufriedenheiten und Wertorientierungen der Wiederbeschäftigten in den jeweiligen Typen unterscheiden sich nur geringfügig. Das trifft auch für Kontrollüberzeugung und Zukunftserwartungen zu.

Abbildung 11: **Beurteilung der Sicherheit des Arbeitsplatzes nach Wiederbeschäftigungstypen 1993 und 1995**

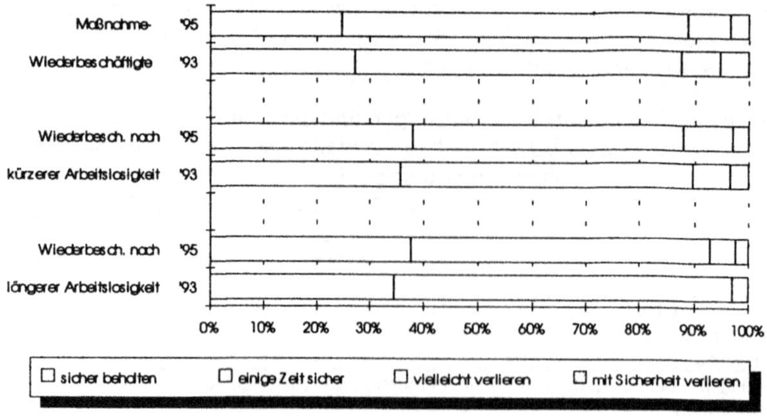

Datenbasis: biab-Erwerbsverlaufspanel Querschnitte 1993 und 1995

2.3 Längsschnittsbetrachtung von Arbeitslosigkeitsverläufen

Im folgenden analysieren wir Arbeitslosigkeitsverläufe aus einer anderen Betrachtungsperspektive. Untersucht werden wiederholt befragte Probanden eines 3-Wellen Panels.

Datenbasis der folgenden Darstellung einer Erwerbsverlaufstypologie sind alle ehemals Arbeitslosen, die an den Befragungen 1993 bis '95 teilgenommen haben. Zum Zeitpunkt der letzten Befragung im Sommer '95 befanden sich knapp ein Viertel der Panelteilnehmer noch oder schon wieder in Arbeitslosigkeit. Gut ein Fünftel waren in AFG-Maßnahmen einbezogen. Knapp die Hälfte der Befragten waren wiederbeschäftigt. Weniger als jede(r) zehnte war im Sommer '95 „aus anderen Gründen nicht erwerbstätig". Dieser Erwerbsstatus hat verschiedene Ursachen: Studium, Erziehungsurlaub, (zeitlich begrenzter) Rückzug aus dem Erwerbsleben. Zum Teil handelt es sich dabei um Personen, die das Rentenalter erreicht haben und mit großer Sicherheit nicht mehr auf den Arbeitsmarkt zurückkehren werden. Wir haben deshalb aus der Betrachtung der Erwerbsverläufe alle Personen, die 60 Jahre und älter sind, herausgenommen. Ihr Erwerbsverlauf dürfte schon vor dem letzten Befragungszeitpunkt beendet gewesen sein.

Aufgrund des unterschiedlichen zeitlichen Eintritts der Befragten in die erste Arbeitslosigkeit und ihrem zu verschiedenen Zeiten erfolgten Eintritt in unsere Untersuchung variiert die Länge der von uns aufgezeichneten Erwerbsverläufe. In dem hier betrachteten Ausschnitt von 1993 – 1995 verteilen sich die Probanden wie folgt auf die verschiedenen Erwerbszustände (siehe Tabelle 13).

Tabelle 13: Erwerbsstatus der Probanden im Längsschnit von 1993 – 1995

	1993	1994	1995
arbeitslos	32	33	23
in FuU	19	9	8
In ABM	14	11	14
wiederbeschäftigt	31	42	47
nicht erwerbstätig	4	5	8

Datenbasis: biab-Erwerbsverlaufspanel, Längsschnitt 1993-1995, Angaben in Spaltenprozent

Zu den einzelnen Erhebungszeitpunkten hatte jeweils ungefähr die Hälfte aller befragten Personen ihren vorjährigen Erwerbsstatus beibehalten. Hier unterscheiden sich aber Arbeitslose, Maßnahmeteilnehmer sowie Wiederbeschäftigte deutlich. Von den Wiederbeschäftigten des Jahres 1993 waren drei Viertel auch ein Jahr später in diesem Status, von den Wiederbeschäftigten des Jahres 1994 ein Jahr später sogar 85 Prozent. Erwartungsgemäß gehen die Teilnehmer(innen) an FuU am häufigsten in einen anderen Erwerbsstatus über. Von den 1993 Arbeitslosen waren ein Jahr später die Hälfte noch immer arbeitslos. Wenn von den 1994 arbeitslosen Personen ein Jahr später nur noch ein Drittel arbeitslos waren, so signalisiert das keineswegs eine verbesserte Arbeitsmarktsituation. *Die Wiederbeschäftigungsquote Arbeitsloser ist über beide Jahre mit rund einem Viertel stabil geblieben.*

Um das folgende Schaubild übersichtlich zu halten, sind in Abbildung 12 aus jedem Erwerbsstatus nur die wesentlichen Abgänge in die Folgestatus eingezeichnet (in der Regel die über 10 Prozent). Abgänge in und aus Nichterwerbstätigkeit werden hier nicht erfaßt.

Abbildung 12: Veränderung des Erwerbsstatus zu drei Meßzeitpunkten innerhalb von 2 Jahren

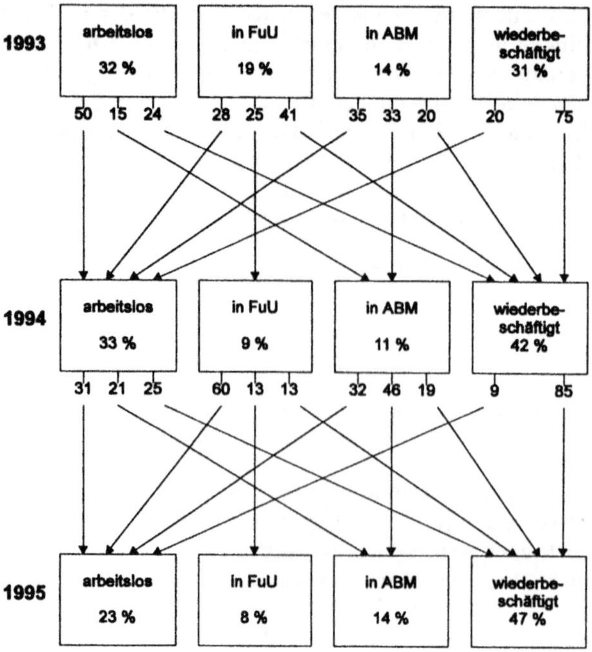

Datenbasis: biab-Erwerbsverlaufspanel, Längsschnitt 1993-1995

Von 1993 bis 1995 vollzogen sich folgende Veränderungen der Erwerbssituation der Panelteilnehmer (siehe Tabelle 14):

Tabelle 14: Veränderung des Erwerbsstatus von 1993 zu 1995

	1995				
1993	arbeitslos	in FuU	in ABM	wiederbeschäftigt	nicht erwerbstätig
arbeitslos	30	6	24	33	8
in FuU	36	3	8	47	6
in ABM	36	11	23	30	–
wiederbeschäftigt	7	9	7	74	3
nicht erwerbstätig	6	13	–	12	69

Datenbasis: biab-Erwerbsverlaufspanel, Längsschnitt 1993-1995, Angaben in Zeilenprozent

Drei Viertel der Wiederbeschäftigten von 1993 konnten nach 2 Jahren in Erwerbstätigkeit verbleiben. 30 Prozent der ABM-Beschäftigten und 47 Prozent der Teilnehmer an FuU erreichten eine reguläre Wiederbeschäftigung. Das gilt auch für ein Drittel der Arbeitslosen. Fast ebenso viele von ihnen waren aber noch oder schon wieder arbeitslos.

Aufgrund des Stichprobendesigns des biab-Erwerbsverlaufspanels[19] können wir keine verallgemeinerbaren Angaben über die *quantitative* Verteilung der im folgenden beschriebenen Erwerbsverlaufstypen machen. Dazu hätte es einer größeren repräsentativen Stichprobe von im Sommer '93 arbeitslosen Personen bedurft. Diese Gruppe von Arbeitslosen der Befragungswelle '93 war zwar vorhanden und lieferte auch für eine Querschnittsauswertung valide Daten (siehe den Abschnitt über Arbeitslosigkeitstypen); im Längsschnitt waren jedoch durch die hohe Panelmortalität die Fallzahlen zu gering geworden. Dennoch spricht die Tatsache, daß die ermittelten Arbeitslosigkeitsverläufe der Personen des biab-Erwerbsverlaufspanels, insbesondere der Brandenburger Personen, in der Tendenz mit entsprechenden Ergebnissen des Arbeitsmarkt-Monitors für die neuen Bundesländer und auch mit denen des SOEP 1992-94 (Ost) übereinstimmen, für die Realitätsnähe unserer Befunde.

Die von uns ermittelten Erwerbsverlaufsmuster sind insbesondere aussagekräftig *erstens* hinsichtlich ihrer *qualitativen* Strukturiertheit bezüglich *endogener* Elemente des Erwerbsverlaufs. Dazu zählen:

– *die Dauer der letzten Arbeitslosigkeit*

Die Dauer der letzten (oder noch anhaltenden) Arbeitslosigkeit differiert zum Zeitpunkt Sommer '95 erheblich zwischen den Probanden. Bei den zu diesem Zeitpunkt Wiederbeschäftigten betrug sie rund 9 Monate, bei Teilnehmern an ABM rund 1 Jahr und bei Teilnehmern an FuU rund 11 Monate. Arbeitslose waren seit durchschnittlich 17 Monaten ohne Beschäftigung.

– *die Häufigkeit des Arbeitslosigkeitsereignisses*

Die größten Unterschiede bestehen zwischen Arbeitslosen und Wiederbeschäftigten. Während Arbeitslose zu über 70 Prozent schon mehrmals arbeitslos waren, sind zum Erhebungszeitpunkt Sommer ,95 70 Prozent der Wiederbeschäftigten nur einmal arbeitslos gewesen (siehe Tabelle 15).

---

19 s. Anhang 1

Tabelle 15: Häufigkeit der Arbeitslosigkeit nach dem aktuellen Erwerbsstatus zum Befragungszeitpunkt Sommer '95 und Sommer '95

	1993		1995	
	einmal	mehrmals	einmal	mehrmals
arbeitslos	72	28	28	72
in FuU	93	7	40	60
In ABM	71	29	31	69
wiederbeschäftigt	85	15	70	30

Datenbasis: biab-Erwerbsverlaufspanel, Längsschnitt 1993-1995, Angaben in Zeilenprozent

Die Erwerbsverlaufsmuster sind *zweitens* aussagekräftig hinsichtlich der Strukturiertheit *exogener* Elemente: Regionale Arbeitsmarktbedingungen, soziodemographische Einflußfaktoren.

Im folgenden wird eine Erwerbsverlaufstypologie auf Längsschnittsbasis dargestellt. Zugrunde gelegt wird dabei der Erwerbsstatus 1993 und 1995. Wir können vier Typen unterscheiden:

Typ 1: Zum Befragungszeitpunkt Sommer '93 arbeitslos oder in FuU und im Sommer '95 ebenfalls oder schon wieder arbeitslos oder in FuU oder ‚aus anderen Gründen nicht erwerbstätig' = *„negativer Erwerbsverlauf"* (22%).

Typ 2: Zum Befragungszeitpunkt Sommer '93 arbeitslos, in einer AFG-Maßnahme oder nicht erwerbstätig und im Sommer '95 wiederbeschäftigt = *„positiver Erwerbsverlauf"* (24%).

Typ 3: Alle Personen, die 1995 in ABM waren; ferner 1993 in ABM, wiederbeschäftigt oder nicht erwerbstätig und 1995 arbeitslos oder in FuU; außerdem 1993 Erwerbstätige oder ‚aus anderen Gründen nicht erwerbstätig' und 1995 ‚aus anderen Gründen nicht erwerbstätig' = *„gebrochener Erwerbsverlauf"*[20] (31%).

Typ 4: Zum Befragungszeitpunkt Sommer '93 und Sommer '95 wiederbeschäftigt = *„stabiler Wiedereinstieg"* (23%).

20 Mutz (1993) differenziert den „gebrochenen Erwerbsverlauf" getrennt für Frauen und für Männer. Für Frauen: a) Erwerbs- und Familienorientierung bei jungen Müttern, b) Typische Zweitverdienerin, c) Unfreiwilliger Ausschluß aus dem Erwerbssystem. Für Männer: a) Umstieg in ein anderes Beschäftigungssegment, b) Unfreiwilliger Ausschluß aus dem Erwerbssystem. Diese Formen des Erwerbsverlaufs werden teilweise in unserer Typisierung durch den „negativen Erwerbsverlauf" abgedeckt, sofern sie den teilweisen oder endgüligen Abbruch der Erwerbskarriere bedeuten.

Welche Merkmale kennzeichnen diese Erwerbsverlaufstypen auf der Grundlage der Längsschnittsauswertung? Wie unterscheiden sie sich hinsichtlich individueller Lagemerkmale?

Hier bestätigen sich die im Zusammenhang mit der Analyse der Struktur von Arbeitslosigkeitsverläufen gewonnenen Erkenntnisse. Personen mit stabilem Wiedereinstieg sind zu über 50 Prozent Männer. Der Anteil unter den Arbeitslosen beträgt dagegen nur rund ein Drittel (siehe Tabelle 16).

Die berufliche Qualifikation zeigt sich auch hier als entscheidendes Merkmal für die Zugehörigkeit zum jeweiligen Typ des Erwerbsverlaufs. Auffällig ist besonders, daß es bei stabilem Wiedereinstieg und bei positivem Erwerbsverlauf praktisch keine Personen ohne abgeschlossene Berufsausbildung gibt. Diese beiden Typen weisen auch die höchsten Anteile an Hochschulabsolventen auf.

Ein Teil der Personen des positiven Erwerbsverlaufs nähert sich bzgl. des Einkommens dem Typ ‚stabiler Wiedereinstieg' an. Es zeigt sich hier auch, daß es einen Zusammenhang zwischen der Dauer der Wiederbeschäftigung und dem individuellem Nettoeinkommen gibt. Dieser Einfluß nivelliert sich aber aber auf Ebene des bedarfsgewichteten Haushaltseinkommen pro Kopf (siehe Tabelle 17).

Tabelle 16: Erwerbsverlaufstypen nach individuellen Lagemerkmalen: Geschlecht, Alter, Qualifikation und dem individuellen Nettoeinkommen

		negativer Erwerbsverlauf	positiver Erwerbsverlauf	gebrochener Erwerbsverlauf	stabiler Wiedereinstieg
Geschlecht					
– Frauen		67	67	63	49
– Männer		33	33	37	51
Alter (Mittelwerte in Jahren)		42	39	44	41
Qualifikation					
– o. Abschl. u. Teilfacharb.		19	–	14	1
– Facharbeiter		62	71	47	55
– Fachschule/Meister		14	17	27	23
– Hochschule		5	12	12	21
individuelles	1993	1020,–	1070,–	1320,–	1743,–
Nettoeinkommen	1994	1062,–	1391,–	1277,–	1816,–
	1995	976,–	1550,–	1432,–	1863,–

Datenbasis: biab-Erwerbsverlaufspanel Längsschnitt 1993-95, Angaben in Teilspaltenprozent

Die ökonomische Situation im Haushaltskontext zeigt den Einfluß des vorangegangenen Erwerbsverlaufs. Obwohl Personen des positiven Erwerbsverlaufs 1995 erwerbstätig sind, ist ihr Anteil an Einkommensarmut, verglichen mit den Personen des stabilen Wiedereinstiegs, relativ hoch (siehe Tabelle 17).

Hinsichtlich des Einflusses des Erwerbsverlaufs auf die finanzielle Lage zeigt sich:

Tabelle 17: Erwerbsverlaufstypen nach Haushaltsmerkmalen: Familienstand, Haushaltsindex und Indikatoren der finanziellen Situation 1993-95

		negativer Erwerbsverlauf	positiver Erwerbsverlauf	gebrochener Erwerbsverlauf	stabiler Wiedereinstieg
Familienstand					
– Partner ohne Kind		22	36	28	38
– Partner mit Kind		42	48	38	37
– alleinstehend		26	11	32	21
– alleinerziehend		10	5	2	4
Haushaltsnettoeinkommen pro Kopf bedarfsgewichtet	1993	976,–	1226,–	1240,–	1412,–
	1994	1052,–	1468,–	1261,–	1475,–
	1995	983,–	1532,–	1407,–	1515,–
Haushaltsindex der Betroffenheit durch Arbeitslosigkeit	1993 [1]	–	–	–	–
	1994	0,42	0,16	0,33	0,12
	1995	0,52	0,03	0,18	0,05
Einkommensarmut 50 Prozentschwelle	1993	16	5	11	2
	1994	13	5	11	4
	1995	29	10	13	3
Bezug von Sozialhilfe	1993	3	1	4	–
	1994	5	7	1	–
	1995	4	1	1	1
Schulden machen	1993	20	16	9	4
	1994	18	8	9	11
	1995	31	15	9	7

1 Der Haushaltsindex konnte 1993 wegen fehlender Indikatoren nicht gebildet werden

Datenbasis: biab-Erwerbsverlaufspanel Längsschnitt 1993-95, Angaben in Teilspaltenprozent

1. Die Verarmungstendenz ist bei negativem Erwerbsverlauf erwartungsgemäß am größten. Sie erreicht hier fast ein Drittel der Betroffenen.
2. Der Anteil der Einkommensarmen unter den Panelteilnehmern hat in allen Typen des Erwerbsverlaufs auf der Zeitachse zwischen 1993 und 1995 zugenommen. Selbst bei positivem Erwerbsverlauf hat er sich verdoppelt und erreicht damit die gleiche Zuwachsrate wie bei der Personengruppe mit negativem Erwerbsverlauf.
3. Die Verschuldung geht bei fast allen Erwerbsverlaufstypen über den Anteil der Einkommensarmut hinaus. Sie ist aber bei Personen mit negativem Erwerbsverlauf am deutlichsten.

Für zwei der typischen Arbeitslosigkeitsverläufe, den positiven und den negativen Verlauf, zeigt eine Pfad-Analyse[21], daß endogene Einflußfaktoren (hier Häufigkeit der Arbeitslosigkeit) und exogene (objektive und subjektive) Einflußfaktoren eng miteinander verflochten wirken. In die zur Pfadanalyse verwendete Variablenliste wurden in diesem Fall allerdings zwei objektive Sachverhalte, die jeder für sich eine wesentliche Rolle für Arbeitslosenkarrieren spielen, nicht aufgenommen: Geschlecht und Region. Das war notwendig, da sich beide Sachverhalte als Einflußfaktoren auf Arbeitslosigkeitsverläufe in dem von uns untersuchten Raum gegenseitg weitgehend ‚neutralisieren'. Das Geschlecht differenziert die Wiedereinstiegschancen in Brandenburg, wo sie für Frauen deutlich geringer sind, nicht jedoch in Berlin. Der Grund ist in den bereits erwähnten unterschiedlichen arbeitsmarktlichen Rahmenbedingungen zu suchen, die insbesondere für Ostberliner Frauen durch die räumliche Nähe des Westberliner Arbeitsmarktes sonst kaum gegebene Mobilitätsspielräume bieten. Die nach Arbeitslosigkeit wiederbeschäftigten Frauen aus Ostberlin sind nur zu 72 Prozent in Ostberlin selbst beschäftigt. Die übrigen Frauen pendeln, überwiegend nach Westberlin. Von den Ostberliner wiederbeschäftigten Männern pendeln 23 Prozent. In Brandenburg pendelt nicht einmal jeder zehnte, Frauen noch seltener als Männer.

Die Region differenziert bei unserer Stichprobe kaum zwischen Ostberliner und Brandenburger Männern, jedoch stark zwischen den Frauen aus beiden Einzugsbereichen.

Ohne Berücksichtigung der beiden genannten exogenen Einflußfaktoren ergibt sich folgende Struktur von Determinanten eines positiven bzw. negativen Arbeitslosigkeitsverlaufs (siehe Abbildung 13).

Bei Personen mit zwei- oder mehrmaligen Arbeitslosigkeitsphasen dominiert der negative Verlaufstyp. Kommt bei ihnen hinzu, daß sie 1993 mit ihrer Gesundheit ausgesprochen unzufrieden waren, was Ausdruck tatsächlicher gesundheitlicher Einschränkung gewesen sein dürfte, dann tritt bis 1995 in keinem Fall von ihnen ein positiven Erwerbsverlauf auf.

Bei Personen mit nur einmaliger Arbeitslosigkeitserfahrung dominiert der positive Verlaufstyp. Deutlich differenziert aber die Schulbildung.

War man bisher zwar nur einmal arbeitslos, verfügt man aber lediglich über einen 8-Klassenabschluß, so gehört man nur selten zum positiven Verlaufstyp. War man zudem 1993 mit der eigenen Gesundheit ausgesprochen unzufrieden, dann hat man in keinem einzigen Fall bis 1995 einen Wiedereinstieg in Beschäftigung gefunden.

---

21 Chaid-Analyse nach Magidson.
Es wurden zwei der oben charakterisierten Erwerbsverlaufstypen zu einer Teilgesamtheit zusammengefaßt. Sie machen jeweils etwa die Hälfte dieser Teilgesamtheit aus.

Abbildung 13: Rangfolge ausgewählter Einflußfaktoren (Ausprägung 1993) auf einen positiven bzw. auf einen negativen Erwerbsverlauf Arbeitsloser bis 1995

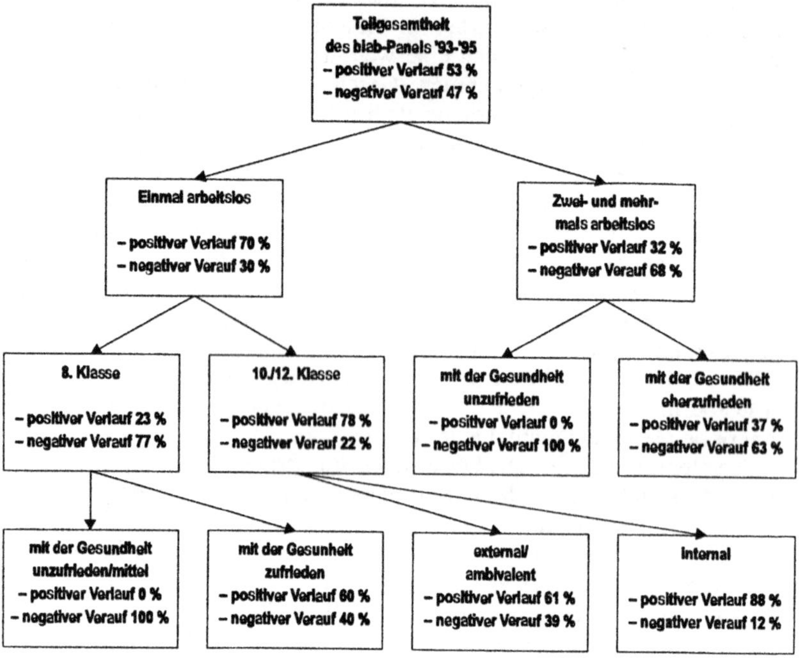

Datenbasis: biab-Erwerbsverlaufspanel Längsschnitt 1993 – 95, Angaben in Teilspaltenprozent

Personen, die ebenfall nur einmal arbeitslos waren, jedoch über einen 10- oder 12-Klassenabschluß verfügen, verzeichneten bis 1995 zu fast vier Fünfteln einen positiven Erwerbsverlauf.

Innerhalb dieser überwiegend erfolgreichen Gruppe trennen aber in deutlicher Weise die jeweils charakteristischen Kontrollüberzeugungen. Von denjenigen der Gruppe, die sich 1993 eher fremdbestimmt fühlten oder die eine ambivalente Mischung von internaler und externaler Steuerung wahrnahmen, gehören 1995 nur rund 60 Prozent zum positiven Erwerbsverlaufstyp. Aber fast 90 Prozent derjenigen, die sich 1993 eindeutig selbstbestimmt fühlten, gehören zu diesem Verlaufstyp. Verfügen sie gar über Fach- oder Hochschulabschluß, so gibt es unter ihnen niemanden, für den/die ein negativer Verlauf zutifft. Verfügen sie über Facharbeiter- oder Teilfacharbeiter- oder auch gar keinen beruflichen Abschluß, dann trifft für knapp ein Viertel von ihnen ein negativer Verlauf zu.

Zusammenfassend:
Die drei von uns gewählten Betrachtungsebenen zur Beschreibung der Struktur und der Determiniertheit von Erwerbsverläufen nach Eintritt in Arbeitslosigkeit zeigen den Stellenwert, den die Art dieser spezifischen Erwerbsunterbrechung für den über die Arbeitslosigkeit hinausgehenden Erwerbsverlauf insgesamt hat.

Endogene Faktoren, wie die Dauer der bisherigen Arbeitslosigkeit und die Häufigkeit der einzelnen Arbeitslosigkeitsphasen, haben allerdings gegenüber den *exogenen* Faktoren insgesamt ein geringeres Gewicht.

Unter den exogenen Determinanten erweisen sich als entscheidend:

Erstens die Arbeitsmarktsituation. Dazu gehört nicht nur das von der Konjunktur und der regionalen Spezifik abhängige Angebot von Arbeitsplätzen auf dem ersten Arbeitsmarkt. Auch die Instrumente der Arbeitsförderung sind relevant. Insbesondere Maßnahmen zur Fortbildung und Umschulung haben einen positiven Einfluß auf den weiteren Arbeitslosigkeitsverlauf.

Zweitens die soziodemographischen Merkmale der von Arbeitslosigkeit Betroffenen. Die Typologisierungen von Arbeitslosigkeitsverläufen ergaben, bei den Geschlechtern in unterschiedlicher Rangfolge, daß die entscheidenden soziodemographischen Einflußfaktoren für das Gelingen oder Ausbleiben eines Wiedereinstieges in Erwerbstätigkeit Alter, Qualifikation und regionale Zugehörigkeit sind.

3 Bewältigung von Arbeitslosigkeit

Wenn bisher Typen von Arbeitslosigkeit, von Wiederbeschäftigung und von Erwerbsverläufen nach Eintritt in Arbeitslosigkeit Darstellung und Erklärung fanden, so wurde bereits dabei deutlich, daß im System der Einflußfaktoren dieser Typen individuelle Verarbeitungsweisen der Arbeitslosigkeit eine Rolle spielen. Im folgenden wird der wechselseitige Zusammenhang zwischen Bewältigung der Arbeitslosigkeit und ihrem Verlauf genauer untersucht. Dazu sind charakteristische Bewältigungsmuster herauszuarbeiten, deren Determiniertheit sowie Funktion zu bestimmen.

3.1 Gemeinsamkeiten und Unterschiede der psychischen Verarbeitung von Arbeitslosigkeit in West und Ost

– In der psychischen Verarbeitung von Arbeitslosigkeit durch die Betroffenen sind in den neuen gegenüber den alten Bundesländern deutliche Unterschiede zu erwarten. Dies vor allem deshalb, weil der Abbruch bisher aus der DDR gewohnter Erwerbssicherheit sowie relativer Erwerbskontinuität für ostdeutsche Arbeitslose zusammenfällt mit dem Erleben eines in historisch kurzer Frist sich vollziehenden *Systemwechsels* überhaupt. Arbeitslosigkeit wird für viele Menschen zu einem Hauptfeld empirischen Erfahrens der gesellschaftlichen Transformation im Lebensalltag. Natürlich ist dieses Erfahren nicht für alle Ostdeutschen gleich. Wie es objektiv strukturiert und subjektiv reflektiert wird, ist vom Zusammenwirken mehrerer Sachverhalte beeinflußt:

– von den strukturellen Gegebenheiten des regionalen Arbeitsmarktes sowie von personellen Voraussetzungen zur Nutzung oder zur Überschreitung vorhandener Handlungsräume,

- von Erfahrungsqualitäten des Umbruchs auf anderen Feldern (politische Partizipation, institutionelle soziale Netze, neue Eigentumsverhältnisse, Wohnbedingungen, Konsum u.v.a.m.),
- von lebenslaufgeprägten, auf unterschiedlichste Weise widersprüchlichen Erfahrungen mit dem alten System, die mit darüber entscheiden, inwieweit die gesellschaftlichen Veränderungen mit ihren neuen Freiräumen und Risiken als Gewinn oder/und Verlust von Lebensqualität erlebt werden,
- vom Vorhandensein bzw. Fortbestehen der mit der ‚selektiven Modernisierung' und ‚Entsubjektivierung gesellschaftlicher Bereiche im Sozialismus'[1] verbundenen zwischenmenschlichen Beziehungen in Familie, Freundes-, Nachbarschafts- und Kollegenkreisen, die in mehrfacher Hinsicht für individuelles Wohlbefinden und Lebenssicherung bedeutsam waren und deren Auflösungstendenzen territorial sowie sozialdemographisch ungleichmäßig auftreten.

– Der Übergang in Arbeitslosigkeit wird zunächst einmal von nahezu allen Betroffenen als *Verlust von Handlungskompetenz und Lebenskontrolle* empfunden. Das gilt inzwischen auch für jene Arbeitslose, die kurz nach der ‚Wende' in überzogenen Erwartungen der Chancen des neu entstehenden freien Arbeitsmarktes selbst gekündigt hatten und die teilweise noch immer oder wieder ohne reguläre Beschäftigung sind.

Die Dominanz von Verlusterfahrung beim Übergang in Arbeitslosigkeit gilt für Betroffene in den alten Bundesländern mehrheitlich wohl kaum anders als in den neuen Bundesländern. ‚Unechte', ‚freiwillige' Arbeitslosigkeit[2] ist hier wie dort höchstens marginale Erscheinung. Selbst der sich in den alten Bundesländern seit Jahren vollziehende ‚Wertewandel', die Modernisierung, Pluralisierung und Individualisierung von Lebensstilen, die Bedeutungsvarianz von Berufsarbeit im System der Lebensoptionen[3] – all das hat nach verschiedensten empirischen Befunden nicht dazu geführt, daß Arbeitslosigkeit für größere Teile der Betroffenen etwas problemlos Verkraftbares, gar Gewolltes, Befreiendes geworden wäre. Nicht nur die mit Arbeitslosigkeit – je nach deren Dauer und nach Haushaltslage variierende – finanzielle Einschränkung ist dafür maßgebend. Entscheidend ist die im gesellschaftlichen und individuellen Bewußtsein als Reflex ökonomischer und sozialer

1 Vgl. Zapf, W. 1990; Brie, M. 1992; Hradil, S. 1992 und 1995; Geißler, R. 1992
2 Siehe etwa: Echte oder unechte Arbeitslosigkeit? MatAB 2/1988; Rosenbladt, B.v. 1991; Mutz, G. 1993
3 Zur Debatte um diese Problematik siehe Fußnote 20 in Kap 1; s.a. Vester, M. 1993 und 1995; Brähler, E./H.-E. Richter 1995. Meulemann, H. 1995

Realitäten ungebrochene ‚Zentralität von Erwerbsarbeit'[4], die sich unter anderem in der eher zunehmenden als abnehmenden Erwerbsneigung etwa der westdeutschen Frauen in den letzten Jahren zeigt.[5] Das schließt ambivalente Erfahrungsmomente der Arbeitslosigkeit bei den davon Betroffenen nicht aus sondern ein. Besonders bei nur kürzerer Verbleibdauer und bei positiver Perspektive für Wiederbeschäftigung oder auch bei zwar weniger guten Arbeitsmarktchancen aber rascher psychischer Anpassung an eine zunächst einmal als unvermeidlich akzeptierte Situation werden durchaus entlastende Momente der Arbeitslosigkeit wahrgenommen. Dazu gehören vor allem Zeitgewinn für sonst unzureichend realisierbare Lebensinhalte und Zeitautonomie. Frappierend ist die Ähnlichkeit von Be- und Entlastungsprofilen bei west- und ostdeutschen Arbeitslosen. Mit einer gleichen Indikatorenbatterie erfaßt, zeigen Faktorenanalysen identische Bündelungen von Variablen in folgender Richtung: a) auch Wahrnehmung von Entlastungen, b) besonders deutliches Empfinden beeinträchtigter Sozialbeziehungen, c) stark beeinträchtigtes Selbstwertgefühl.[6] Auch die Reihenfolge und die Ausprägung der einzelnen Be- bzw. Entlastungen stimmen in west- und ostdeutschen Erhebungen in hohem Maße überein.[7]

– Einen ‚*Bewältigungsvorteil*' *Westdeutscher* beim Umgang mit Arbeitslosigkeit kann man darin sehen, daß diskontinuierliche Erwerbsverläufe in den alten Bundesländern seit langem zur Normalität gehören.[8] Im Längsschnitt betrachtet liegt die Betroffenheit von Erwerbspersonen durch zumindest kurzzeitige Arbeitslosigkeit weit über den Querschnitts-Arbeitslosenquoten.[9] In die Situation von Arbeitslosigkeit zu gelangen, ist in den alten Bundesländern seit Jahren für große Teile der abhängig Beschäftigten, aber auch für Selbständige, nichts Ungewöhnliches, so daß psychische ‚Vorbereitung' darauf in gewissem Maße möglich ist. Umgang mit den institutionellen Rahmenbedingungen dürfte für einen großen Teil der in diesem Gesellschaftssystem Sozialisierten vergleichsweise leicht sein.

Obwohl sie über solche Bewältigungsvoraussetzungen (zunächst) nicht verfügten, erweisen sich *ostdeutsche Arbeitslose in der Mehrzahl keineswegs als handlungsblockiert.* Seine Ursache hat das in DDR-typischen Biogra-

---

4 Mutz, G./W. Ludwig-Mayerhofer u.a. 1995, S.16

5 Hierzu etwa: Holst, E./J. Schupp 1991, 1993, 1994

6 Hess, D./W. Hartenstein/M. Smid 1991, S.182 f

7 Brinkmann, C./E. Wiedemann 1994

8 s. etwa Mutz, G. 1993, 1995a

9 Bonß und Plum ermittelten z.B. mit SOEP-Daten, daß über fünf Meßzeitpunkte (1983-1987) hinweg in den Querschnitten jeweils ca 7 Prozent arbeitslos waren, daß aber in dieser gesamten Zeit 18 Prozent irgendwann arbeitslos gemeldet waren. Bonß, W./W. Plum 1990

phien. Je mehr gesellschaftliche Rahmenbedingungen und soziale Milieus in der DDR dazu zwangen oder aufforderten, zur Befriedigung wesentlicher Lebensbedürfnisse Eigeninitiative, Findigkeit und Ausdauer zu entwickeln (etwa ‚Chaosqualifikation‘[10], ‚Selbstunternehmertum‘[11]), um so stärker sind die Potentiale für einen aktiven Umgang auch mit eigener Arbeitslosigkeit ausgebildet. Frauen sind dafür im allgemeinen sogar besser ‚konditioniert' als Männer, denn sie mußten die gesellschaftlich möglich gemachte Vereinbarkeit von Beruf und Familie individuell durchaus konfliktreich durchsetzen. Sie sind in gewisser Weise ‚trainiert', auch in schwierigen Situationen und bei Mißerfolgen nicht so schnell aufzugeben. Auch bei längerer Dauer von Arbeitslosigkeit und geringen Chancen des Wiedereinstiegs bleiben Frauen in den neuen Bundesländern häufiger als Männer bei der Arbeitsuche aktiv. Gäbe es diese anhaltende Erwerbsneigung und ausdauernde Arbeitssuche nicht, dann wäre weibliche Arbeitslosigkeit hier wohl noch höher, als sie ohnehin schon ist.

– Ein *‚Bewältigungsvorteil‘ Ostdeutscher,* der besonders am Anfang der in den neuen Bundesländern 1990 sichtbar einsetzenden registrierten Arbeitslosigkeit wirkte, der aber auch jetzt noch existiert, ist mit Sicherheit die unvergleichliche Massenhaftigkeit, mit der in kürzester Zeit Freisetzungen erfolgten, ganze Belegschaften und Regionen durch Arbeitslosigkeit oder durch deren gemilderte Formen (Kurzarbeit, Vorruhestand, FuU, ABM) erfaßt wurden. Stigmatisierungen, individuelle Schuldzuweisungen konnten kaum Platz greifen, es war ein kollektives Erleben, das – weitgehend unabhängig von Beruf, Bildung, bisheriger Position, Alter und Geschlecht – breit streuend Alltagsrealität war. War oder ist der/die einzelne nicht selbst betroffen, so doch in fast allen Familien Angehörige von ihm/ihr.

Wenn sich Übergänge in Arbeits- bzw. Erwerbslosigkeit kaum selektiv vollzogen, so zeigen allerdings die Abgänge aus und Verbleibe in Arbeitslosigkeit, daß sich im Osten zunehmend die aus dem Westen bekannten Segregationen am Arbeitsmarkt durchsetzen. Dennoch unterscheiden sich Arbeitslose West und Arbeitslose Ost (auch Langzeitarbeitslose) gegenwärtig in ihrer Struktur noch deutlich voneinander[12], nicht zuletzt verursacht durch den hohen Anteil von Frauen und durch deren unterproportionale Chancen auf Wiederbeschäftigung, selbst wenn sonstige Risikofaktoren (niedrigqualifiziert, älter, gesundheitlich beeinträchtigt) für sie nicht zutreffen.

– Diese *besondere Struktur ostdeutscher Arbeitslosigkeit*, aber auch *systemspezifische biographische Erfahrungen* und bisherige Sinnzusammen-

10 Vgl. Marz, L. 1992
11 Vgl. Koch, T. 1992
12 Siehe Brinkmann, C./K. Müller/E. Wiedemann 1993; Hahn T./G. Schön 1995

hänge des Lebens könnten besondere Deutungsmuster von Arbeitslosigkeit im Osten bedingen, deren Erforschung mittels direkter empirischer Vergleiche zwischen Arbeitslosen der alten und der neuen Bundesländer erst am Anfang steht.[13] Allerdings weisen sekundäranalytische Auswertungen des ALLBUS und des SOEP auf mehr *Gemeinsamkeiten* hin, als oftmals erwartet werden. Mutz z.B. geht davon aus, daß die Unsicherheit des Arbeitsplatzes bzw. des Wiedereinstieges im Osten, anders als im Westen, als biographische Ungewißheit erlebt werde[14]. Wenn das so wäre, dann müßten die Erwartungen für die persönliche Zukunft allgemein und für die beruflichen Möglichkeiten im besonderen von diesen Unsicherheiten im Osten deutlich stärker als im Westen geprägt sein. Die genannten repräsentativen Erhebungen[15] weisen zwar in der Tat aus, daß sich Erwerbstätige Ost weitaus häufiger als Erwerbstätige West Sorgen um die Sicherheit ihres Arbeitsplatzes machen, daß sie häufiger erwarten, ihn in den nächsten zwei Jahren zu verlieren, daß ein göBerer Teil von ihnen in den letzten 5 Jahren schon einmal arbeitslos war (etwa ein Viertel), als Erwerbstätige im Westen in den letzten 10 Jahren (etwa ein Fünftel) (s. Abbildung 1).

Dabei waren Frauen im Osten nicht nur weit überdurchschnittlich betroffen, sondern hier währte auch ihr Verbleib in Arbeitslosigkeit besonders lange. Die Erhebungen weisen auch aus, daß Arbeitslose im Osten ihre Chancen, eine neuen Stelle zu finden, noch negativer als im Westen beurteilen (‚praktisch unmöglich' lt. SOEP 94: 38 Prozent vs. 28 Prozent). Dennoch unterscheiden sich die Zukunftserwartungen Erwerbstätiger in West und in Ost praktisch überhaupt nicht. Die der Arbeitslosen sind in den neuen zwar pessimistischer als in den alten Bundesländern. Vergleicht man aber Arbeitslose gleicher Alters- und Qualifikationsgruppen, dann verringern sich diese Unterschiede sichtbar (siehe Tabelle 1).

---

13 Erste Ergebnisse legt Mutz vor. Mutz, G. 1995b

14 Mutz, G. 1995b, S.213

15 Daten aus diesen Erhebungen liegen nur bis einschließlich 1994 vor. Inzwischen haben sich auch im Westen die Sorgen und Befürchtungen bezüglich der Arbeitsmarktsituation allgemein sowie des eigenen Arbeitsplatzes verstärkt. Es vollziehen sich diesbezügliche Annäherungen zwischen West und Ost.

Abbildung 1: Betroffenheit Erwerbstätiger in den letzten 10 Jahren* durch Arbeitslosigkeit und deren durchschnittliche Dauer

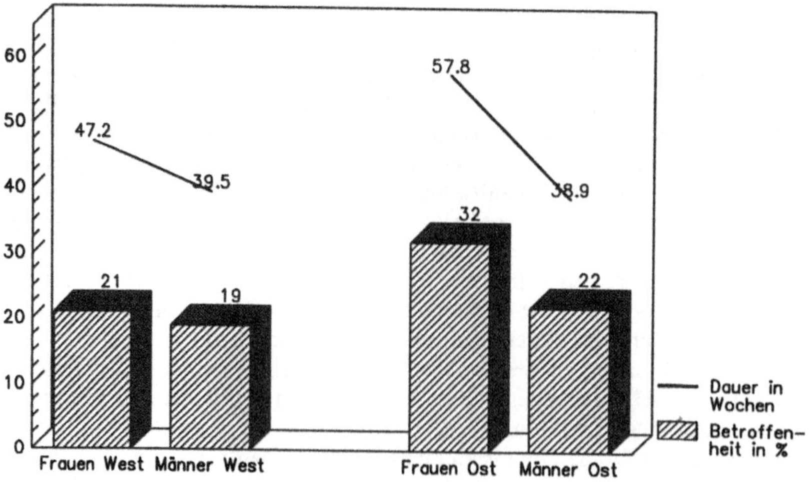

* Im Osten kann die in Rechnung zu stellende Zeit nur 5 Jahre betragen. Quelle: ALLBUS '94.

Ähnliche Befunde erhält man, wenn man mittels Faktor- und anschließender Clusteranalyse versucht, Einstellungen der west- und ostdeutschen Erwerbstätigen und Arbeitslosen zur Kontrollierbarkeit des eigenen Lebens und der eigenen Zukunft zu typologisieren. (Tabelle 2 und Abbildung 2).

Tabelle 1: Erwartungen für die Entwicklung der beruflichen Möglichkeiten in den nächsten Jahren (Zeilenprozent)

	otimistisch	eher optimistisch	eher pessimistisch	pessimistisch
Erwerbstätige West	19	54	24	3
Erwerbstätige Ost	19	52	25	4
Arbeitslose West	19	38	33	10
Arbeitslose Ost	12	27	33	38
Arb.lose < 40 J. W.	22	46	27	5
Arb.lose < 40 J. O.	14	34	35	16

Quelle: SOEP '94, eigene Berechnungen

Es zeigen sich drei Typen von Kontrollüberzeugungen (eher internal, nicht fremdbestimmt; eher external, nicht selbstbestimmt; ambivalent, selbstbestimmt und zugleich schicksalsgläubig). Sie sind bei Erwerbstätigen aus West und Ost gleichverteilt. Auch Arbeitslose West und Ost unterscheiden sich nur tendenziell. Betrachtet man gar nur arbeitslose Jugendliche, so gibt es keinen Unterschied zwischen West und Ost.

– Erzwungene Ausgrenzung aus dem Erwerbsleben bedeutet objektiv einen *Rückschritt* auf dem zumindest partiell auch in der DDR begonnenen gesellschaftlichen Modernisierungsweg[16]. Besonders für viele Frauen droht der Modernisierungsvorsprung, den sie gegenüber westdeutschen Frauen in bestimmter Hinsicht erreicht hatten[17], zu schwinden.
Dazu gehörte erstens ihre hohe Erwerbsbeteiligung, die „in das Bild fortgeschrittener, ‚postindustrieller' Dienstleistungsgesellschaften"[18] paßt. Zweitens stellten sich Beruf und Familie/Kinder in der DDR für die Mehrzahl der Frauen nicht als Alternativen der Lebensplanung mit dem Zwang zum Verzicht auf das eine oder andere dar.

Tabelle 2: Faktorladungen für die einzelnen Lebens- und Zukunftseinstellungen der erwachsenen Wohnbevökerung in West- und Ostdeutschland 1994 in 2 extrahierten Faktoren

	Faktor 1 external	Faktor 2 internal
Ich kann ziemlich viel von dem, was in meinem Leben passiert, selbst bestimmen		0.78
Mein Leben wird von meinem Verhalten bestimmt		0.76
Wenn ich Pläne schmiede, bin ich sicher, daß das Geplante auch Wirklichkeit wird		0.64
Es hat wenig Sinn, fest umrissene Ziele zu verfolgen, weil doch immer etwas Unerwartetes dazwischen kommt	0.79	
Es kommt doch immer anders als man denkt, man kann sich auf nichts verlassen	0.78	
Ich meine, keiner kann seinem Schicksal entgehen. Es kommt im Leben alles wie es kommen muß	0.73	
Planen macht einen Menschen nur unglücklich, da Pläne sich kaum jemals in Wirklichkeit umsetzen lassen	0.68	
Wenn ich bekomme was ich will, so geschieht das meistens aus Glück	0.65	

Quelle: SOEP '94. Faktortanalyse: Hauptkomponentenmethode, Varimax-Rotation. Varianzausschöpfung 55%

Widerstandslos wird der Verlust dieser Errungenschaften nur von einem Teil der Betroffenen hingenommen. Junge Frauen passen sich eher und schneller dem Rückschritt an, gehen z.B. (wenn auch noch sehr selten) in die sog.

16 Vgl. Hradil, S. 1992
17 Geißler, R. 1992, S. 15ff; Schenk, S./U. Schlegel 1993
18 Hradil, S.: a. a. O., S. 9

Stille Reserve[19] oder verzichten (zunächst) auf Kinder.[20] Langjährig in der DDR sozialisierte Frauen halten in stärkerem Maße an ihren Lebensmustern fest. Allerdings sind sie organisierten Formen ihrer Interessendurchsetzung weniger aufgeschlossen – auch ein Erfahrungsergebnis aus DDR-Zeiten –, aber ihre persönlichen Handlungsstrategien bleiben auf Erwerbskontinuität ausgerichtet.

Abbildung 2: Typen von Lebens- und Zukunftseinstellungen bei Erwerbstätigen und Arbeitslosen in West und Ost 1994

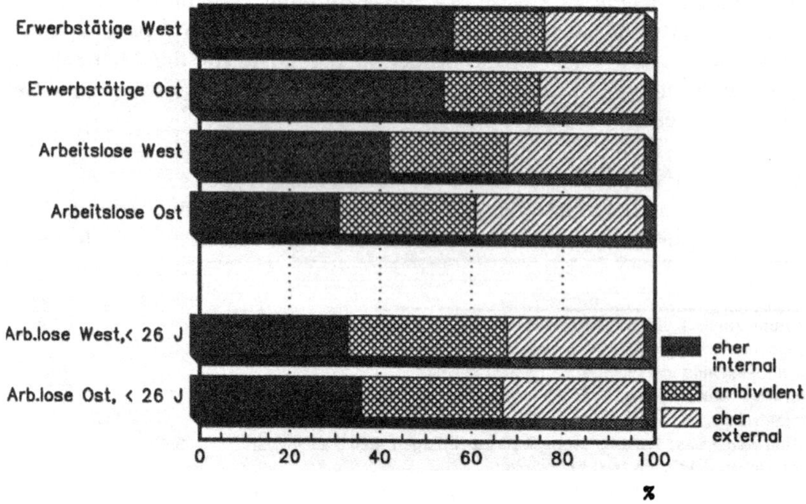

Quelle: SOEP '94, Clusteranalyse mit den Faktoren aus Tabelle 2

Frauen, die den Wiedereinstieg schaffen, müssen in der Regel mehr Selbstbewußtsein, Energie und Durchstehvermögen aufbringen, als wiederbeschäftigte Männer, sie machen aber kaum mehr Zugeständnisse hinsichtlich grundsätzlicher Bereitschaft zur Reduktion ihrer Ansprüche an die Inhalte einer Erwerbstätigkeit. Ungeachtet überdurchschnittlich großer Suchaktivität schaffen noch viel weniger Frauen als Männer den Wiedereinstieg. Während für den überwiegenden Teil der betroffenen Männer ihre Arbeitslosigkeit ledig-

19 Zur Stillen Reserve in den alten Bundesländern vgl. Brinkmann, C. /W. Klauder u.a 1987. Zu Tendenzen in den neuen Bundesländern: Brinkmann, C. 1995, S.155

20 Der Geburtenrückgang im Osten Deutschlands auf 40 Prozent in nur 5 Jahren seit der ‚Wende' spricht für die Bevorzugung dieser Alternative

lich eine Zwischenpassage im Erwerbsverlauf bleibt, werden Frauen weitaus häufiger von Dauerarbeits- bzw. -erwerbslosigkeit erfaßt. Dennoch deuten alle bisherigen Erhebungen darauf hin, daß ihre bisher anhaltend hohe Erwerbsorientierung[21] nicht drastisch zurückgehen wird.

Das Ausmaß weiterer Verdrängung aus dem Erwerbsleben wird auch vom Verhalten der Frauen selbst abhängen. Interessant ist in diesem Zusammenhang, daß sich erwerbstätige Frauen in West und Ost hinsichtlich ihrer Bewertung von Berufstätigkeit in Relation zur Familie nur wenig unterscheiden. Mit Daten des ALLBUS ‚94[22] wurden drei typische Einstellungsmuster ermittelt (Tabelle 3), die diese Aussage verdeutlichen.

Tabelle 3: Einstellung zur Berufstätigkeit bei erwerbstätigen Frauen und Männern in West und Ost (Zeilenprozent)

	Typ 1	Typ 2	Typ 3
	Erfolg, Nachvornekommen im Beruf sind sehr wichtig, man ist aber kaum bereit, dafür Kinder/ Familie zu kurz kommen zu lassen	Erfolg im Beruf ist mäßig wichtig, ganz nach vorne zu kommen kaum wichtig, Kinder/Familie sollen gar nicht zu kurz kommen	Erfolg ist wichtig, Nachvornekommen in mittlerem Maße wichtig, evtl. wäre man bereit, hier und da Fam./Kinder zu kurz kommen zu lassen
FrauenWest	28	53	19
MännerWest	41	39	20
FrauenOst	33	44	23
MännerOst	47	33	30

Quelle: ALLBUS 94, eigene Berechnungen .Typenbildung durch Faktor- und Clusteranlyse mit 4 Variablen

Sehr unterschiedlich ist erwartungsgemäß in West und Ost die Meinung zu individueller Sinnerfüllung durch ‚Hausfrausein', wobei die Unterschiede allerdings geringer werden, wenn man gleiche Altersgruppen oder gleiche Bildungsgruppen vergleicht. Eine Geschlechterdifferenz gibt es beim Hausfrauenbild weder in Ost noch in West, weder bei den Altersgruppen noch bei den Qualifikationsgruppen. Die Ausnahme: Im Westen ist bei unterschiedlichem Erwerbsstatus (erwerbstätig, arbeitslos) eine unterschiedliche Geschlechterdifferenz festzustellen (Abbildung 3).

21 vgl. Frauen in den neuen Bundesländern im Prozeß der deutschen Einigung. Ergebnisse einer repräsentativen Infas-Umfrage im Auftrag des BMFJ. Materialien zur Frauenpolitik 11/1991;. Holst, E./J. Schupp 1991, 1993, 1994

22 Zum ALLBUS siehe Fußnote 1 der Einleitung

Abbildung 3: „Hausfrau zu sein ist genauso erfüllend, wie gegen Bezahlung zu arbeiten“

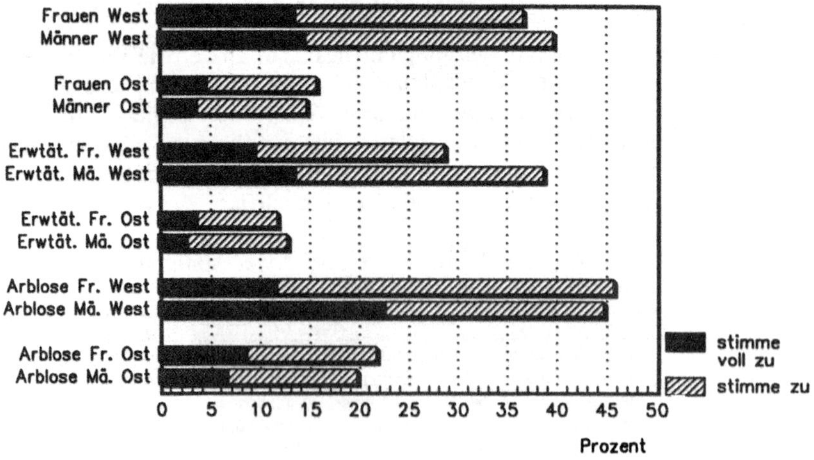

Quelle: ALLBUS '94

Teilweise stärker als zwischen den Geschlechtern sind Differenzierungen innerhalb der Geschlechter selbst. Im Westen noch stärker als im Osten, aber hier wohl in zunehmendem Maße, sind subjektive Haltungen wie objektive Lagen bezüglich des Arbeitsmarktes und der beruflichen Entwicklung von Frauen stark differenziert. Die sich im Osten vollziehende soziale Polarisierung in ‚Gewinner‘ und ‚Verlierer‘ des gesellschaftlichen Wandels trifft Frauen teils besonders drastisch.[23]

– Im Osten war dabei in den letzten 5 Jahren ein sprunghafter subjektiver Bedeutungszuwachs von beruflicher Arbeit in den individuellen Wertestrukturen zu verzeichnen – nicht nur bei Arbeitslosen, sondern auch bei jenen Erwerbstätigen, die noch nie arbeitslos waren. Ein West-Ost-Vergleich zeigt, daß Arbeit und Leistung im Beruf nunmehr im Osten einen höheren Stellenwert als im Westen haben.[24] Das ist als eher phänomenologische, situative, kaum als wesentliche, konsistente Tendenz im Osten zu interpretieren. Ihren Grund hat sie in der Erfahrung aktueller Gefährdung eines bisher sicher gewähnten Gutes – ‚(Erwerbs)Arbeit haben‘ –, das zudem objektiv für die Teilhabe an sonstigen Chancen und Möglichkeiten in der Gesellschaft ein we-

23 siehe Schröter, U. 1995
24 Habich, R./A. Spellerberg 1994; Meulemann, H. 1995

sentlich größeres Gewicht als in der DDR erhalten hat. Dafür, daß es sich um ein vorübergehendes Phänomen handeln könnte, spricht auch der fehlende Bedeutungsrückgang anderer Lebensorientierungen, wie Familie, Partnerschaft, Freizeit, Freundeskreis. Die bereits in der DDR charakteristische plurale Werteausrichtung, mit einem damaligen Rang von Berufsarbeit im oberen Mittelfeld der Wertestruktur, erweist sich im Prinzip als recht stabil – auch bei Arbeitslosigkeit.

3.2 Bewältigungsmuster von Arbeitslosigkeit unter dem Einfluß ihres Verlaufs

In die Faktor- und Clusteranalyse zur Ermittlung von Grundmustern der individuellen Bewältigung von Arbeitslosigkeit wurden in jedem Querschnitt die gleichen 15 Variablen einbezogen. Sie messen jeweils Be- und Entlastungsmonente bei Arbeitslosigkeit, die Stärke der Erwerbsneigung, die Beurteilung der eigenen Chancen auf dem Arbeitsmarkt, Aktivitäten zur Arbeitssuche und die aktuelle allgemeine Lebenszufriedenheit. Für die Typenbildung finden neben den jeweils arbeitslos gemeldeten auch jene Personen Berücksichtigung, die als im weiteren Sinne arbeitslos anzusehen sind. Sie sind inzwischen mehr oder weniger freiwillig in andere Formen der Erwerbslosigkeit übergegangen. Insbesondere handelt es sich um Teilnehmer/innen an vom Arbeitsamt finanzierten Weiterbildungsmaßnahmen, aber auch um einige ‚aus anderen Gründen' nicht Erwerbstätige (Vorruhestand, Ausbildung, Mütterurlaub).

Es unterscheiden sich deutlich *vier Typen subjektiven Bewältigens von Arbeitslosigkeit:*

Typ 1 hält die Arbeitslosigkeit für mit dem eigenen Lebenskonzept generell unvereinbar und für nicht akzeptierbar, aber zugleich für überwindbar. Diese Arbeitslosen sind in sehr hohem Maße aktiv bei der Arbeitssuche.

Typ 2 hält zwar ebenfalls die erlebte Arbeitslosigkeit für unvereinbar mit dem eigenen Lebenskonzept und für nicht akzeptierbar, ihre Überwindung erscheint jedoch fraglich. Ungeachtet dessen bleiben Personen diesen Typs bei der Arbeitsuche hochmotiviert.

Typ 3 sieht die Arbeitslosigkeit zumindest zeitweilig für vereinbar mit dem eigenen Lebenskonzept an, kann sie vorübergehend akzeptieren. Man läßt sich etwas Zeit bei der Arbeitsuche, bleibt aber stark auf Berufsarbeit orientiert.

Typ 4 betrachtet die Arbeitslosigkeit als mit dem eigenen Lebenskonzept in meist problemvoller Weise vereinbar. Man kann sie – wenn auch keineswegs konfliktfrei – akzeptieren und zieht sich gezwungenermaßen aus dem Erwerbsleben zurück.

Diese vier Typen sind in allen Querschnitten vorzufinden, d.h. die einbezogenen Variablen bündeln sich jeweils auf wesentlich gleiche Weise. Es gibt aber gewisse Veränderungen. So ist 1993 und 1995 für Typ 1 die gegenüber den anderen Typen stärkste Bedeutsamkeit von beruflichem Erfolg charakteristisch, 1994 ist Berufserfolg für Typ 3 am wichtigsten. Hingegen ist die Bewertung arbeitsmarktlicher Zukunftsaussichten 1993 und 1994 bei Typ 1 deutlich am positivsten, 1995 ist sie bei Typ 3 ähnlich positiv.

Diese leichten Abweichungen sind zu beachten, wenn quantitative Verschiebungen der Typenanteile über die Zeit bei den Querschnitten erkennbar sind (siehe Abbildung 4) und wenn ‚Wanderungen' von Personen zwischen den Typen im Längsschnitt festgestellt werden.

Zunächst sei eine genauere Charakteristik der vier Typen subjektiver Bewältigung von Arbeitslosigkeit gegeben.

Abbildung 4: Bewältigungstypen der Arbeitslosigkeit 1993, 1994, 1995 (Querschnitte des biab-Panels – jeweils alle Erwerbslosen)

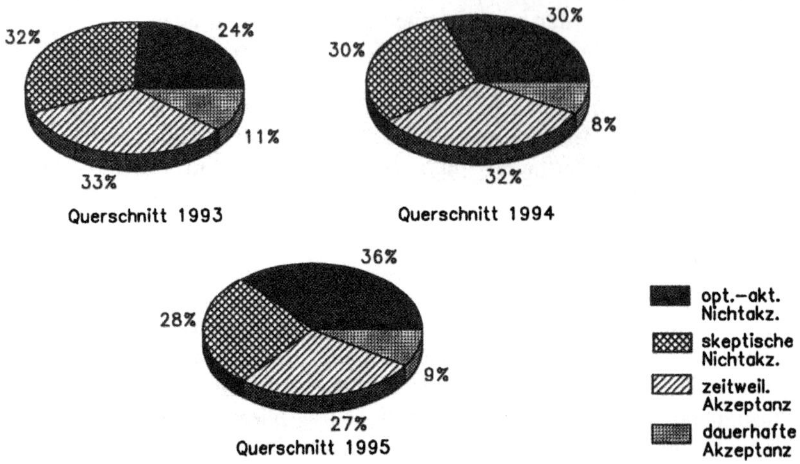

Optmistisch-aktive Nichtakzeptanz der eigenen Arbeitslosigkeit

Typ 1
Der diesem Typ zuzurechnende Kreis von Arbeits- bzw. Erwerbslosen zeichnet sich durch eine sehr starke Orientierung auf Beruf und Berufserfolg aus. Man hat vergleichsweise am häufigsten noch viele Pläne für den Beruf. Die Stärke der Wahrnehmung von Be- und von Entlastungen liegt im Mittel aller Typen. Die Chancen auf dem Arbeitsmarkt und die berufliche Zukunft werden deutlich positiver als durch die übrigen Arbeitslosen bewertet. Auch die allgemeine gesellschaftliche Entwicklung betrachtet man mit mehr Zuversicht.

Eigeninitiative und Umsicht bei der Arbeitsuche sind groß, sehr häufig setzt dieser Personenkreis auf Arbeitsmöglichkeiten in den alten Bundesländern und hat sich dort auch bereits umgesehen. Kennzeichnend ist eine besonders große Aufgeschlossenheit, sich im Interesse eines neuen Arbeitsplatzes auf neue Erfordernisse einzustellen, sich völlig neue berufliche Kenntnisse anzueignen, eine ganz andere Tätigkeit als bisher auszuüben.

Bei Personen diesen Typs dominieren internale Kontrollüberzeugungen, selbstbewußte, auf die eigene Kraft bauende Haltungen. Das soziale Beziehungsgefüge über den Familienkreis hinaus ist umfangreicher als im Durchschnitt und hat sich seit der Wende eher positiv als negativ entwickelt. Die Partnerunterstützung zur Bewältigung der Situation der Arbeitslosigkeit wird besonders positiv beurteilt.

Die politische Interessiertheit ist stärker als bei den anderen Arbeitslosen ausgeprägt. Als anzustrebende Ziele in Wirtschaft und Gesellschaft hält man Leistung und Konkurrenz häufiger als andere für bedeutsam, ebenso die Akzeptanz des Zusammenlebens mit Ausländern

Bei der eigenen Positionierung im Oben-Unten-Gefüge der Gesellschaft vor und nach der Wende verzeichnen diese Personen einen weniger scharfen sozialen Abstieg als die meisten anderen.

Skeptische Nichtakzeptanz der eigenen Arbeitslosigkeit

Typ 2
Die diesem Typ Zuzurechnenden weisen von allen Arbeitslosen die stärkste Erwerbsorientierung auf. Bei ihnen ist auch das Empfinden von Belastungen durch die Arbeitslosigkeit am größten, Entlastungen dagegen werden nicht wahrgenommen. Man vermißt sehr intensiv die verschiedensten Aspekte von Arbeit. Charakteristisch ist ein beeinträchtigtes Selbstwertgefühl, vor allem hervorgerufen durch das Empfinden, nicht mehr gebraucht zu werden. Personen diesen Typs fühlen sich besonders häufig fremdbestimmt, sind weniger selbstbewußt, leiden vielfach darunter, vom Arbeitsamt Leistungen zu bezie-

hen, ohne selbst etwas dafür leisten zu können und empfinden Sozialhilfebezug als beschämend. Personen diesen Typs ist es eher als den übrigen Arbeitslosen schwer gefallen, anderen von ihrer Arbeitslosigkeit zu erzählen. Sie haben den durchschnittlich kleinsten Freundes- und Bekanntenkreis und meinen am häufigsten, daß soziale Kontakte seit der Wende zurückgegangen seien. Auch die Familienatmosphäre bewerten sie negativer als die anderen Befragten.

Die Chancen auf dem Arbeitsmarkt werden überwiegend negativ gesehen. Für die eigene und die gesellschaftliche Entwicklung artikuliert man mehr Besorgnisse als die anderen Typen.

Dennoch resignieren die diesem Typ zuzurechnenden Arbeitslosen nicht. Sie bleiben in ihrer Arbeitsuche aktiv, auch wenn sie hinsichtlich der Erfolgsaussichten zumindest für die nähere Perspektive sehr skeptisch sind. Sie wollen unbedingt wieder arbeiten, würden dies am häufigsten von allen Typen auch dann wollen, wenn sie es finanziell nicht nötig hätten. Sie zeigen sich zu vielen Konzessionen bereit, nur um wieder Arbeit zu finden, setzen ihre Ansprüche an Arbeitsinhalte und qualifikationsgerechte Tätigkeit herab.

Ursachen des Verbleibs in Arbeitslosigkeit werden besonders häufig im eigenen Beruf bzw. in der vorhandenen Ausbildung gesehen. Umschulung wird daher vielfach als notwendig erachtet.

Häufiger als andere Typen hält man mehr Gleichheit, weniger Einkommensunterschiede und weniger Konkurrenz in der Gesellschaft für erstrebenswert.

Die gegenwärtige allgemeine Lebenszufriedenheit liegt bei diesen Arbeitslosen sehr deutlich unter der bei den anderen Typen. Zwischen der retrospektiven allgemeinen Lebenszufriedenheit und der künftig (in 5 Jahren) erwarteten besteht eine noch größere Diskrepanz, als bei den anderen Bewältigungstypen. Besonders häufig meint man, seit der Wende einen sozialen Abstieg vollzogen zu haben.

Zeitweilige distanzierte Akzeptanz eigener Arbeitslosigkeit

Typ 3
Die diesem Bewältigungstyp zuzurechnenden Arbeitslosen sind zwar stark erwerbsorientiert, für sie ist es ebenfalls wichtig, wieder Arbeit zu finden. Aber bedeutsam ist ihnen auch die Art der Arbeit. Am ehesten von allen meinen sie, sich etwas Zeit bei der Arbeitsuche lassen zu können. Am ehesten könnten sich Personen diesen Typs vorstellen, ohne Erwerbsarbeit zu leben – sofern das finanziell möglich wäre. Man nimmt häufiger als die Personen der anderen Typen auch Entlastungen in der Situation Arbeitslosigkeit wahr. Die verschiedenen mit Erwerbsarbeit verknüpften Aspekte werden in mittlerem Maße vermißt, das Selbstwertgefühl ist wenig beeinträchtigt. Kennzeichnend

sind eher internale Kontrollüberzeugungen und relativ optimistische Zukunftserwartungen allgemein wie für die berufliche Entwicklung, wenngleich man die aktuellen Arbeitsmarktchancen sehr zurückhaltend beurteilt.

Dementsprechend sind auch die bisherigen und aktuellen Aktivitäten der Arbeitssuche weniger stark als bei Typ 1 und Typ 2.

Hinsichtlich der Lebenseinstellungen und -ziele sowie der Zufriedenheiten zeigt dieser Typ keine Auffälligkeiten, die Werte dafür liegen im Durchschnitt aller befragten Arbeits- bzw. Erwerbslosen.

Konfliktvolle aber dauerhafte Akzeptanz der eigenen Arbeitslosigkeit

Typ 4

Für den diesem Bewältigungstyp zuzurechnenden Kreis von Arbeits- bzw. Erwerbslosen sind Arbeit und beruflicher Erfolg zwar nach wie vor sehr wichtig im Leben, der Erwerbswunsch aber wird – wohl als realistische Anpassung an die überwiegend für aussichtslos gehaltenen eigenen Arbeitsmarktchancen – mehrheitlich zurückgenommen. Die Betreffenden würden dementsprechend für einen Arbeitsplatz relativ wenig Zugeständnisse machen, sind jedoch gleichzeitig häufiger als andere zu Teilzeitarbeit bereit. Ihre Aktivitäten zur Arbeitsuche werden zunehmend seltener und liegen deutlich unter denen der anderen Typen, ohne von allen bereits eingestellt zu sein. Würde die allgemeine Arbeitsmarktlage sich verbessern, so würde wohl ein größerer Teil dieser Personen ihre aktuell geäußerte Position „ich möchte nicht unbedingt wieder arbeiten" korrigieren.

Überdurchschnittlich häufig werden neben der Arbeitsmarktsituation das Alter (vor allem von den Frauen) sowie die Gesundheit (vor allem von den Männern) als Ursache bisherigen Verbleibs in Arbeitslosigkeit angesehen.

Obwohl man einerseits alle Seiten von Berufsarbeit mehr oder minder stark vermißt (insbesondere die Kontakte und die Anwendung der eigenen Fähigkeiten), werden andererseits am häufigsten auch die entlastenden Momente der Arbeitslosigkeit reflektiert. Nur selten geht sie den Betroffenen auf die Nerven. Wichtig könnte auch sein, daß diese Personen relativ häufig eine ‚negative' Unterstützung durch ihre Partner/innen) insofern erhalten, als diese es ganz gerne sehen, daß sie zeitweilig oder auf Dauer nicht berufstätig sind.

Auffällig ist, daß bei diesem Personenkreis die aktuelle und die zukünftig erwartete allgemeine Lebenszufriedenheit eher positiv geprägt ist und insbesondere deutlich über der von Typ 2 liegt. Das gilt auch für die Selbstverortung im Oben-Unten-Gefüge der Gesellschaft. Ungeachtet der als sehr problematisch empfundenen und nur notgedrungen erfolgenden Verabschiedung aus dem Erwerbsleben verzeichnet man weit seltener als Typ 2 und auch als Typ 3 einen sozialen Abstieg gegenüber der Zeit vor der Wende. Man kann all das sicher als Ergebnis einer aktiven psychischen Adaptationsleistung an

Realitäten werten, die es Personen diesen Typs eher als etwa denen des Typ 2 erlaubt, die Arbeitslosigkeit auf ihre Weise ‚positiv' zu bewältigen.

Jeweils etwa gleich viel Befragte sind zu den hier betrachteten drei Zeitpunkten dem Typ skeptischer Nichtakzeptanz und dem Typ zeitweiliger Akzeptanz zuzuordnen, und zwar mit einer Tendenz der Abnahme ihrer Anteile: Von je etwa einem Drittel 1993 auf je gut ein Viertel 1995. Daß der Typ optimistisch-aktiver Nichtakzeptanz in dieser Zeit zugenommen hat (von einem Viertel auf gut ein Drittel), obwohl die arbeitsmarktlichen Rahmenbedingungen eher enger geworden sind, spricht für gewachsenes Selbstvertrauen vieler Arbeitsloser und für ihr inzwischen antrainiertes Vermögen, sich mit dem kritischen Lebensereignis aktiv auseinanderzusetzen. Keine Zunahme ist beim Typ dauerhafter Akzeptanz zu verzeichnen, was die große Stabilität der Erwerbsneigung Ostdeutscher unterstreicht.

Unterschiedlich verteilt sind die Bewältigungstypen erwartungsgemäß bei Arbeitslosen im engeren Sinn (arbeitslos gemeldet), Teilnehmer(inne)n an FuU sowie Personen, die direkt oder über verschiedene Zwischenpassagen von Arbeitslosigkeit in den Status ‚Nichterwerbstätig aus anderen Gründen' übergegangen sind. Tabelle 4 zeigt die Ausprägung der vier Typen bei diesen drei Gruppen in den Querschnitten 1993 bis 1995.

Daß Arbeitslose, die an einer Maßnahme zur Fortbildung oder Umschulung teilnehmen, häufiger zu einer optimistischen Nichtakzeptanz oder auch zu einer zeitweiligen Akzeptanz ihrer Lage neigen, überrascht nicht.

Erstens gehen sie meistens von einem tatsächlich vorhandenen eigenen Weiterbildungsbedarf aus, und zwar häufiger als alle anderen Erwerbsgruppen (siehe Tabelle 5). Sie erwarten von der Qualifizierungsmaßnahme auch eher eine Verbesserung ihrer Arbeitsmarktchancen, als sie die anderen Erwerbslosen im Falle einer Weiterbildung vermuten.

Tabelle 4: Verteilung der Bewältigungstypen bei verschiedenen Gruppen Erwerbsloser

	Arbeitslose			Teilnehmer an FuU			nicht erw.tät. a.a.G.		
	1993	1994	1995	1993	1994	1995	1993	1994	1995
opt.-akt. Nichtakz.	19	25	38	38	56	27	20	28	36
skept. Nichtakz.	38	34	30	22	10	26	22	23	7
zeitweilige Akzeptanz	33	34	23	34	29	43	22	23	32
dauerhafte Akzeptanz	10	7	9	6	5	4	36	26	25

Spaltenprozent

In den drei Befragungswellen sind die Meinungen zum Qualifizierungsbedarf bei fast allen Gruppen äußerst stabil, so daß hier der Übersichtlichkeit halber nur die Ergebnisse von 1993 und 1995 dargestellt werden. Zum Vergleich werden auch die Urteile der drei Erwerbstätigengruppen dargestellt (noch nie arbeitslos gewesene Erwerbstätige, nach Arbeitslosigkeit in normale Beschäftigungsverhältnisse übergegangene Personen, ABM-Beschäftigte).

In ihrer Bewertung der arbeitsmarktbezogenen Wirksamkeit von Weiterbildung ähneln FuU-Teilnehmer(innen) den Erwerbstätigen, allerdings nicht den ABM-Beschäftigten unter ihnen, die skeptischer sind (Tabelle 6).

Zweitens sind FuU-Teilnehmer im Durchschnitt jünger als die übrigen Erwerbslosen (und auch die ABM-Beschäftigten). Das Lebensalter aber korreliert signifikant mit der Bewertung eigener Arbeitsmarktchancen und mit der Erwerbserwartung. Die Schwankungen der quantitativen Anteile der Bewältigungstypen zwischen den Befragungswellen haben daher auch etwas mit den nicht völlig gleichmäßigen Altersstrukturen der Erwerbslosengruppen in den Querschnitten zu tun.

Tabelle 5: Einschätzung des notwendigen Bedarfs an Qualifizierung, um auf dem Arbeitsmarkt zu bestehen – verschiedene Erwerbsgruppen 1993, 1995

	arbeitslos		.in FuU		nicht erw. tät. a. Gr		erw.tätig, nie arblos		wieder-beschäft.		in ABM	
	'93	'95	'93	'95	'93	'95	'93	'95	'93	'95	'93	'95
kein Bedarf	20	23	5	6	45	46	27	27	20	20	23	22
Um-schulg.	36	35	54	41	26	12	9	4	9	11	27	16
berufl. W.bildg.	44	42	41	53	29	42	64	69	71	69	50	62

Spaltenprozent

Tabelle 6: Meinung zur Verbesserung der Chancen im Erwerbsleben durch Teilnahme an beruflicher Weiterbildung – verschiedene Erwerbsgruppen 1993 und 1995

	arbeitsl.		in FuU		nicht erw. tät. a. Gr.		erw.tätig nie arblos		wieder-beschäft.		in ABM	
	'93	'95	'93	'95	'93	'95	'93	'95	'93	'95	'93	'95
ja	32	24	50	48	27	33	46	48	44	51	32	34
vielleicht	34	32	39	33	27	19	30	28	31	27	33	26
kaum	21	24	9	14	17	16	13	14	15	17	26	28
nein	13	20	2	5	29	32	11	10	10	5	9	12

Spaltenprozent

Betrachtet man die Gruppe derjenigen, die zum jeweiligen Befragungszeitpunkt ‚aus anderen Gründen' nicht erwerbstätig waren, so wird die Altersabhängigkeit der Zugehörigkeit zu den vier Bewältigungstypen bei ihnen besonders deutlich. Das Durchschnittsalter liegt beim Typ dauerhafter Akzeptanz in allen drei Wellen zwischen 50 und 56 Jahren, beim Typ skeptischer Nichtakzeptanz nur wenig darunter. Sowohl beim Typ optimistischer Nichtakzeptanz als auch beim Typ zeitweiliger Akzeptanz liegt es hingegen um

Mitte 30 bis höchstens 40 Jahre. Ein merkliches Ansteigen des Typs dauerhafter Verabschiedung aus dem Erwerbsleben etwa bei jüngeren Frauen ist nach unseren Befunden nicht erkennbar. Sie sehen zwar sehr häufig ihre Familiensituation als Ursache dafür, daß sie noch nicht wieder Arbeit gefunden haben. Aber das veranlaßt sie kaum, ihre Lebenspläne, in denen Berufsarbeit einen festen Platz hat, grundsätzlich in Frage zu stellen. Für die Perspektive meinen zumeist auch sie, daß qualifikatorische Anpassung an Arbeitsmarkterfordernisse ihre Aussichten auf einen Wiedereinstieg verbessern könnte. ‚Aus anderen Gründen' nicht Erwerbstätige, die mit einer beruflichen Weiterbildung keine Chancenverbesserung verbinden, sind im Durchschnitt älter als 50 Jahre. Diejenigen, die Chancenverbesserung annehmen, sind hingegen im Durchschnitt 35 Jahre alt.

Im folgenden konzentrieren wir uns auf die Ausprägung der dargestellten typischen Bewältigungsmuster von Arbeitslosigkeit bei jenen Erwerbslosen, die beim *Arbeitsamt arbeitslos gemeldet*, also im engeren Sinne arbeitslos sind.

Da wir davon ausgehen, daß es einen Zusammenhang zwischen Dauer und Häufigkeit der Arbeitslosigkeit einerseits und typischen individuellen Verarbeitungsweisen der Lage andererseits gibt, seien zunächst für die Querschnitte 1993 bis 1995 die Verteilungen der Bewältigungstypen bei den Arbeitslosentypen dargestellt (Abbildung 5 a, b, c).

Abbildung 5: Bewältigungstypen der Arbeitslosigkeit bei den vier Arbeitslosentypen

a) Querschnitt 1993

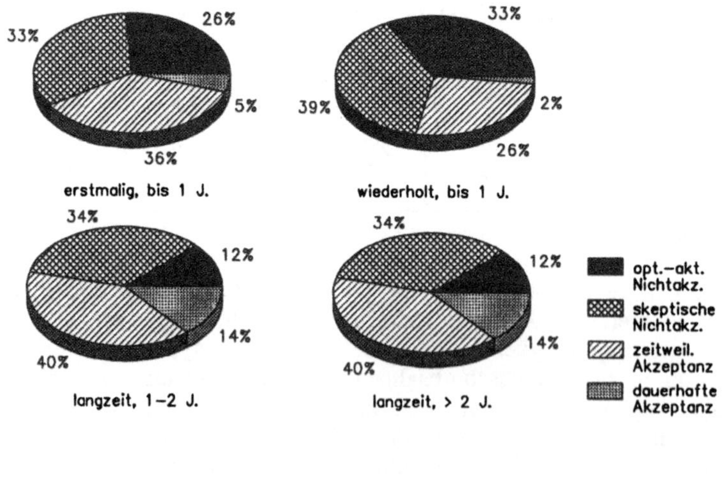

b) Querschnitt 1994

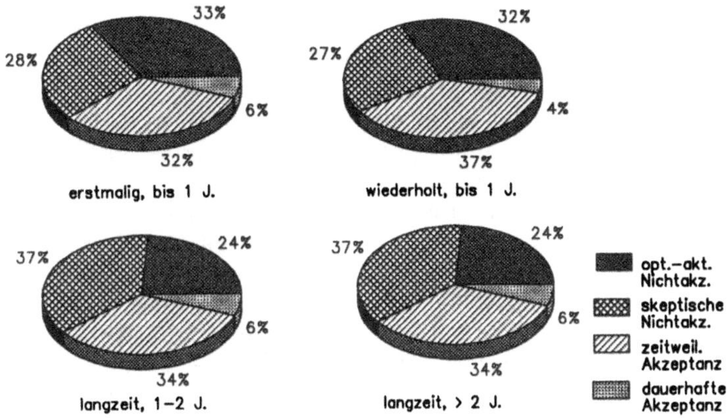

c) Querschnitt 1995

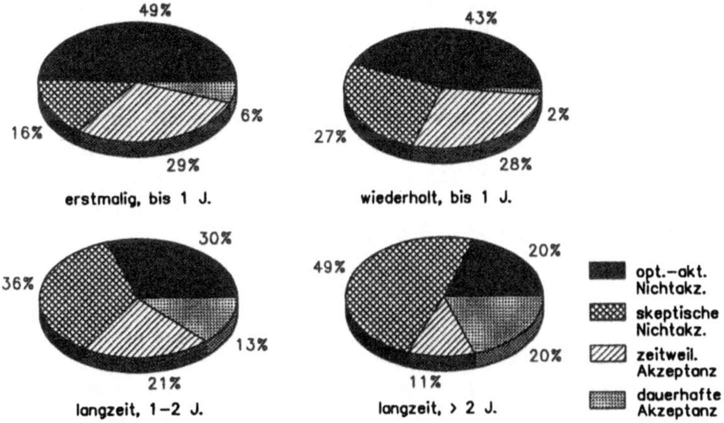

Datenbasis: biab-Erwerbsverlaufspanel

Es ist erkennbar, daß die eher optimistische und hochaktive Bewältigungsweise von Arbeitslosigkeit nicht nur insgesamt an Gewicht gewonnen hat, sondern daß sie selbst bei Langzeitarbeitslosen eher zu- als abgenommen hat. Teilweise dürfte dies auch ein Stichprobeneffekt sein: Bei den Panelteilnehmern sind unter denjenigen, die bei der dritten oder vierten Befragungswelle nicht mehr zur Teilnahme zu motivieren waren, Personen mit ausgesprochen negativen Erwerbsperspektiven und mit geringen endogenen Antriebskräften besonders häufig. Ihr Herausfallen verschiebt die Anteile der Bewältigungstypen.

Mindestens ebenso bedeutsam für den zu der angespannten aktuellen Arbeitsmarktsituation scheinbar im Widerspruch stehenden Befund dürfte aber die Tatsache sein, daß die mentale Verarbeitung der Arbeitslosigkeit eng mit der inzwischen vielseitig erfahrungsgestützten Bewertung des gesellschaftlichen Umbruchs insgesamt einhergeht. Diese Bewertung ist gegenüber der Anfangsstimmung mit ihren auch überzogenen Erwartungen ausgewogener, kritischer und selbstbewußter geworden. Man kann mit Unsicherheiten des Lebens in der neuen Gesellschaft des Beitrittsgebiet inzwischen besser umgehen. Selbst bei ungünstigen Handlungsvoraussetzungen stellt man Bemühungen nicht unbedingt ein. Trotz der im Lebensbereich Berufsarbeit seit der Wende so oft erfahrenen Verschlechterungen für selbstbestimmtes Gestalten von Lebensqualität hat die allgemeine Lebenszufriedenheit in den vergangenen Jahren nicht abgenommen.[25]

Zwar beeinträchtigt eigene Arbeitslosigkeit oder die von Familienangehörigen die Zufriedenheit mit dem Leben allgemein, aber dies nicht immer dramatisch. Bedürfnisbefriedigung in anderen Lebensbereichen hat eigenständiges Gewicht. Selbst langfristiger Verbleib in Arbeitslosigkeit schließt nicht aus, daß sowohl die jeweils aktuell empfundene als auch die künftig erwartete Lebenszufriedenheit etwa gleich bleiben. Das trifft für einen Teil der Langzeitarbeitslosen des Panels durchaus zu und könnte ihren Umgang mit der Erwerbssituation beeinflussen.

Wie verteilen sich nun die ermittelten Bewältigungstypen bei verschiedenen soziodemographischen Gruppen Arbeitsloser?

Tabelle 7 gibt einen Überblick und zeigt Veränderungen über die Zeit.

---

25 Der Wohlfahrtssurvey weist z.B. für die ostdeutsche Bevölkerung 1990 einen Mittelwert der Lebenszufriedenheit von 6.6, 1993 von 6.9 aus (Skala 0 bis 10). Quelle: Datenreport 1994, Bundeszentrale für politische Bildung, Bonn 1994, S. 419. Eigene Auswertungen des SOEP-Panels weisen etwas niedrigere Werte bei hoher Stabilität aus (jeweils 1992, 1993 und 1994 6.2 bei einem Ausgangswert 1990 von 6.6). Wer 1992, 1993 und 1994 immer beschäftigt war, hat im Mittel einen konstanten Wert um 6.5 (1990 6.7), wer zu allen drei Befragungszeitpunkten arbeitlos war, verzeichnet ein leichtes Absinken (von 5.3 über 4.9 auf 5.0 bei einem Wert von 6.3 für 1990). Ein Übergang von Erwerbstätigkeit in Arbeitslosigkeit ist mit einem Rückgang der Lebenszufriedenheit verbunden (5.7, 5.2, 5.1), eine Wiederbeschäftigung nach Arbeitslosigkeit mit leichtem Zuwachs (5.7, 5.6, 6.1). Veränderungen der erwarteten Lebenszufriedenheit in 5 Jahren sind nicht linear mit dem Erwerbsverlauf verkoppelt.

Zwischen Frauen und Männern gibt es nur 1994 einen signifikanten Unterschied. Tendenziell gehören Männer häufiger dem Typ optimistisch-aktiver Nichtakzeptanz an.

Tabelle 7: Typen der Bewältigung von Arbeitslosigkeit bei verschiedenen Gruppen Arbeitsloser

		Typ 1	Typ 2	Typ 3	Typ 4
		optim.-aktive Nicht-akzeptanz	skeptische Nicht-akzeptanz	zeitweilige Akzeptanz	dauerh., konfliktvolle Akz.
Frauen	'93	19	40	30	11
	'94	21	34	35	10
	'95	35	30	24	11
Männer	'93	19	33	38	10
	'94	33	32	31	4
	'95	44	29	22	5
8. kL:	'93	6	43	35	16
	'94	20	36	32	12
	'95	28	40	16	16
10. Kl.	'93	23	33	36	8
	'94	28	32	35	5
	'95	45	26	24	5
Abitur	'93	40	41	13	6
	'94	29	36	30	5
	'95	36	17	43	4
Durchschnittsalter	'93	34 J.	40 J.	37 J.	42.J.
	'94	35 J.	41 J.	40 J.	45 J.
	'95	38 J.	43 J.	38 J.	46 J.

Datenbasis: biab-Erwerbsverlaufspanel. Angaben in Zeilenprozent

Höhergebildete Personen finden sich von Welle zu Welle häufiger im Typ zeitweiliger Akzeptanz von Arbeitslosigkeit.

Stabilität und auch Veränderung von individuellen Bewältigungsstrategien im Zusammenhang mit dem realen Erwerbsverlauf erhellt der Längsschnitt über drei Wellen (siehe Abbildung 6).

Zunächst ist erkennbar, daß die bereits beim Vergleich der Querschnitte festgestellten Tendenzen auch für die ‚reine' Panelstichprobe des Längsschnitt gelten. Ins Auge fällt die Abnahme der zeitweiligen Akzeptanz von Arbeitslosigkeit seit '93.

Freilich handelt es sich bei den Arbeitslosen, die zu den verschiedenen Befragungszeitpunkten den vier Bewältigungstypen zuordenbar waren, nur teilweise um die gleichen Personenkreise. Denn über die Zeit fanden sowohl Fluktuationen aus Arbeitslosigkeit als auch einige Wiederzugänge statt.

Abbildung 6: Bewältigungstypen der Arbeitslosigkeit beim Längsschnitt 1993 bis 1995

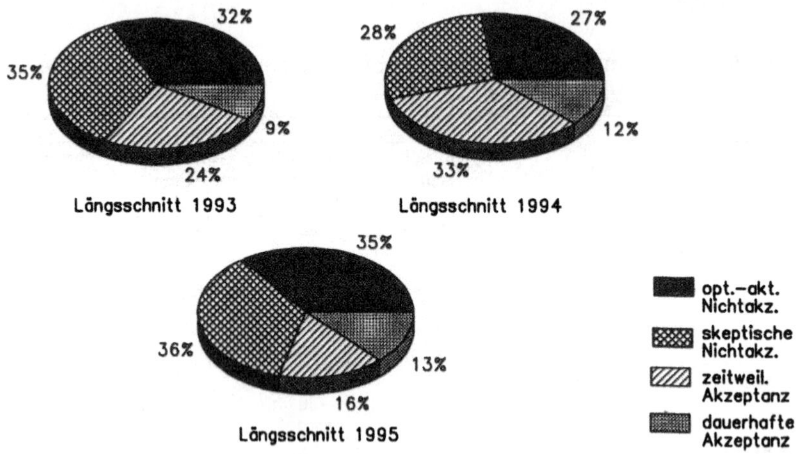

Datenbais: biab-Erwerbsverlaufspanel

Daher ist von besonderem Interesse, im welchem Maße Personen, die zu mehreren Meßzeitpunkten arbeits- bzw. erwerbslos waren, ihre Bewältigungsstrategien änderten, also etwa von 1993 zu 1995 zwischen den Typen ‚wanderten' (Tabelle 8).

Tabelle 8: Bewältigungstypen der Arbeitslosigkeit 1993 und 1995 bei kontinuierlich langfristiger und bei unterbrochener Arbeitslosigkeit

	1 '93 u. '95 arbeitslos		2 kontinuierlich arbeitslos		3 wiederholt arbeitslos	
	1993	1995	1993	1995	1993	1995
optim.-aktive Nichtakzeptanz	6	7	1	2	21	39
skeptische. Nichtakzept.	74	54	65	45	51	48
zeitweilige Akzeptanz	13	13	21	16	35	9
dauerhafte Akzeptanz	7	26	13	37	1	4

Datenbasis: biab-Erwerbsverlaufspanel. Angaben in Spaltenprozent

Tabelle 8 zeigt zunächst in Spalte 1 für jene Personen, die sowohl 1993 als auch zwei Jahre später arbeitslos waren, eine gewisse Stabilität, v.a. hinsichtlich der geringen Anteile optimistisch-aktiver Nichtakzeptanz und ebenfalls hinsichtlich der gleichbleibend seltenen zeitweiligen Akzeptanz von Arbeitslosigkeit. Abgenommen hat allerdings die skeptische Nichtakzeptanz zugunsten der Zunahme des resignierenden, konfliktvoll-dauerhaften Akzeptierens der Arbeitslosigkeit. Wesentlich mehr Veränderung ist jedoch festzustellen, wenn man zwei Gruppen Arbeitsloser gesondert betrachtet: Personen, die erstmalig arbeitslos und zwar inzwischen ununterbrochen zwei Jahre oder länger ohne Beschäftigung sind (Spalte 2) und Personen, die bereits wiederholt in Arbeitslosigkeit weilten (Spalte 3). In der ersten Gruppe, die man als wahrscheinlich ‚Dauerarbeitslose' ansehen muß, zeigten sich bereits 1993 gegenüber den ‚perforiert' Arbeitslosen deutliche Unterschiede. Optimistisch-aktive Nichtakzeptanz kam sichtbar seltener vor. Dauerhafte Akzeptanz war häufiger, zeitweiliges Vereinbaren der Arbeitslosigkeit mit dem Lebenskonzept seltener. Inzwischen sind diese Unterschiede eher größer als kleiner geworden. Bei den ‚Dauerarbeitslosen' ist der Anteil des zeitweiligen Sichabfindens sowie des (fast immer sehr konfliktreichen) dauerhaften Akzeptierens der Lage auf insgesamt über 50 Prozent angestiegen. Bei den Personen mit wiederholter Arbeitslosigkeitserfahrung ist der zuvor relativ hohe Anteil zeitweiliger Akzeptanz drastisch zurückgegangen. Beim Vergleich beider Gruppen ist allerdings der Altersunterschied zu beachten. 1995 waren die ‚Dauerarbeitslosen' im Mittel 47 Jahre alt. Sie haben mit diesem Alter gegenwärtig tatsächlich kaum noch eine Chance auf Rückkehr in das reguläre Erwerbsleben. Diese Realität ist für viele psychisch am ehesten zu verkraften, wenn sie ihr Lebenskonzept darauf einrichten. Die ‚perforiert' Arbeitslosen waren 1995 im Mittel 38 Jahre alt. Viele von ihnen haben zwischenzeitlich an Weiterbildungsmaßnahmen teilgenommen und dadurch ihre Wiedereinstiegsaussichten zumindest teilweise verbessert. Ihre Skepsis ist angesichts der allgemeinen Verschlechterung der Arbeitsmarktsituation dennoch gewachsen. Ein Ausstieg aus dem Erwerbsleben scheint für sie aber so gut wie nicht in Frage zu kommen.

Betrachtet man nicht nur Arbeitslose, sondern auch Personen, die nach Arbeitslosigkeit in andere Formen der Erwerbslosigkeit übergegangen sind (FuU, Erziehungszeit, Studium o.a.), so zeigen sich zwischen typischen Erwerbsverläufen und Entwicklungen der Bewältigungsmuster unterschiedliche Zusammenhänge. Im Falle negativen Erwerbsverlaufs ist weitgehende Konstanz der Bewältigungsmuster charakteristisch. Im Falle gebrochenen Erwerbsverlaufs gibt es signifikante Veränderungen in Richtung der Zunahme optimistisch-aktiver Nichtakzeptanz von Arbeitslosigkeit und der Abnahme zeitweiliger Akzeptanz (siehe Abbildung 7).

Abbildung 7: Bewältigungstypen der Arbeitslosigkeit 1993 und 1995 bei negativem und bei gebrochenem Erwerbsverlauf

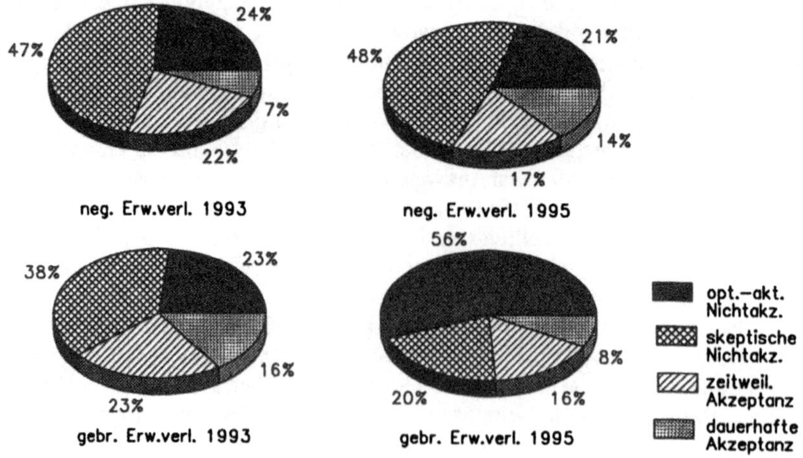

Datenbasis: biab-Erwerbsverlaufspanel

Abbildung 8: Bewältigungstypen der Arbeitslosigkeit 1993 bei positivem Erwerbsverlauf und 1995 bei gebrochenem Erwerbsverlauf

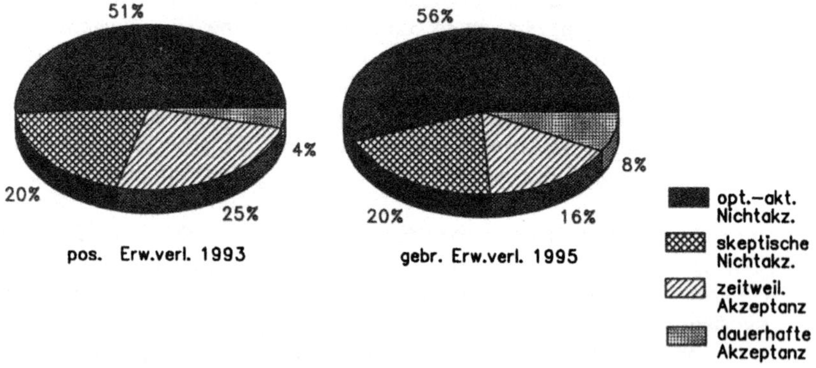

Datenbasis: biab-Erwerbsverlaufspanel

Ob die Ähnlichkeit der Struktur des 1993 festzustellenden Bewältigungsmusters von Personen mit dann folgendem positivem Erwerbsverlauf und der

Struktur des 1995 festzustellenden Bewältigungsmusters von Personen mit gebrochenem Erwerbsverlauf (siehe Abbildung 8) Hinweis auf eine künftige positive Wendung ihrer Arbeitslosigkeitskarriere ist, kann nur die weitere Panelanalyse zeigen.

Insgesamt sprechen die Befunde dafür, daß die verschiedenen Verläufe von Arbeitslosigkeit, insbesondere deren Dauer und die Tatsache, ob es zumindest zeitweilig gelingt, sie zu beenden, Einfluß auf die subjektive Haltung zum Erwerbssystem, auf die Einordnung von Erwerbstätigkeit und von erzwungener Erwerbslosigkeit in Konzepte für die weitere Lebensgestaltung und damit auf den Umgang mit der eigenen Arbeitslosigkeit haben.

Je länger Arbeitslosigkeit trotz individuellen Bemühens um ihre Beendigung anhält, um so pessimistischer wird die eigene Arbeitsmarktperspektive eingeschätzt und um so eher kann die Neigung Fuß fassen, sich den Realitäten resignierend durch völlige Aufgabe der Erwerbsoption anzupassen. Allerdings bleibt es bei jenen, für die das zutrifft, meistens eine sehr ambivalente und nicht unbedingt unwiderruflich endgültige Entscheidung. In vorangegangenen Befragungswellen hatten einige jener Arbeitslosen, die später entgegen ihrer (teils zweckpessimistischen?) Erwartung wiederbeschäftigt waren, zunächst die Antwortmöglichkeit ‚ich möchte nicht unbedingt wieder arbeiten' angekreuzt. Teilweise handelte es sich offensichtlich um einen psychologischen Selbstschutz, um Mißerfolge und Enttäuschungen bei der Arbeitsuche verkraften zu können.

Abbildung 9 läßt einerseits erkennen, wie sich der Erwerbsverlauf auf die Bewertung der eigenen Chancen auswirkt. So war 1993 der Pessimismus bezüglich einer neuen Stelle bei Arbeitslosen, die zwei Jahre später wiederbeschäftigt sind, zwar sehr viel geringer ausgeprägt als bei arbeitslos Gebliebenen, aber doch bei der Hälfte von ihnen vorhanden. Die positive Verlaufserfahrung ließ skeptische Erwartungen fast völlig schwinden. Erkennbar wird andererseits, daß reale Erwerbsverläufe in hohem Maße mental vorweggenommen werden. Stabil Wiederbeschäftigte sahen 1993 nur sehr selten eine negative Perspektive. Personen, die 1993 an arbeitsmarktpolitischen Maßnahmen teilnahmen und zwei Jahre später regulär wiederbeschäftigt waren, hatten bereits 1993 häufig eher optimistische Erwartungen artikuliert.

Arbeitslos Gebliebene schätzten ihre Aussichten offenbar schon zu einem frühen Zeitpunkt in hohem Maße wirklichkeitsadäquat ein. Aber nur zögernd sind sie bereit, dies zur Konsequenz ‚freiwilliger' Verabschiedung aus dem Erwerbssystem zu führen. Das ist auch daran abzulesen, daß Berufsarbeit im System von persönlich bedeutsamen Wertorientierungen auch bei jenen einen hohen Stellenwert behält, die sich gedanklich auf ein Leben ohne diese einzurichten begonnen haben. Bei ihnen ist zwar von 1993 bis 1995 ein

Rückgang der Bedeutung von Erfolg im Beruf für Wohlbefinden und für Zufriedenheit zu konstatieren. Aber nun, da man auf Berufsarbeit notgedrungen verzichtet, gibt es bei ihnen sogar eine Zunahme des Gewichtes, das sie der Berufsarbeit überhaupt für das persönliche Leben beimessen.

Abbildung 9: Beurteilung der eigenen Arbeitsmarktperspektive* 1993 und 1995 bei verschiedenen Erwerbsverläufen

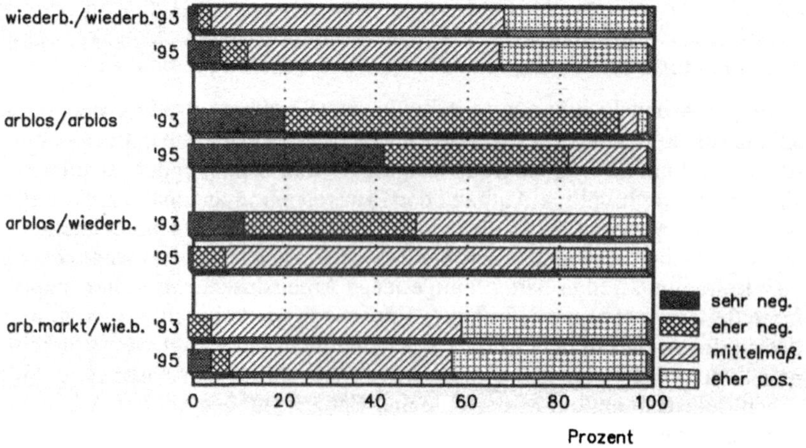

Datenbasis: biab-Erwerbsverlaufspanel. * Die Arbeitsmarktperspektive wurde bei Arbeitslosen mit einer 5stufigen Skala zu Bewertung der Aussichten für einen neue Stelle gemessen, bei Erwerbstätigen mit einer 4stufigen Skala zur Bewertung der Sicherheit ihres Arbeitsplatzes.

Betrachtet man die Entwicklung subjektiver Wertschätzung dieses Lebensbereiches bei gleichen Personen mit unterschiedlichem Arbeitslosigkeitsverlauf, so zeigen sich mehr Übereinstimmung und Kontinuität als Differenz und Veränderung (siehe Tabelle 9).

Tabelle 9: Subjektive Bedeutsamkeit von Arbeit und von Erfolg im Beruf für Wohlbefinden und Zufriedenheit – Entwicklung bei verschiedenen Erwerbsverläufen 1993-1995

	wiederbesch./ wiederbesch.		arbeitslos/ wiederb..		arbeitslos/ arbeitslos		maßn.geförd. /wiederbesch		maßn.gef../ar beitslos	
	'93	'95	'93	'95	'93	'95	'93	'95	'93	'95
Arbeit	9,2	9,2	8,3	8,7	8,9	9,2	8,8	9,0	9,1	9,0
Berufserfolg	8,3	8,2	7,7	8,1	8,3	7,7	8,0	8,0	8,3	7,4

Datenbasis: biab-Erwerbsverlaufspanel. Mittelwerte aus Skalenwerten 0 (‚gar nicht wichtig') bis 10 (‚sehr wichtig')

Auffallend ist, daß bei allen Erwerbsverläufen der Stellenwert von Berufsarbeit stabil bleibt oder über die betrachteten zwei Jahre hinweg sogar zunimmt, daß sich aber die Bedeutung von Erfolg im Beruf unter dem Einfluß der unterschiedlichen Karrieren tendenziell gegenläufig verändert. Übergang von Arbeitslosigkeit in Wiederbeschäftigung läßt die Bedeutung wachsen, Übergang von Arbeitsfördermaßnahmen in Arbeitslosigkeit oder bereits verfestigte Arbeitslosigkeit lassen die Bedeutung sinken.

Abbildung 10: „Wenn Sie einmal ganz allgemein an berufliche Tätigkeit denken: Würden Sie auch dann gerne berufstätig sein, wenn Sie das Geld nicht bräuchten?“ – Verschiedene Erwerbsgruppen (Nur Facharbeiter, unter 50 Jahre alt)

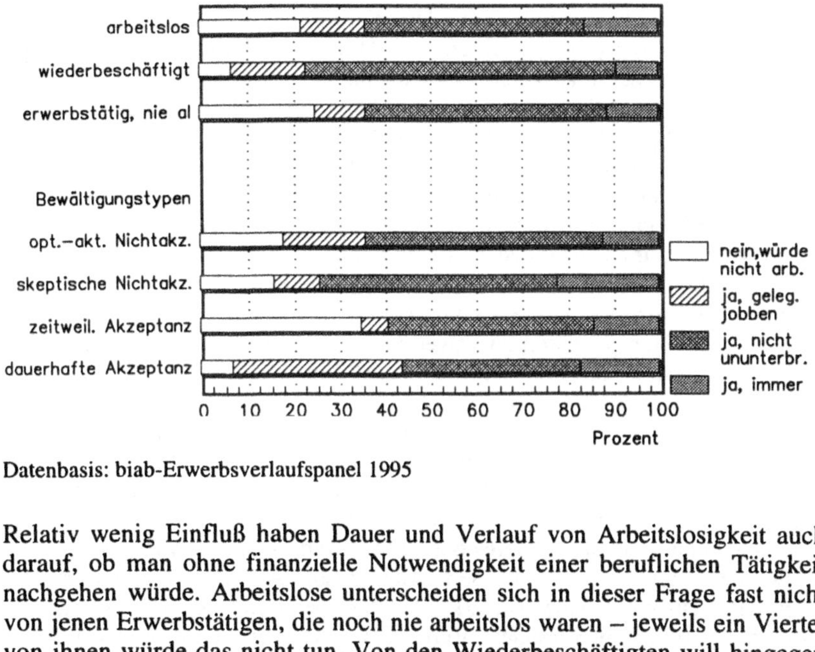

Datenbasis: biab-Erwerbsverlaufspanel 1995

Relativ wenig Einfluß haben Dauer und Verlauf von Arbeitslosigkeit auch darauf, ob man ohne finanzielle Notwendigkeit einer beruflichen Tätigkeit nachgehen würde. Arbeitslose unterscheiden sich in dieser Frage fast nicht von jenen Erwerbstätigen, die noch nie arbeitslos waren – jeweils ein Viertel von ihnen würde das nicht tun. Von den Wiederbeschäftigten will hingegen nicht einmal jede(r) zehnte auf Berufsarbeit verzichten (siehe Abbildung 10), wobei die verschiedenen Wiederbeschäftigtentypen weitgehend in ihrer Haltung übereinstimmen. Auch die verschiedenen Arbeitslosentypen differieren nur tendenziell. Um den Einfluß von Alter und Qualifikation auf diese Haltung zu neutralisieren, werden in Abbildung 10 nur Personen mit Facharbeiterabschluß und jünger als 50 Jahre in den Vergleich einbezogen. Ein signifikanter Unterschied in der Einstellung zur Berufstätigkeit tritt innerhalb der Arbeitslosen allerdings zwischen den Bewältigungstypen auf. Es ist namentlich der Typ zeitweiliger Akzeptanz von Arbeitslosigkeit, der sich von den anderen abhebt. Diese Personen würden am häufigsten auf Berufsarbeit verzichten, wenn sie die finanziellen Spielräume dafür hätten. Daß es gerade der Typ dauerhafter Akzeptanz ist, bei dem die Motivation für die Ausübung von Berufsarbeit am seltensten ausschließlich finanzieller Art ist, läßt die Konflikthaftigkeit ihres Rückzuges erahnen.

Erfahrungen des eigenen Erwerbsverlaufs nach Eintritt in Arbeitslosigkeit, aber auch die bekannt gewordenen Erfahrungen anderer Arbeitsloser reflektierend, verändern sich teilweise auch die Meinungen über persönlich am ehesten erfolgreiche Wege zu einer neuen Arbeit. Gegenüber früheren Befragungswellen geht z.B. mit anhaltender Dauer der Arbeitslosigkeit die Erwartung zurück, Teilnahme an Umschulung und Qualifizierung könnte zum Erfolg führen (1993 bejahten zwei Drittel, 1995 die Hälfte der Gruppe inzwischen langzeitig Arbeitsloser). Zunehmend meint man, die Bereitschaft, jegliche, auch unqualifizierte Arbeit zu übernehmen, könnte zum Erfolg führen (bei anhaltend Arbeitslosen von 40 auf 50 Prozent gestiegen). Am stärksten vertraut man aber unverändert auf selbständige Bewerbungsaktiven sowie auf Hinweise und Vermittlung durch Freunde und Bekannte (jeweils zwischen 80 und 90 Prozent). In die Vermittlung durch das Arbeitsamt setzen nach wie vor nur ca. 40 Prozent Erwartungen.

Erstaunlich stabil sind auch die wahrgenommenen Be- und Entlastungen durch Arbeitslosigkeit (siehe Abbildung 11).

Es gibt einen gewissen adaptiven Gewöhnungseffekt derart, daß die Beunruhigung über die Unsicherheit hinsichtlich eines neuen Arbeitsplatzes 1995 trotz unveränderter Erwerbssituation nicht mehr ganz so stark ausgeprägt ist wie 1993, als diese Personen meist erst kürzerfristig arbeitslos waren. Man ist sich jetzt eher sicher, daß ein neues Arbeitsverhältnis zumindest vorläufig nicht erreichbar ist. Tendenziell geringer ausgeprägt sind nach zwei Jahren der Arbeitslosigkeit auch die an Gerechtigkeit zweifelnde oder nach eigener Schuld suchende Selbstbefragung ‚warum bin gerade ich arbeitslos geworden?‘ und das Gefühl, überflüssig zu sein. Auch der fehlende Kontakt belastet nicht mehr ganz so stark. Die Wahrnehmung von Entlastungen hat sich nur geringfügig verändert. Befragt, welche Aspekte der Berufsarbeit sie mit dem Verlust des Arbeitsplatzes in welchem Maße vermissen, steht bei Langzeitarbeitslosen über zwei Jahre unverändert das ‚Gefühl, gebraucht zu werden‘ an erster Stelle (jeweils ca. 85 Prozent vermissen diesen Aspekt sehr stark, nur 5 Prozent wenig oder nicht).

Abbildung 11: Psychosoziale Wirkungen von Arbeitslosigkeit. Wahrnehmung von Be- und Entlastungen 1993 und 1995 durch kontinuierlich Arbeitslose

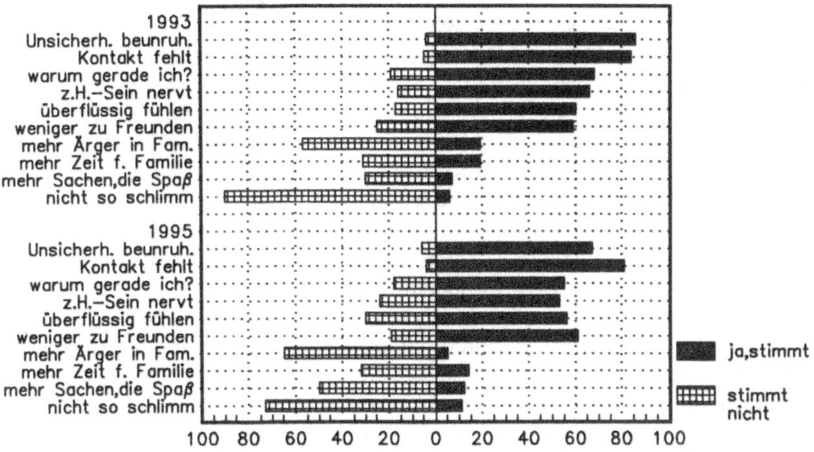

Datenbasis: biab-Erwerbsverlaufspanel

Alle Befunde sprechen also dafür, daß der weitere Erwerbsverlauf nach Eintritt in Arbeitslosigkeit die anfangs vorhandenen Wahrnehmungs- und Bewältiungsmuster des Erwerbsbruchs modifiziert, ohne sie jedoch grundsätzlich umzustrukturieren.

Zu fragen ist nun, in welchem Maße Bewältigungsmuster der Arbeitslosigkeit auch deren Verlauf beeinflussen.

3.3 Verlauf von Arbeitslosigkeit unter dem Einfluß individueller Bewältigungsstrategien und Aktivitäten

Man kann davon ausgehen, daß der Wirkungszusammenhang zwischen Zugehörigkeit zu den nach objektiven Kriterien gebildeten Arbeitslosentypen und den anhand subjektiver Merkmale ermittelten Bewältigungstypen in doppelter Richtung verläuft.

Einerseits, das wurde gezeigt, beeinflußt bisherige Erfahrung mit Arbeitslosigkeit die individuelle Strategie des Umganges mit ihr. Insbesondere wer mit wiederholten Mißerfolgen bei der Arbeitsuche konfrontiert wurde und die eigenen Arbeitsmarktperspektiven sehr pessimistisch beurteilt, tendiert bei der psychischen Bewältigung dieses kritischen Lebensereignisses eher zu skeptisch-anspruchsreduzierender Nichtakzeptanz oder aber auch zu aus der Not geborener Akzeptanz der Arbeitslosigkeit.

Andererseits beeinflußt das individuelle Bewältigungskonzept das Verhalten auf dem Arbeitsmarkt, die Suchaktivitäten, die Konzessionsbereitschaft, das Aushalten von Mißerfolgen, die Motiviertheit zu Flexibilität.

Die Ergebnisse des biab-Panels zeigen, daß die *weiteren Erwerbsverläufe nach Eintritt in Arbeitslosigkeit* in *erster* Linie von den regionalen Rahmenbedingungen der Wirtschaftsstrukturen und des Arbeitsmarktes, einschließlich der konkreten Konditionen der Arbeitsmarktpolitik abhängen. *Zweitens* spielen soziodemographische Gruppenzugehörigkeiten und die individuelle Ausprägung von Risiko- bzw. Chancenfaktoren eine wesentliche Rolle dafür, ob ein Wiedereinstieg in das Erwerbsleben gelingt oder ob länger- bzw. dauerhafter Verbleib in Arbeitslosigkeit charakteristisch ist. *Drittens* haben aber auch individuelle Antriebskräfte, Selbstvertrauen, Ausdauer und Beweglichkeit Gewicht für den Fortgang der Arbeitslosigkeit, für deren eventuellen Abbruch und für das Erreichen von Wiederbeschäftigung. Deutlich wird mit den Paneldaten, daß in dem Maße, wie strukturelle Restriktionen und Risikofaktoren des Arbeitsmarktes verstärkt auftreten, z.B. für Frauen mehr als für Männer, für Brandenburger mehr als für Ostberliner Arbeitslose (auf Grund des zunächst größeren Spielraumes des Gesamtberliner Arbeitsmarktes), die Bedeutung individueller Verhaltensstrategien und Aktivitäten für einen Wiedereinstieg in Erwerbstätigkeit wächst. Wiederbeschäftigte Frauen hatten in der Regel während der Zeit ihrer Arbeitslosigkeit mehr Aktivitäten für die Arbeitssuche als Männer entwickelt und sie brauchten längere Zeit als diese, um zum Erfolg zu gelangen.

Im folgenden soll untersucht werden, wie die Bewältigungsmuster jener Arbeits- bzw. Erwerbslosen strukturiert waren, die inzwischen den Wiedereinstieg in reguläre Beschäftigung geschafft haben. Unterschieden sie sich wesentlich von denen jener, die arbeitslos geblieben sind? Kann man also von einer Impulsrolle subjektiver Faktoren für positive Arbeitslosigkeitsverläufe sprechen?

In Abbildung 12 werden in der Befragungswelle 1993 anzutreffende Bewältigungsmuster von drei Personengruppen mit unterschiedlichen Erwerbsverläufen bis 1995 verglichen: Personen, die 1993 und 1995 arbeitslos waren, zum großen Teil ununterbrochen, ferner Personen, die 1993 in einer arbeitsmarktpolitischen Maßnahme und 1995 wiederbeschäftigt waren, schließlich Personen, die 1993 arbeitslos und 1995 wiederbeschäftigt waren. Während bei den zu beiden Zeitpunkten arbeitslosen Personen zum Befragungszeitpunkt 1993 der Typ skeptischer Nichtakzeptanz mit einem Anteil von über 70 Prozent dominierte, hatte bei den nach Arbeitsmarktmaßnahmen später Wiederbeschäftigten der Typ optimistischer Nichtakzeptanz mit ebenfalls gut 70 Prozent das weitaus größte Gewicht. Zeitweilige Akzeptanz fand sich 1993 am häufigsten bei damals arbeitslos Gemeldeten mit positivem Verlauf bis 1995.

Abbildung 12: Bewältigungstypen der Arbeitslosigkeit 1993 bei verschiedenen Erwerbsverläufen 1993 bis 1995

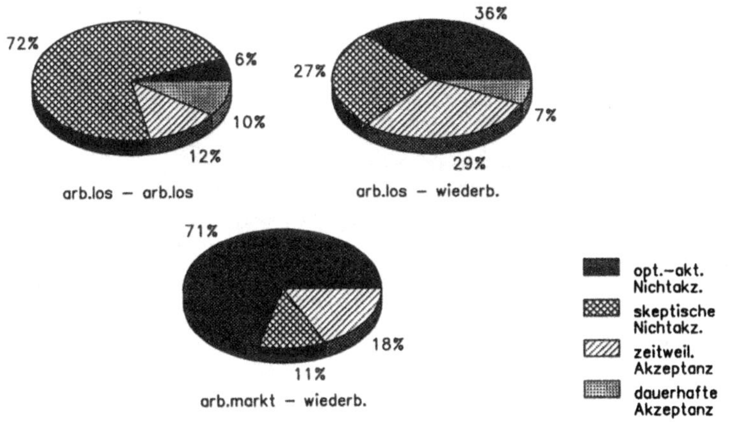

Datenbasis: biab-Erwerbsverlaufspanel

Bewältigungsstrategien haben in Verbindung mit objektiven Voraussetzungen für Flexibilität, für Mobilität und damit für Reintegration in Erwerbstätigkeit eine eigenständige Funktion. Betrachtet man nur Personen, die über Facharbeiterqualifikation verfügen und jünger als 50 Jahre sind, so erweist sich, daß lediglich 20 Prozent des Typs skeptischer Nichtakzeptanz, aber 80 Prozent des Typs aktiv-optimistischer Akzeptanz zwei Jahre später tatsächlich einen Wiedereinstieg in reguläre Erwerbstätigkeit geschafft hatten.

Nachweisbar ist auch die Rolle von Kontrollüberzeugungen für den Verlauf der Arbeitslosigkeit, wobei die gleichzeitige Rückwirkung diesen Verlaufs auf das Bewußtsein von Selbst- oder Fremdbestimmtheit unbestreitbar ist. Die Panelbefunde belegen diese doppelte Zusammenhangsrichtung. An Hand zweier einzelner Variabler wird das in Abbildung 13 und 14 dargestellt.

Abbildung 13: Zusammenhang zwischen Kontrollerwartungen und Erwerbsverlauf Arbeitsloser von 1993 bis 1995. „Mit den meisten Problemen in meinem Leben werde ich fertig"

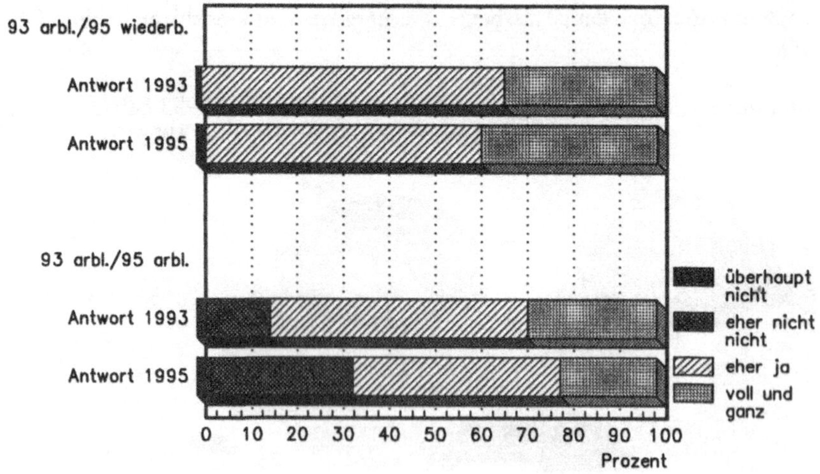

Datenbasis: biab-Erwerbsverlaufspanel

Bezieht man in eine Faktor- und Clusteranalyse die zur Messung von Kontrollerwartungen in den drei Panelwellen 1993, 1994 und 1995 verwendeten 5 Einzelvariablen[26] ein, so ergeben sich für die Panelteilnehmer vier typische Muster der Entwicklung des Bewußtseins von Selbst- bzw. Fremdbestimmtheit.

1. Von Welle zu Welle fühlt man sich zunehmend fremdbestimmt, machtlos gegenüber externen Einflüssen. Nur 4 Prozent aller Panelteilnehmer sind diesem Muster zuzuordnen.
2. Ambivalenz ist charakteristisch; anfangs dominiert das Empfinden, selbstbestimmt zu sein bei gleichzeitiger Erfahrung der Fremdbestimmtheit. Bei Beibehaltung internaler Kontrollüberzeugungen kommt es über die Zeit zu einer Dominanz eher externaler Kontrollerwartungen. 12 Prozent der Befragten finden sich hier.

26 ‚Mit den meisten Problemen in meinem Leben werde ich fertig', – ‚Ich fühle mich in meinem Leben gelegentlich hin und her geworfen', – ‚Was ich mit vornehme, kann ich auch erreichen', – ‚Oft fühle ich mich meinen Problemen ausgeliefert', – ‚An vielen Dingen, die mir im Leben wichtig sind, kann ich wenig ändern'.

Abbildung 14: Zusammenhang zwischen Kontrollerwartungen und Erwerbsverlauf Arbeitsloser von 1993 bis 1995. „Oft fühle ich mich meinen Problemen ausgeliefert"

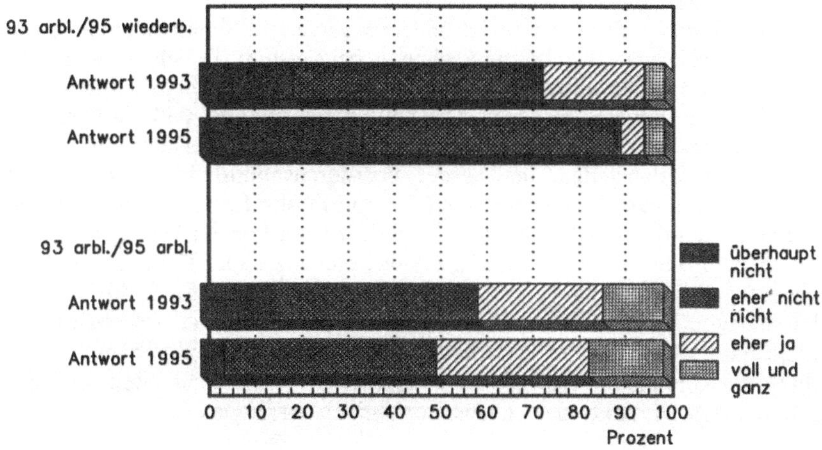

Datenbasis: biab-Erwerbsverlaufspanel

3. Ambivalenz ist charakteristisch, internale und externale Kontrollüberzeugungen wirken gleichzeitig in starkem Maße. Tendenziell werden über zwei Jahre internale gegenüber externalen Kontrollüberzeugungen gewichtiger. Hierzu gehören 28 Prozent der Befragten.
4. Stabil überwiegt das Bewußtsein, selbstbestimmt zu sein, mit den Problemen des Lebens fertig zu werden. Die Mehrheit der Panelteilnehmer ist hier zuzuordnen – 56 Prozent.

Bemerkenswert ist, daß Arbeitslose, die 1993 in eine arbeitsmarktpolitische Maßnahme integriert waren und 1995 den Wiedereinstieg geschafft hatten, überproportional häufig das letztgenannte Muster stabiler Dominanz internaler Kontrollüberzeugungen repräsentieren (77 Prozent gehören zu diesem Typ, die übrigen Personen mit diesem Erwerbsverlauf sind dem zweiten Muster zuzuordnen). Hingegen sind Arbeitslose mit 1993 wirksamer Arbeitsförderung, die aber nicht in Wiederbeschäftigung, sondern in weiterer Arbeitslosigkeit mündete, zu einem Viertel im ersten Muster zunehmend externaler Bestimmtheit zu finden.

Auch das spricht dafür, daß *subjektive Faktoren eine gewisse Rolle für Erwerbsverläufe spielen.* In der Tat sind Panelteilnehmer, die dem ersten Muster zuzuordnen sind, 1993 signifikant seltener aktiv bei der Arbeitssuche gewesen, als etwa Panelteilnehmer mit der Charakteristik des vierten Musters kontinuierlich vorherrschender internaler Bestimmtheit. Ebenso korrelieren Aktivitäten und Umsicht bei der Arbeitsuche mit der selbstbewußten Einstellung zum Leistungsbezug vom Arbeitsamt. Noch seltener als andere Arbeitslose empfinden es Personen mit besonders engagiertem Bemühen um eine neue Stelle als belastend, Geldleistung ohne Arbeitsleistung beziehen zu müssen, noch häufiger halten sie das für gerechtfertigt, denn sie wollen ja arbeiten.

Wenn im vorangegangenen Abschnitt gezeigt wurde, daß die Dauer der Arbeitslosigkeit deren psychische Verarbeitung nur teilweise modifiziert, so ist ebenso festzustellen, daß weder überdurchschnittlich intensive Belastungserfahrungen als besonders starke Antriebskräfte für Wiedereinstiege wirken, noch daß das Fehlen oder Vorhandensein von Entlastungswahrnehmungen für den Erwerbsverlauf größere Relevanz hätte. Dennoch sind tendenzielle Zusammenhänge erkennbar (siehe Abbildung 15). Später Wiederbeschäftigte nehmen Belastungen während der Zeit ihrer Arbeitslosigkeit nicht ganz so stark wahr wie arbeitslos Bleibende. Zweifellos hängt das mit ihrem ausgeprägteren Bewußtsein internaler Steuerung und ihren optimistischeren Arbeitsmarkt- und Lebensperspektiven zusammen.

Abbildung 15: Psychosoziale Wirkungen von Arbeitslosigkeit. Wahrnehmung von Be- und Entlastungen 1993 durch Arbeitslose mit unterschiedlichem Erwerbsverlauf bis 1995

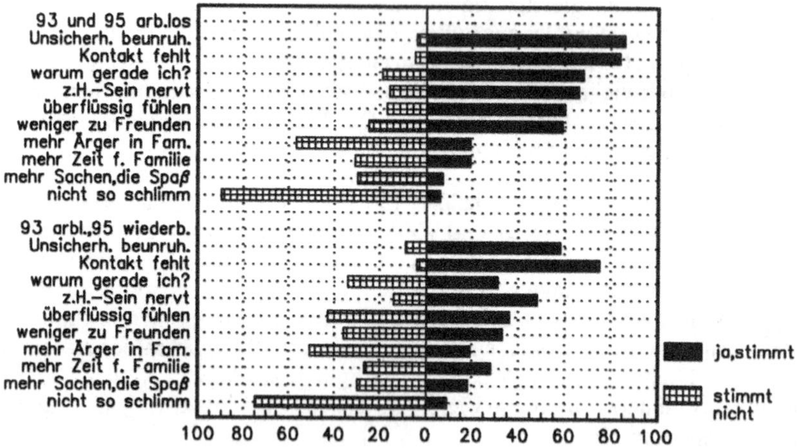

Datenbasis: biab-Erwerbsverlaufspanel

Die Analysen des Zusammenhanges zwischen Erwerbsverläufen Arbeitsloser einerseits und subjektiven Aktivitätsressourcen andererseits bestätigen also die im Kapitel 2 getroffene Aussage zur Rangfolge von Einflußfaktoren für positive Verlaufskarrieren der Arbeitslosigkeit in Richtung einer Reintegration in das aktive Erwerbsleben. *Subjektive Haltungen Arbeitsloser sind gegenüber den arbeitsmarktlichen Rahmenbedingungen im allgemeinen und gegenüber jeweils nachgefragten soziodemographischen Merkmalen bei potentiellen Arbeitskräften im besonderen von nachrangiger Bedeutung für das Gelingen von Wiedereinstiegen in das Erwerbssystem. Innerhalb dieses vielfach sehr engen Spielraumes, und bisweilen sogar dessen Grenzen durchbrechend, werden aber individuelle Verhaltensqualitäten durchaus zu entscheidenden, ausschlaggebenden Faktoren für das Verlassen von Arbeitslosigkeit in Richtung normaler Beschäftigung.*

3.4 Bedeutung von Familiensituation und Partnerunterstützung für Bewältigung und Verlauf von Arbeitslosigkeit

Sowohl für die objektive Lage als auch für die subjektive Wahrnehmung, Verarbeitung und Bewältigung von Arbeitslosigkeit erweisen sich die Familiensituation sowie die Qualität der Partnerschaft als bedeutsam.

Der *Familienstatus* (mit oder ohne Partner(in), mit oder ohne Kind(er) lebend), *die Haushaltsgröße und die Erwerbssituation weiterer Haushaltsmitglieder, insbesondere von Partnern,* haben zunächst einmal natürlich für die Einkommenslage Arbeitsloser Bedeutung. So können Zuspitzungen der finanziellen Situation und Übergänge in Einkommensarmut selbst bei langanhaltender Arbeitslosigkeit unter Umständen vermieden und die psychischen Belastungen reduziert werden – sofern eine bestimmte Haushaltskonstellation vorliegt (etwa Partnererwerbseinkommen, keine Kinder oder höchstens ein Kind).

Der Wunsch Arbeitsloser, berufstätig zu sein, wird allerdings in der Regel auch bei Vorliegen einer günstigen Haushaltskonstellation nicht vermindert. Die ohnehin seltene Erwägung ‚ich möchte nicht unbedingt wieder arbeiten' kommt bei arbeitslosen Männern mit erwerbstätigen Frauen und ebenso bei arbeitslosen Frauen mit erwerbstätigen Männern keineswegs häufiger als bei Alleinlebenden oder bei Arbeitslosen mit Doppelbetroffenheit der Haushalte durch Beschäftigungsdefizite vor. Die Stärke der Orientierung auf Berufsarbeit auch unabhängig von der Partnersituation wird eindrucksvoll in qualitativen Interviews deutlich, die ergänzend zu den standardisierten Befragungen durchgeführt wurden.[27] Ob man die Alternative zur Erwerbsoption in Gestalt eines Ausstiegs aus dem Erwerbssystem präferiert, ist in erster Linie von der Beurteilung der eigenen Arbeitsmarktperspektive und von deren Bestimmungsfaktoren wie Lebensalter, Qualifikation, gesundheitliche Situation, Mobilitätsfähigkeit abhängig. Ob man in Partnerschaft lebt, wie Erwerbsstatus und Erwerbsperspektive des Partners/der Partnerin aussehen, ob man Kinder hat oder nicht, ist dafür von sekundärer Bedeutung.

Von größerer Bedeutung können diese Umstände für alternative Optionen des Verhaltens innerhalb des Erwerbssystems sein: möchte man die Berufstätigkeit für eine bestimmte Zeit unterbrechen, würde man gern verkürzt arbeiten oder nur gelegentlich einer Beschäftigung nachgehen, will man den Beruf wechseln?

Allerdings sind die diesbezüglich feststellbaren Zusammenhänge meist tendenzieller Art und treten nur bei Frauen auf. Erwartungsgemäß sind alleinlebende Frauen, gleich ob zur Zeit erwerbstätig oder arbeitslos, signifikant seltener zu Teilzeitarbeit bereit als die übrigen Frauen. Unbezahlten Urlaub würden unter der Voraussetzung, daß der Arbeitsplatz erhalten bliebe, Frauen mit Kindern etwas häufiger als Frauen ohne Kinder nehmen. Die Erwerbssituation des Partners spielt entgegen unserer Annahme keine Rolle.

Ob man die Erfahrung des Gewinns frei verfügbarer Zeit durch die Arbeitslosigkeit als Vorteil empfindet, ist offenbar nicht allein von den objektiven Lebensumständen abhängig, sondern auch von den subjektiven Bewältigungsmustern. So hebt sich unter jenen, die Kinder haben, der Typ zeitweiliger Akzeptanz von Arbeitslosigkeit von den übrigen Arbeitslosen dadurch ab, daß diese Personen sehr viel häufiger meinen, für die Kinder sei die Situation der Arbeitslosigkeit eher positiv als negativ. 70 Prozent des Typs zeitweiliger Akzeptanz sind der Auffassung, für Vorschulkinder wirke sich die Zeit der eigenen Arbeitslosigkeit positiv aus (vs. 40 Prozent der anderen Arbeitslosen). Für Schulkinder werden auch bei diesem Bewältigungstyp schon häufiger negative Aspekte, etwa finanzielle Einschränkungen, gesehen, aber es überwiegt die Sicht auf positive Wirkungen (55 Prozent vs. 25 Prozent bei den übrigen Arbeitslosen). Übrigens unterscheiden sich Frauen und Männer in dieser Frage überhaupt nicht voneinander.

Nicht nur die eigene Haltung ist neben dem formalen Status von Familie, Partnerschaft und Haushalt für die Art des Verkraftens der erzwungenen Arbeitslosigkeit bedeutsam. Die *Qualität der Familien- und Partnereinbindungen, die Familienatmosphäre, die Haltung des Partners bzw. der Partnerin sind moralische und emotionale Instanzen von Rang*, die stützend-auffan-

27 Siehe hierzu D.Wittich 1995

gende oder zuspitzende Funktion für die Erfahrensweise der kritischen Lebensphase Arbeitslosigkeit haben können.

Zunächst ist festzuhalten, daß der Lebensbereich Familie für alle Befragten einen sehr hohen Stellenwert für Wohlbefinden und Lebenszufriedenheit besitzt. Unabhängig von Erwerbsstatus und -verlauf rangiert Familie in der subjektiven Bedeutsamkeit noch vor dem Lebensbereich Berufsarbeit, der in den letzten Jahren insgesamt im Osten Deutschland an Bedeutung gewonnen hat, ohne den stabil sehr hohen Rang von Familie ganz zu erreichen. Auch die Zufriedenheit mit der Familie ist über die Zeit nahezu unverändert hoch. Das Netzwerk Familie erweist sich als wichtiger, meist stabiler Halt für das Verkraften der für die Individuen mehr oder weniger umfassenden und tiefgreifenden Wandlungen nahezu aller Lebensverhältnisse seit 1989.

Wenn der Erwerbsverlauf die subjektive Bedeutsamkeit von Familie praktisch überhaupt nicht tangiert, so ist er zumindest tendenziell mit Schwankungen der Zufriedenheit in diesem Lebensbereich verbunden (siehe Abbildung 16). Langanhaltende Arbeitslosigkeit läßt z.B. zwischenzeitlich die Zufriedenheit im Durchschnitt leicht zurückzugehen, um dann das vorherige Niveau wieder zu erreichen. Gleiches gilt für Arbeitslose, die den Wiedereinstieg nach zwei Jahren geschafft haben. Für bereits langfristig Wiederbeschäftigte ist die gegenläufige Tendenz charakteristisch. Für einen Teil von ihnen mag die hohe Leistungsanforderung der Berufstätigkeit auf Dauer Partnerschaft und Familienleben belasten. In Abbildung 16 werden nur Personen betrachtet, die in Partnerschaft leben und ihr Verständnis von Familie auf den engeren Bezugskreis ihrer Kleinfamilie (Partner, Kinder) eingrenzen. Auch für Alleinlebende ist Familie (Eltern, Geschwister, Kinder) ein wichtiger Wert. Aber Veränderungen ihrer Zufriedenheit mit diesem Beziehungsgeflecht sind erwartungsgemäß unabhängig von ihrem eigenen Erwerbsverlauf.

Die Bewältigungstypen von Arbeitslosigkeit stehen in keinem Zusammenhang mit der subjektiven Wertigkeit von Familie. Sie korrelieren auch nur in einer Ausnahme mit den Zufriedenheitsausprägungen: in allen Befragungswellen sind Personen, die zu zeitweiliger Akzeptanz von Arbeitslosigkeit neigen, zufriedener mit der Familie als die übrigen Arbeitslosen (1993 9.0 vs. 8.5; 1995 9.2 vs. 8.7). Man kann vermuten, daß ein noch stärkerer Rückhalt, den diese Arbeitslosen gegenüber den übrigen in ihrer Familie finden, vorübergehendes Vereinbaren der Arbeitslosigkeit mit ihrem Lebenskonzept erleichtert.

Abbildung 16: Entwicklung der Bedeutsamkeit von Familie für Wohlbefinden und Lebenszufriedenheit, Entwicklung von Zufriedenheit mit der Familie bei verschiedenen Erwerbsverläufen 1993-1995 (nur in Partnerschaft lebende Personen)

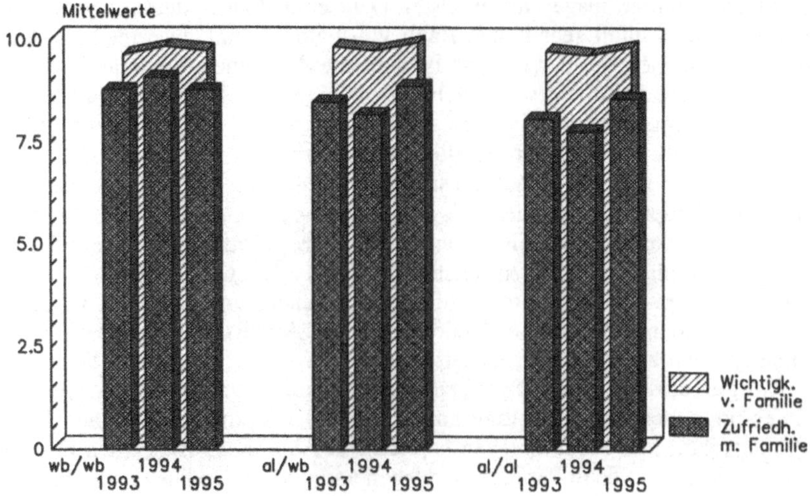

wb/wb – 1993 wiederbeschäftigt, 1995 wiederbeschäftigt
al/wb – 1993 arbeitslos, 1995 wiederbeschäftigt
al/al – 1993 arbeitslos, 1995 arbeitslos
Datenbasis: biab-Erwerbsverlaufspanel

Deutlicher ist der Zusammenhang zwischen Bewältigungstypen und objektiver Familiensituation. Da das Vorhandensein von Kindern im Haushalt die Auswirkungen der Erwerbssituation auf die Lebensqualität stark beeinflußt, wird in der folgenden Analyse nur auf jene Personen rekurriert, die mit einer gewissen Wahrscheinlichkeit mit Kindern zusammen leben können – Personen, die jünger als 50 Jahre sind. Wenn nun ein statistisch signifikanter Zusammenhang zwischen Bewältigungsmustern und Familiensituation meßbar ist, so zeigt eine nähere Betrachtung allerdings, daß er nicht bei Männern, wohl aber bei Frauen wirksam ist. Für arbeitslose Männer hat die Familiensituation höchstens tendenzielle Bedeutung für die Verarbeitung ihres Erwerbsbruchs. Bei Frauen befinden sich vor allem Alleinerziehende in einer besonderen Situation, die sich auf die Bewältigungsmuster auswirken (siehe Tabelle 10).

Tabelle 10: Bewältigungstypen der Arbeitslosigkeit bei Frauen mit unterschiedlicher Familiensituation (unter 50 Jahre, 1995)

	opt.-aktive Nichtakzept.	skeptische Nichtakzept.	zeitweilige Akzeptanz	dauerhafte Akzeptanz
Partner, ohne Kind	41	22	28	9
Partner, mit Kind	47	30	19	4
alleinerziehend	12	52	31	5
alleinlebend	42	17	32	9

Datenbasis: biab-Erwerbsverlaufspanel. Angaben in Zeilenprozent

Alleinerziehende gehören überproportional häufig dem skeptischen Typ von Nichtakzeptanz an. Aber auch in Partnerschaft lebende Frauen mit Kindern sind hier häufiger als solche ohne Kinder zu finden. Negative Erfahrungen bei der Arbeitsuche finden hier offensichtlich ihren Niederschlag. Gleichzeitig vermindern aber Kinder bei in Partnerschaft lebenden Frauen eher ihre Bereitschaft zur zeitweiligen Akzeptanz von Arbeitslosigkeit, als sie zu erhöhen.

Allerdings hat bei Frauen die Erwerbssituation des Partners einen gewissen modifizierenden Einfluß. Ist der Partner ebenfalls arbeitslos, dann meint keine der befragten arbeitslosen Frauen auch nur zeitweilig die aktuelle Erwerbssituation in ihr Lebenskonzept integrieren zu können. Hat der Partner eine reguläre Beschäftigung, dann meinen das ein Drittel dieser Frauen zu können. Sie leben offensichtlich in einer akut weniger belastenden finanziellen Situation als die anderen arbeitslosen Frauen. Das Haushaltseinkommen pro Kopf ist höher, keine dieser Frauen ist von Sozialhilfebezug abhängig, häufiger als andere geben sie an, sich heute mehr als vor der Wende leisten zu können (25 Prozent vs. 15 Prozent).

Die Bewältigungsmuster der Arbeitslosigkeit stehen jedoch nicht allein mit der Familien- und Haushaltserwerbssituation in Zusammenhang. Bei in Partnerschaft lebenden Arbeitslosen spielt die *Partnerhaltung* eine nicht zu unterschätzende Rolle.

Optimistische wie skeptische Nichtakzeptanz findet sich namentlich bei jenen Befragten, deren Partner/Partnerin zur Arbeitssuche zuredet, ja sich selbst mit umsieht. Dieser Befund ergibt sich übereinstimmend aus der Befragung der Arbeitslosen selbst, wie auch der ihrer Partner(innen). Der Paarvergleich zeigt ebenfalls hohe Übereinstimmung hinsichtlich einer am ehesten beim Typ optmistisch-aktiver Nichtakzeptanz zu findenden Bereitschaft der Partner zum Wohnortwechsel, wie sie sowohl von den Partnern selbst bekundet als auch von den betreffenden Arbeitslosen bei ihren Partnern angenommen wird.

Bei den Arbeitslosen des Typs dauerhaft-konfliktvoller Akzeptanz meinen zwei Drittel, ihre Partner sähen es ganz gerne, daß sie nicht arbeiten. Genau diese Haltung artikulieren die befragten Partner selbst. Auch daß eher sie selbst die Unterstützung ihrer arbeitslosen Partner brauchten, gibt dieser Personenkreis besonders häufig an, und zwar übereinstimmend mit der Einschätzung der befragten Arbeitslosen des Typs dauerhafter Akzeptanz.

Die Bewertung der Familienatmosphäre ist bei allen Erwerbsgruppen und bei allen Erwerbsverläufen durch das meist gleichzeitige Konstatieren von Zusammenhalt und gegenseitigem Verständnis einerseits, Konflikten, Auseinandersetzungen, Gereiztheit andererseits charakterisiert. Dominant ist zumeist die Bekundung von Zusammenhalt, aber auch Konflikte spielen nach Angabe der befragten Arbeitslosen bzw. Wiederbeschäftigten, wie auch ihrer Partner(innen) fast immer eine Rolle. In den Querschnitten wiederholen sich die Relationen der Ausprägung beider Aspekte der Familienatmosphäre fast unverändert (Tabelle 11).

Verknüpft man beide Aspekte, so geben jeweils knapp zwei Drittel der Befragten – Arbeitslose, Wiederbeschäftigte, noch nie arbeitslos gewesene Erwerbstätige nur wenig abweichend – an, daß sowohl Zusammenhalt als auch Konflikte vorhanden seien oder sogar zugenommen hätten. Etwa ein Viertel (Arbeitslose zunehmend etwas seltener, Wiederbeschäftigte häufiger) bejahen die Existenz von Zusammenhalt, verneinen das Vorhandensein von Konflikten. Ausschließlich durch letztere ist nach dem Urteil von etwa 10 Prozent der Befragten das Familienleben charakterisiert.

Tabelle 11: Einschätzung von Veränderungen der Familienatmosphäre ‚in der letzten Zeit' durch verschiedene Erwerbsgruppen 1993 und 1995

	arbeitslos		wiederbeschäftigt	
	'93	'95	'93	'95
Zusammenhalt ...				
– wie vorher da	69	67	72	66
– wie vorher nicht da	5	8	4	5
– hat zugenommen	15	11	18	22
– hat abgenommen	11	14	6	7
Konflikte ...				
– wie vorher da	28	39	31	34
– wie vorher nicht da	19	15	23	23
– haben zugenommen	45	40	36	34
– haben abgenommen	8	6	10	9

Datenbasis: biab-Erwerbsverlaufspanel, Querschnitte 1993 und 1995. Angaben in Teilspaltenprozent.

Es gibt also keine dramatischen Einbrüche in den Beziehungen und im Klima der meisten der mit Arbeitslosigkeit konfrontierten Familien durch ihre prekäre Erwerbssituation. Da dies über mehrere Jahre hinweg sich wiederholende Befunde sind, kann man von einer *stabilen Potenz der Familie als Hilfe bei der Bewältigung der kritischen Lebenssituation Arbeitslosigkeit* sprechen. Das schließt durchaus ein, daß sich gegenseitiges Verständnis und die Festigung von Bindungen in widersprüchlicher Weise mit Spannungen und Auseinandersetzungen verbinden.

Auch für die Wahrnehmungsweise ihrer Familienbeziehungen durch die Panelteilnehmer ist eine erstaunliche Kontinuität kennzeichnend, sofern man die gesamte Stichprobe betrachtet. Bei verschiedenen Erwerbsverläufen lassen sich aber teilweise deutliche Diskontinuitäten feststellen. Ins Auge fällt, daß Arbeitslose, die den Wiedereinstieg schaffen, über die Zeit kaum Veränderung ihrer Familienatmosphäre empfinden, daß sie dabei in der Zeit ihrer Arbeitslosigkeit häufiger ein positives Bild als jene Arbeitslose zeichneten, die später arbeitslos geblieben sind. Nach deren Empfinden spitzt sich Konflikthaftes aber mit ihrem Verbleib in Arbeitslosigkeit nicht zu, sondern geht eher zurück.

Durchgeführte *Paarvergleiche* bezeugen ein hohes Maß an Gemeinsamkeit der befragten Partner in ihrer Bewertung der Partnerhaltung in Bezug auf die Arbeitslosigkeit. Sie lassen insgesamt große Übereinstimmung von Fremdbild (Urteil der Arbeitslosen über ihre Partner/innen) und von Selbstbild (Urteil der Partner/innen über ihr eigenes Verhalten) erkennen. Nur tendenziell sehen sich Männer arbeitsloser Frauen etwas aktiver in ihrem Unterstützungsverhalten, als es diese selbst wahrnehmen. Frauen arbeitsloser Männer schätzen hingegen ihre eigenes Unterstützungsverhalten nicht ganz so positiv ein, wie es diese selbst erleben.

Arbeitslose Frauen bejahen häufiger als arbeitslose Männer, ihre Partner machten nun weniger im Haushalt, vor allem nach längeranhaltender Arbeitslosigkeit. Aber mehrheitlich verneint man, daß ein solcher Rückzug von Partnern aus der Hausarbeit vorkomme.

Nur eine Minderheit gibt an, Partner fänden es ganz gut, daß man zumindest zeitweilig nicht berufstätig sei (männliche Partner etwas häufiger). Noch seltener sähen es Partner ganz gerne, wenn man sich ganz aus dem Erwerbsleben zurückzöge.

Faktor- und Clusteranalysen mit acht Variablen, die die Bewertung von Partnerhaltungen durch die Arbeitslosen abbilden, ergeben insgesamt in allen Erhebungswellen ein Überwiegen des Typs mit großer Unterstützung durch die Partner(innen) bei der Bewältigung der Situation (etwa vier Fünftel). Für später Wiederbeschäftigte gilt höchstens tendenziell, daß sie auf ein größeres Unterstützungspotential zurückgreifen konnten als jene Arbeitslose, denen ein Wiedereinstieg nicht gelungen ist.

Zusammenfassend ist bezüglich der Bewältigung von Arbeitslosigkeit festzuhalten:

1. Es gibt keine Anhaltspunkte dafür, daß ostdeutsche Arbeitslose an „biographisch erworbenen Orientierungen und Alltagsgewißheiten, die auf der Basis eines staatlich abgesicherten und geregelten Erwerbslebens entstanden sind“[28] unbeweglich festhalten und dadurch unfähig sind, mit den für sie neuen Ungewißheiten aktiv umzugehen, sich auf neue Anforderungen des Arbeitsmarktes einzustellen. Selbst bei Langzeitarbeitslosen und auch dann, wenn man die Wiedereinstiegschancen in Erwerbstätigkeit sehr skeptisch beurteilt, *dominiert eine aktive Bewältigungshaltung*, sind Konzessionsbereitschaft und Bemühen um Anpassung an neue Bedingungen deutlich ausgeprägt.
2. Lage und Befinden Arbeitsloser sind weniger durch ihren Erwerbsstatus als solchen, als vor allem durch den *bisherigen Verlauf ihrer Arbeitslosigkeit* sowie aber auch durch die *Partner- und Familiensituation* geprägt. Die Art des Bewältigens ihrer nahezu von allen Betroffenen als problematisch und konfliktvoll reflektierten Erwerbssituation ist wesentlich vom erwarteten Verlauf der Arbeitslosigkeit und von der Partnerhaltung abhängig.
3. Bewältigungsstrategien beeinflussen einerseits den Fortgang von Arbeitslosigkeit, fördern erfolgreiche Wiedereinstiege, wenn sie auch gegenüber anderen Einflußfaktoren nachrangig sind. Andererseits reflektieren sich Erfahrungen konkreter Arbeitslosigkeitsverläufe auch in der Verstärkung oder im Rückgang motivationaler Ressourcen ausdauernd-aktiver, selbststeuernder Bewältigung der Arbeitslosigkeit.

---

28 Krömmelbein, S./Schmid, A. 1995, S.149

4 Arbeitslosigkeit und soziale Ungleichheit

4.1 Risiken und kompensierende Momente sozialen Abstiegs bei langanhaltender Arbeitslosigkeit

Für die Bürger des Beitrittsgebiets im erwerbsfähigen Alter ist mit der Teilung in jene, die einer normalen Beschäftigung nachgehen können und in jene, die unfreiwillig auf diese oder jene Weise und Zeit davon ausgeschlossen sind, ein zuvor erfahrungsfremder Typus sozialer Unterschiede Alltagsrealität geworden. Ob dieser soziale Unterschied in differenzierte soziale Karrieren übergeht, die durch mehr als Verbleib im oder Ausgrenzung aus dem Erwerbsleben gekennzeichnet sind, indem sie nämlich damit zugleich auch soziale Ungleichheit konstituieren, bleibt zu untersuchen. Dabei verstehen wir soziale Ungleichheit im Sinne gegensätzlicher, polar auseinanderklaffender Niveaus von Befriedigung eines Ensembles grundlegender Lebensbedürfnisse, gemessen am historisch erreichten durchschnittlichen Maß der Befriedigung.

Produziert Arbeitslosigkeit eine spezifische Dimension dieser sozialen Ungleichheit? Werden durch Arbeitslosigkeit

- sowohl erstens die materielle und soziale Lebensqualität objektiv insgesamt drastisch beschnitten,
- als auch zweitens elementare Bedürfnisse der Selbstbestätigung und Selbstbestimmung sowie subjektives Befinden insgesamt wesentlich beeinträchtigt?

Auf diese Fragen soll im Folgenden nach einer Antwort gesucht werden.
Zur Messung des ersten Aspektes werden hier die Ausprägungen zweier Variabler kombiniert:

- Einkommensarmut (60-Prozent-Schwelle des durchschnittlich verfügbaren bedarfsgewichten Haushaltseinkommens pro Kopf[1]);

---

1 Mangels repräsentativer Einkommensdaten für 1995 wurde Einkommensarmut mit der gewichteten Datei des biab-Panel-Querschnitts '95 vorläufig selbst berechnet. Da in vorangegangenen Befragungswellen die entsprechenden Eigenberechnungen mit nur sehr geringen Abweichungen den Angaben des SOEP bzw. des Wohlfahrtssurveys entsprachen, erscheint dieses Vorgehen legitim. Wenn im Folgenden als ein

- Selbstzuordnung der Befragten im unteren Bereich des Oben-Unten-Gefüge der Gesellschaft[2].

Zur Messung des zweiten Aspektes werden die subjektiv wahrgenommenen Bedeutungen der Berufsarbeit bzw. ihres Entzuges für die Persönlichkeit und für ihre selbstbestimmte Lebensqualität erfaßt:

- Was wird in welchem Maße bei erzwungener Erwerbslosigkeit mit der Arbeit vermißt, könnte man ohne Persönlichkeitsverlust auf berufliche Tätigkeit verzichten?
- Welche Zusammenhänge zwischen Erwerbsstatus und -verlauf einerseits, Zufriedenheiten mit wichtigen Lebensbereichen sowie Kontrollüberzeugungen andererseits sind feststellbar?

Was den *ersten Aspekt der Ungleichheitsfunktion von Arbeitslosigkeit für die objektive Lebensqualität* betrifft, so sind die Befunde widersprüchlich. Für einen Teil der Arbeitslosen trifft in der Tat ein am unteren Pol materieller und kultureller Lebensbedingungen der Gesellschaft liegendes Existenzniveau zu. Gegenwärtig sind in der untersuchten Region Ostdeutschlands 29 Prozent der Arbeitslosen im oben definierten Sinn einkommensarm. Sie befinden sich gleichzeitig nach eigener Einschätzung am unteren Ende der Gesellschaft.

Nach Befunden unseres Panels, in das allerdings bis auf wenige Ausnahmen nur Personen im Erwerbsalter einbezogen sind, handelt es sich dabei in der Tat um eine ausschließlich durch Arbeitslosigkeit hervorgerufene Problemlage. Keine der Personen aus anderen Erwerbspersonengruppen (Teilnehmer an FuU, ABM-Beschäftigte, nach Arbeitslosigkeit wieder Beschäftigte, Erwerbstätige ohne Arbeitslosigkeitserfahrung, aus ‚anderen Gründen' Nichterwerbstätige) ist der dargestellten Lage von objektiver Unterversorgung[3] und zugleich subjektiv empfundener Unterprivilegierung zuzuordnen.

Indikator für das Vorliegen von Ungleichheitsrelevanz der Arbeitslosigkeit die 60-Prozent-Schwelle von Einmkommensarmut gewählt wird, so deshalb, weil mit einer ebenfalls möglichen Einschränkung auf die 50-Prozent-Schwelle nur noch extreme Polarisierungen erfaßt würden.

2 Die Frage lautete: „In unserer Gesellschaft gibt es Bevölkerungsgruppen, die eher oben, und solche, die eher unten stehen. Wir haben hier eine Skala, die von oben nach unten verläuft (0 – unten, bis 10 – oben). Wenn Sie an sich selbst denken, wo würden Sie sich auf dieser Skala einordnen?"

3 Nimmt man nur die als hier als Kriterium der Unterversorgung gewählte Einkommensarmut entsprechend der 60 Prozent-Schwelle, so sind 20 Prozent der Personen, die sich in arbeitsmarktpolitischen Maßnahmen befinden, 13 Prozent der Wiederbeschäftigten und 6 Prozent der Erwerbstätigen ohne bisherige Arbeitslosigkeitsphasen davon betroffen.

Dennoch haben wir es hier nicht mit einer als eigentümliche Arbeitslosenlage definierbaren Soziallage zu tun. Für den größeren Teil (gegenwärtig in der Untersuchungsregion etwa 70 Prozent) der Arbeitslosen trifft sie bisher nicht zu. Auch als Soziallage Langzeitarbeitsloser ist sie nicht zu bezeichnen. Zwar entsprechen Langzeitarbeitslose mit einem hohen Anteil den Kriterien dieser Lage (zu knapp 40 Prozent), und mehr als die Hälfte der dieser Problemlage zuzuordnenden Befragten sind bereits langfristig arbeitslos (1 Jahr und länger 56 Prozent, davon 40 Prozent schon 2 Jahre oder länger). Aber ein beträchtlicher Teil Langzeitarbeitsloser gerät nicht in den kritischen Bereich dieser mit Arbeitslosigkeit zwar potentiell, jedoch nicht immer notwendig verbundenen sozialen Ungleichheitsdimension. Auch die unterschiedlich ausfallenden Überschneidungen der beiden hier betrachteten Gruppen Arbeitsloser mit den oben dargestellten Arbeitslosigkeitstypen verdeutlichen das (Tabelle 1).

Tabelle 2 gibt eine Übersicht über wesentliche Merkmale der Lage und des Befindens des sich am unteren Ende der genannten Ungleichheitsdimension befindenden Personenkreises Arbeitsloser, von uns als *Problemgruppe Arbeitsloser* bezeichnet. Dies erfolgt im Vergleich zu den übrigen Arbeitslosen und zu den von uns unterschiedenen zwei Erwerbstätigengruppen (nach Arbeitslosigkeit erneut regulär Beschäftigte – ohne ABM –; Beschäftigte ohne Arbeitslosigkeitserfahrung).

Die finanzielle Situation dieser Problemgruppe ist äußerst kritisch, wesentliche Lebensbedürfnisse können nur eingeschränkt befriedigt werden. Nahezu alle Personen dieser Gruppe geben an, persönliche Ausgaben zurückstellen zu müssen, 40 Prozent haben Schulden. Über die Hälfte beziehen bereits oder erwarten demnächst Sozialhilfe.

Tabelle 1: Verteilung der Arbeitslosigkeitstypen bei der Problemgruppe Arbeitsloser und den übrigen Arbeitslosen

	Problemgruppe Arbeitsloser	übrige Arbeitslose
erstmalig, < 1 Jahr arbeitslos	14	19
wiederholt, < 1 Jahr arbeitslos	30	43
langzeitarbeitslos, 1-2 Jahre	16	20
langzeitarbeitslos, > 2 Jahre	40	18

Datenbasis: biab-Erwerbsverlaufspanel Querschnitt 1995. Angaben in Spaltenprozent

Zwar sind Niedrigqualifizierte in der Problemgruppe Arbeitsloser signifikant häufiger zu finden (ein Drittel verfügt über keine abgeschlossene Berufsausbildung bzw. über Teilfacharbeiterabschluß, gegenüber einem Fünftel bei den übrigen Arbeitslosen), aber immerhin 8 Prozent der Problemgruppe haben in unserer Panelpopulation Fach- oder Hochschulabschluß (vs. einem Anteil von 18 Prozent an den übrigen Arbeitslosen und jeweils einem Drittel an den beiden Erwerbstätigengruppen). Weit überproportional sind in der Problemgruppe Arbeiter zu finden.

Wenn in Ostdeutschland die Zugänge in Arbeitslosigkeit, und gemindert auch die Bestände, das ganze Spektrum sozialer Differenziertheit der Erwerbsbevölkerung in Größenordnungen widerspiegeln und wenn bisher die im Westen charakteristischen Selektionen nur teilweise wirken, so kann man das auch für die Problemgruppe unter den Arbeitslosen feststellen.

Auffallend sind insbesondere die fast gleichmäßige Verteilung der Altersgruppen innerhalb der Problemgruppe und innerhalb der übrigen Arbeitslosen sowie das (statistisch allerdings nicht signifikant) niedrigere Durchschnittsalter der Problemgruppe.

Tabelle 2: Problemgruppe Arbeitsloser – Merkmale der Lebenslage und Selbstverortung im Vergleich

	Probl.gr. Arbeitsl.	übr. Arbeitslose	Wiederbeschäft.	Erwerbstätig
durchschn. mtl. Nettoeink. DM	770,-	1047,-	1828,-	2056,-
bedarfsgew. HH-Eink/Kopf DM	635,-	1385,-	1483,-	1678,-
Anteil Eink.armer, 60%Schw.	100%	5%	13%	6%
Anteil Eink.armer, 50%Schw.	64%	3%	7%	2%
Familiensituation**				
– mit Partner, ohne Kind(er)	13	45	38	34
– mit Partner, mit Kind(ern)	40	30	40	42
– alleinlebend	38	22	18	21
– alleinerziehend	9	3	4	3
Arbeitslose im HH/Erwachs.	0,76	0,60	0,05	0,05
Erwerbstät. im HH/Erwachs.	0,15	0,33	0,84	0,86
Schulabschluß **				
– 8. Klasse	47	32	12	19
– 10. Klasse	48	56	67	61
– Abitur	5	12	21	20
Durchschnittsalter – Jahre	39	41	37	38
Berufl. Stellg.,gegw./letzte**				
– Arbeiter	71	44	40	39
– Angestellte	23	53	50	53
– anderes	6	3	10	8
Bewertung von Arbeitsmarktperspektiven**				
– sehr negativ				
– eher negativ	40	22	4	6
– mittelmäßig	33	42	7	8
– eher positiv	23	30	55	21
	4	6	34	65
Selbstposition. Oben-Unten, Mittelwerte*	3,0	4,3	5.1	5.5

Datenbasis: biab-Erwerbsverlaufspanel, Querschnitt 1995.

* Skala 0 bis 10.

** Teilspaltenprozente

Seine Erklärung findet dieser Tatbestand in der problempotenzierenden Rolle von Kindern in den Haushalten. Wenn selbst für Erwerbstätige zutrifft, daß jedes Kind mehr im Haushalt finanzielle Probleme erhöht, dann gilt das bei Arbeitslosigkeit, die schon mit ihrem Beginn das individuelle Nettoeinkommen im Schnitt fast halbiert, erst recht.

Nach unseren Befunden haben die Hälfte der der Problemgruppe Arbeitsloser zuzuordnenden Personen Kinder im Haushalt zu versorgen (vs. einem Drittel bei den übrigen Arbeitslosen). Gleichzeitig ist sowohl der Anteil Alleinerziehender als auch der Alleinlebender in der Problemgruppe signifikant höher als unter den Arbeitlosen insgesamt.

Kompensationen von Einkommenseinbußen durch Partnereinkommen sind also seltener. Partnerschaft ohne Kinder findet sich in der Problemgruppe besonders selten (13 vs. 45 Prozent), während Partnerschaft mit Kindern häufiger auftritt (40 vs. 30 Prozent). Obwohl Alleinlebende in der Problemgruppe einen größeren Anteil haben (38 vs. 22 Prozent), ist die durchschnittliche Haushaltsgröße bei den übrigen Arbeitslosen geringer (2,6 Personen bei der Problemgruppe vs. 2,4 Personen bei den übrigen). Vor allem die durchschnittliche Kinderzahl differiert statistisch signifikant, auch innerhalb gleicher Qualifikationsgruppen. Betrachtet man nur arbeitslose Facharbeiter, so haben in Partnerschaft mit Kindern lebende Angehörige der Problemgruppe im Durchschnitt 1,9 Kinder im Haushalt, die übrigen Arbeitslosen dieser Familiensituation 1,3 Kinder. Alleinerziehende aus der Problemgruppe haben durchschnittlich 1,6 Kinder, die übrigen alleinerziehenden Arbeitslosen 1,3 Kinder.

Bemerkenswert ist die Geschlechterdifferenz der Familiensituation (siehe Tabelle 3). Sie ist wiederum im Zusammenhang mit der Haushaltserwerbssituation zu sehen.

Wenn für die Haushalte der Problemgruppe Arbeitsloser insgesamt ein vergleichsweise besonders hoher Arbeitslosenindex (Arbeitslose bezogen auf die Zahl erwachsener Personen im Haushalt) und ein besonders niedriger Erwerbstätigenindex zutrifft, so zeigt eine gesonderte Betrachtung von Frauen und Männern geschlechtsspezifische Unterschiede. Bei Männern ist die Abweichung dieser Indizes zwischen beiden analysierten Arbeitslosengruppen extrem stark, bei Frauen abgeschwächt ausgeprägt. Da mehr als zwei Drittel der männlichen Angehörigen der Problemgruppe ohne Partnerin im Haushalt leben (gegenüber gut einem Drittel der weiblichen Angehörigen dieser Gruppe, die ohne Partner leben), liegt ein wesentlicher Erklärungsgrund auf der Hand. Daß Personen mit (meist mehreren) Kindern und ganz besonders Frauen mit Kindern in der Problemgruppe einen Anteil erreichen, wie ihn weder Männer noch Frauen bei den übrigen Arbeitslosen und auch nicht bei den anderen Erwerbsgruppen aufzeigen, verdeutlicht die das Unterversorgungsrisiko verstärkende Bedeutung, die Kinder für Familien in der gegenwärtigen Gesellschaft haben. Diese Tatsache läßt sich allerdings auch bei Erwerbstätigen nachweisen, wie Auswertungen des Sozio-ökonomischen Panels zeigen.[4]

Tabelle 3: Familiensituation und Erwerbssituation im Haushalt bei zwei Gruppen arbeitsloser Frauen und Männer

	Problemgruppe Arbeitsloser		übrige Arbeitslose	
	Frauen	Männer	Frauen	Männer
Familiensituation *				
– mit Partner, ohne Kind	15	8	47	42
– mit Partner, mit Kind(ern)	49	24	32	28
– alleinlebend	24	64	17	28
– alleinerziehend	12	4	4	2
Arbeitslose je Erw. im HH**	0,68	0,90	0,60	0,60
Erwerbstät. je Erw. im HH**	0,20	0,06	0,34	0,31

Datenbasis: biab-Erwerbsverlaufspanel, Querschnitt 1995.

* Teilspaltenprozent.

** Mittelwerte

Legt man eine Armutsschwelle von 50 Prozent des durchschnittlich verfügbaren bedarfsgewichteten Haushaltseinkommens pro Kopf zugrunde und bezieht man in die Analyse verschiedene Erwerbsgruppen und Haushaltskonstellationen ein, so ergeben sich nach Befunden des biab-Querschnitts 1995 die in Abbildung 1 dargestellten Anteile Einkommensarmer.

Wesentliche Ursache für die besonders prekäre Einkommenssituation der Problemgruppe ist die Verknüpfung der besonderen Familiensituation und der defizitären Haushaltserwerbssituation einerseits mit der überdurchschnittlichen Verbleibdauer in Arbeitslosigkeit bei gleichzeitig niedrigeren Erwerbseinkommen vor der Arbeitslosigkeit andererseits. Die durchschnittliche Dauer der gegenwärtigen Arbeitslosigkeit der Angehörigen der Problemgruppe beträgt 22 Monate (vs. 12 Monate bei den übrigen Arbeitslosen). Nur ein Drittel von ihnen bezieht noch Arbeitslosengeld (vs. 70 Prozent), 40 Prozent erhalten nur noch die deutlich niedrigere Arbeitslosenhilfe (vs. 25 Prozent). Auf Sozialhilfe sind bereits 17 Prozent angewiesen (vs. 2 Prozent) und ein Drittel der Problemgruppe erwartet deren Bezug demnächst (vs. 15 Prozent).

4 Eigene Berechnungen mit Daten des SOEP '94 zeigen z.B., daß bezogen auf die 50-Prozent-Schwelle des im Osten Deutschlands durchschnittlich verfügbaren bedarfsgewichteten Haushaltseinkommens pro Kopf Arbeitslose mit Kind(ern) zu 31 Prozent, Arbeitslose ohne Kind(er) zu 9 Prozent, Erwerbstätige mit Kind(ern) zu 3 Prozent als einkommensarm anzusehen sind.

Abbildung 1: Anteile Einkommensarmer* bei verschiedenen Erwerbsgruppen und Haushaltskonstellationen

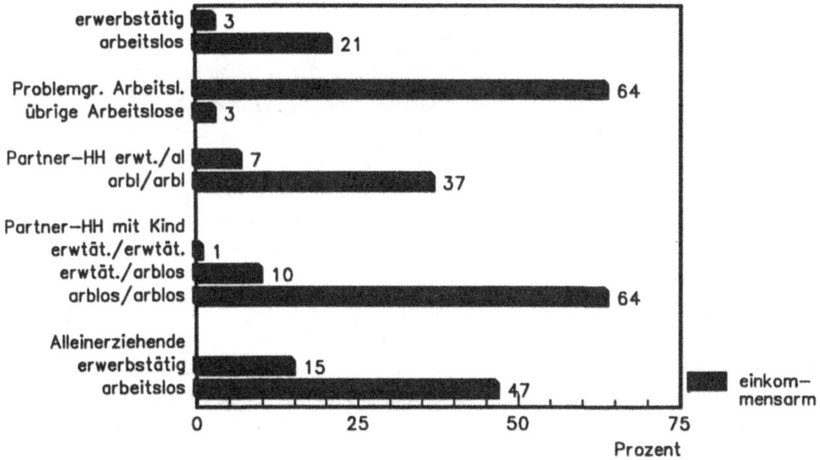

Berechnunsgrundlage: biab-Erwerbsverlaufspanel Querschnitt 1995, Erwerbsgruppenanteile vorläufig gewichtet. * 50 Prozent-Schwelle des durchschnittlich verfügbaren äquivalenzgewichteten Haushaltseinkommens/Kopf

Der Typus wiederholter Arbeitslosigkeit mit jeweils kürzerer Dauer ist bei der Problemgruppe relativ selten anzutreffen (30 Prozent vs. 43 Prozent). Diesen Personen ist also schon bisher ein zumindest zeitweiliger Ausstieg aus Arbeitslosigkeit besonders selten gelungen.

Sicher reflektiert sich auch diese Erfahrung in der Bewertung eigener Chancen auf dem Arbeitsmarkt, die extrem negativ ausfällt. Dabei wird nicht nur erwartungsgemäß häufiger als von den übrigen Arbeitslosen die Familiensituation als eine Ursache dafür angesehen, daß man noch nicht wieder Arbeit gefunden habe (ein Viertel vs. 12 Prozent). Auch die eigene Gesundheit findet als Ursache des Verbleibs in Arbeitslosigkeit überdurchschnittlich oft Erwähnung: 30 Prozent sehen hier einen Grund für ihre mißliche Erwerbslage (vs. 15 Prozent). Während aber die Familiensituation namentlich von Frauen als Problem benannt wird (von rd. einem Drittel), ist die eingeschränkte Gesundheit offenbar vornehmlich ein männliches Problem (fast 40 Prozent der Männer dieser Gruppe verweisen darauf). Ihr Lebensalter und der erlernte Beruf bzw. die Ausbildung werden in beiden Gruppen Arbeitsloser nahezu unterschiedslos von jeweils etwa der Hälfte der Befragten als eine Ursache dafür angesehen, daß sie noch keine neue Stelle gefunden haben.

Mehrheitlich wird daher auch Qualifizierungsbedarf artikuliert, in der Problemgruppe aber besonders häufig der Bedarf an einer Umschulung zu einem anderen Beruf (von jeder/m Zweiten vs. einem Drittel). Die Orientierung auf Rückkehr in Berufstätigkeit ist gleich stark und Aktivitäten zur Arbeitsuche sind kaum unterschiedlich ausgeprägt. Allerdings haben sich Arbeitslose der Problemgruppe signifikant seltener schon im Westen nach Arbeit umgesehen (16 vs. 42 Prozent). Sie stellen geringere Ansprüche an Inhalte der Arbeit, sind eher zu jeglicher, auch unqualifizierter Arbeit bereit, während es für die übrigen Arbeitslosen häufiger auch auf die Art der Arbeit ankommt.

Für die Lage der Problemgruppe Arbeitsloser ist eine – hier nur als subjektiver Reflex meßbare – besonders niedrige Position im Oben-Unten-Gefüge der gesellschaftlichen Struktur kennzeichnend. Während zumindest eine Minderheit der übrigen Arbeitslosen sich auch jenen Gesellschaftsgruppen zuordnet, die eher oben stehen, kommt dies bei der Problemgruppe nicht vor. Allerdings ist auch die erinnerte Position in der DDR-Gesellschaft bei dieser Gruppe niedriger als die der übrigen Arbeitslosen. Aber der Abstand zwischen beiden Gruppen ist – bezogen auf ihre retrospektive Sicht – wesentlich geringer als er aus der aktuellen Bewertung ihrer Stellung zu vermuten wäre (Mittelwerte für retrospektiv erfragte gesellschaftliche Stellung vor der Wende 6,2 vs. 6,7; für die gegenwärtige Selbstpositionierung 3,0 vs. 4,3). D. h. der wahrgenommene soziale Abstieg ist vor allem bei der Problemgruppe Arbeitsloser drastisch.

Zusammenfassend ist zum ersten Aspekt der Frage nach der Ungleichheitsfunktion von Arbeitslosigkeit hinsichtlich der objektiven Lebensqualität festzuhalten:

1. Im Osten Deutschlands trifft ebenso wie im Westen zu, „daß Arbeitslosigkeit auch dann ungleichheitsrelevant ist, wenn sie in ihrer Massenhaftigkeit zu einer Normalform bürgerlichen Erwerbslebens geworden ist“[5]. *Ungleichheitsrelevant* zu sein, also die nach verschiedenen Kriterien sozial gespaltene Gesellschaft (Kapital–Arbeit, Frauen–Männer u.a.) auch nach dem Kriterium ‚erwerbstätig–arbeitslos‘ zu spalten, bedeutet jedoch nicht, auf der Individuenebene in jedem Fall soziale Ungleichheit zu implizieren. Die von der differentiellen Arbeitslosenforschung seit langem für den Westen belegte Vielfalt modifizierender Aspekte der Lage Arbeitsloser trifft für den Osten gleichfalls zu, wobei diese modifizierenden Aspekte teils in größerem Umfang wirksam sind, teils aber individuell geringeres Gewicht haben. So kommt die das Armutsrisiko mindernde ausgleichende Rolle von Partnereinkommen in ostdeutschen

5 Mutz, G. 1994, S. 163

Arbeitslosenhaushalten häufiger vor, aber wo sie wirkt, ist sie meist geringer als im Westen.[6]

2. Die Existenz einer „Arbeitslosenlage" im Sinne einer besonderen sozialen Lage[7] läßt sich weder empirisch belegen, noch ist bislang die Annahme der Herausbildung einer „besonderen sozialen Schicht der Dauerarbeitslosen" im Osten begründbar.[8] Eher dürfte wohl die Aussage, daß „sich die Arbeitslosen weiter differenzieren werden"[9], auch für die Gruppe ‚Dauerarbeitsloser' zutreffen, die vorläufig heterogener als im Westen bleiben wird. Wenn es langfristig Arbeitslose sind, die besonders häufig in die gekennzeichnete *soziale Problemlage von Unterversorgung und Unterprivilegierung* gelangen, so schließt das wie gezeigt ein Zugangsrisiko bei erst kürzerer Arbeitslosigkeit keineswegs aus. Von den in unserer Erhebung zum Befragungszeitpunkt 1995 bereits zwei Jahre oder länger in Arbeitslosigkeit weilenden Personen, also den mit hoher Wahrscheinlichkeit Dauerarbeitslosen, gehörte gut die Hälfte nicht zur Problemgruppe Arbeitsloser.

Was den *zweiten Aspekt sozialer Ungleichheit, die ungleichen Verteilungen subjektiver Lebensqualität* betrifft, so belegen unsere eigene Erhebung wie auch alle anderen empirischen Analysen der letzten Jahre in den neuen Bundesländern übereinstimmend (und nur wenig abweichend von Resultaten aus den alten Bundesländern):

- Nicht bei allen, aber bei der Mehrzahl der von Arbeitslosigkeit Betroffenen, und zwar weitgehend unabhängig von der Dauer ihres Verbleibs, treten signifikante Reduktionen ihrer Lebensinhalte und ihres Selbstwertgefühls ein.
- Vergleichbares gilt aber auch für den größten Teil derjenigen, die zwar nicht arbeitslos gemeldet sind, denen aber in anderer Weise ein normales Beschäftigungsverhältnis vorenthalten bleibt, die unfreiwillig vorzeitig aus dem Erwerbssystem ausscheiden mußten oder vorübergehend in sozial unterbewerteten Tätigkeiten unterkamen (nicht selten ABM und FuU).

Was vermissen Arbeitslose mit dem Verlust ihrer Arbeit und was würden Erwerbstätige für den Fall des Verlustes ihrer Arbeit vermissen?

---

6 Hierzu hat Strengmann-Kuhn an Hand des SOEP differenzierte vergleichende Analysen vorgenommen. Strengmann-Kuhn, W. 1995, Tabelle auf S. 84

7 Schwenk fand mit Daten des Wohlfahtssurveys 1993 unter 9 in Ostdeutschland identifizerten Lagen eine „eindeutig als Arbeitslosenlage" zu bezeichnende Lage mit einem Anteil von 14 Prozent heraus. Wieweit sie alle Arbeitslosen eint oder ob in ihr Arbeitslose lediglich überrepräsentiert sind, ist aus den Ausführungen nicht ersichtlich. Schwenk, O.G. 1995 b

8 Siehe Kronauer, M./Vogel, B. 1995, S. 157ff

9 ebenda, S. 161

Abbildung 2 zeigt, daß die Empfindungen bzw. die erwarteten Empfindungen, die die Angehörigen der Problemgruppe Arbeitsloser, die übrigen Arbeitslosen und die befragten Erwerbstätigen artikulieren, in recht hohem Maße übereinstimmen.

Arbeitslose vermissen weitgehend unabhängig von der Dauer und dem Verlauf ihres bisherigen Ausgegrenztseins aus dem Erwerbsleben einen ganzen Komplex von Bedeutungen dieses Lebensbereiches für ihr Dasein. Sie unterscheiden sich in dieser Hinsicht nicht wesentlich von anderen unfreiwillig Erwerbslosen und auch nicht von Erwerbstätigen, denen die gleiche Frage gestellt wurde, lediglich mit dem einleitenden Satz verbunden: „Angenommen, sie würden arbeitslos werden, was würden Sie besonders mit dem Verlust der Arbeit vermissen?“. Auch die beiden unterschiedenen Gruppen Arbeitsloser zeigen fast gleiche Profile des Vermissensempfindens.

Abbildung 2: Was vermißt man/ würde man mit dem Verlust der Arbeit vermissen?

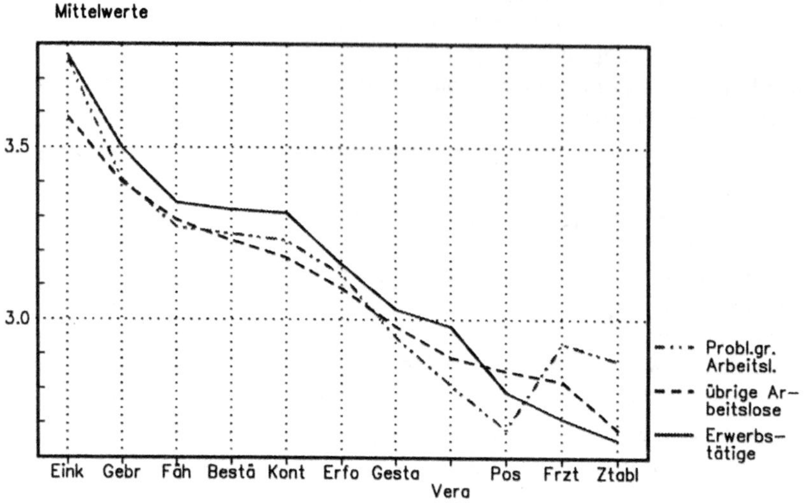

Eink – das gewohnte Einkommen
Gebr – das Gefühl, gebraucht zu werden
Fäh – Fähigkeiten anw. zu können
Bestä – Bestätig. durch Arbeit finden
Kont – den Kontakt mit den Kollegen
Erfo – Erfolgserlebnisse
Gesta – Möglichkeit, etwas zu gestalten
Vera – Verantwortung zu tragen
Pos – durch berufl. Arb. ges. Pos. best.
Frzt – freie Zeit als wirkl Freizt. erleb.
Ztabl – der geregelte Zeitablauf

Datenbasis: biab-Erwerbsverlaufspanel, Querschnitt 1995. Mittelwerte für Skalenwerte 4 – 1 (sehr, ziemlich, wenig, gar nicht wichtig).

Statistisch signifikant ist lediglich die höhere Wertigkeit des erwarteten/tatsächlich eingetretenen Einkommensverlustes bei der Problemgruppe, die allerdings bei den Erwerbstätigen ohne Arbeitslosigkeitserfahrung ebenso stark ausgeprägt ist. Größeres Gewicht hat bei Arbeitslosen insgesamt und namentlich bei der Problemgruppe die fehlende Zeitstrukturiertheit des Alltagslebens, die auch bedeutet, daß man freie Zeit weniger als wirkliche Freizeit erleben kann. Diese Momente rangieren allerdings am unteren Ende aller mit der Berufsarbeit überhaupt vermißten Aspekte.

Hinsichtlich der subjektiven Bedeutsamkeit verschiedenster Momente von Berufsarbeit ist also kaum eine nur für Arbeitslose oder gar für die Problemgruppe Arbeitsloser spezifische Situation auszumachen. Die Komplexität von Sinnbezügen der Arbeit, die weit über den Einkommensaspekt hinausreicht, läßt aber das Ausmaß von mit dem Arbeitsplatzverlust verbundenen Lebensverlusten insgesamt erahnen. Empirisch faßbar ist dies mit der von den Befragten angegebenen allgemeinen Lebenszufriedenheit sowie Zufriedenheiten bezüglich verschiedener Lebensbereiche, aber auch mit den ermittelten Kontrollüberzeugungen.

Die allgemeine Lebenszufriedenheit korreliert in starkem Maße sowohl mit dem aktuellen Erwerbsstatus als vor allem auch mit dem bisherigen Erwerbsverlauf und mit der erwarteten Erwerbsperspektive.

Wenn Erwerbstätige eine durchschnittliche Lebenszufriedenheit von 6.7[10] aufweisen, so findet sich bei Arbeitslosen mit einer Verbleibdauer von 2 und mehr Jahren der Mittelwert 4.9, bei kürzer Arbeitslosen 5.5. Noch stärker als der Erwerbstatus und -verlauf differenziert die Erwerbsperspektive. Nach diesem Kriterium sind die Unterschiede in den Lebenszufriedenheiten innerhalb der Arbeitslosen und innerhalb der Erwerbstätigen größer als zwischen beiden Erwerbsgruppen. Arbeitslose mit subjektiv eher positiver Arbeitsmarkterwartung haben eine mittlere Lebenszufriedenheit von 6.6, jene mit negativer Erwartung einen mittleren Zufriedenheitswert von 4.5. Bei Erwerbstätigen mit entsprechend konträren Erwartungen liegen die Werte bei 7.1 bzw. 5.6.

Selbst bei Neutralisierung von Einflußfaktoren wie Qualifikation und Lebensalter bleibt die signifikante Rolle des Erwerbsstatus sowie des Arbeitslosigkeitsverlaufs und der Erwerbsperspektive bestehen. Dabei sind allerdings die Unterschiede zwischen Frauen mit unterschiedlicher Erwerbssituation bzw. -karriere weitaus geringer als zwischen Männern mit diesen verschiedenen Voraussetzungen.

Ähnlich sieht es beim Gefühl von Selbst- oder Fremdbestimmtheit aus, bei den Erwartungen, Probleme des Lebens kontrollieren zu können. Eine

---

10 Skala 0 (ganz und gar unzufrieden) bis 10 (ganz und gar zufrieden)

mehrere Variable zusammenfassende Gruppierung ergibt bei Erwerbstätigen im Vergleich zu Arbeitslosen eine stärkere Ausprägung internaler Steuerung, während die Problemgruppe Arbeitsloser im Vergleich zu den übrigen Arbeitslosen eine geringere Ausprägung aufweist. Wieder gilt, daß diese Differenzen zwischen Männern der verschiedenen Erwerbsgruppen sehr viel stärker als zwischen Frauen in unterschiedlicher Erwerbssituation ausgeprägt sind.

Freilich lassen detailliertere Analysen auch erkennen, daß auf den ersten Blick eindeutige empirische Befunde von statistisch signifikanten Gruppenunterschieden beim zweiten Blick auf andere Hintergründe als die Erwerbslage hinweisen. Beispielsweise löst sich die zunächst unübersehbare Diskrepanz zwischen empfundener größerer Selbstbestimmtheit der Erwerbstätigen und empfundener größerer Fremdbestimmtheit der Arbeitslosen weitgehend auf, wenn man nur Facharbeiter im Alter von 30 bis 40 Jahren vergleicht. Bei Frauen differenziert diesbezüglich der Erwerbsstatus kaum noch, bei Männern abgeschwächt. Lebensalter und ganz besonders Bildung sind offensichtlich Faktoren, die Kontrollüberzeugungen stärker als der aktuelle Erwerbsstatus und auch als Verlauf und Dauer von Arbeitslosigkeit beeinflussen. Die gekennzeichnete Problemlage bei Arbeitslosigkeit scheint jedoch stärkeres Eigengewicht zu haben. Auch bei Eingrenzung der Betrachtung auf 30-40jährige Facharbeiter zeigt sich bei der Problemgruppe Arbeitsloser ein weitaus häufigeres Empfinden von Fremdbestimmtheit, von Nichtkontrollierbarkeit der Lebensumstände. Aber eine geschlechtsspezifische Analyse offenbart, daß diese Spaltung nur für Männer, kaum für Frauen zutrifft (Tabelle 4).

Tabelle 4: Kontrollüberzeugungen (Spaltenprozent)

	Problemgruppe Arbeitsl.	übrige Arbeitslose	Erwerbstätige, nie arbl.	Probl.gruppe FA 30-40 J.		übr. A.lose FA 30-40 J.	
				Fr.	Mä.	Fr.	Mä.
internal	6	18	34	14	0	14	23
ambivalent,eher internal	44	53	50	59	39	69	44
external	50	29	16	27	61	17	33

Datenbasis: biab-Erwerbsverlaufspanel, Querschnitt 1995

Faßt man mehrere Indikatoren zur Messung erwarteter Entwicklung von gesellschaftlicher und persönlicher Lebensqualität zusammen, so ergeben sich, wiederum selbst bei Einschränkung der Vergleichsebene auf Personen im Alter zwischen 30 und 40 Jahren mit Facharbeiterabschluß, statistisch signifikante Abweichungen zwischen Arbeitslosen und Erwerbstätigen (pessimistisch sind 61 Prozent vs. 31 Prozent), sowie zwischen kürzer und langfristig Arbeitslosen (die Hälfte vs. zwei Drittel).

Bewältigungsmuster der Arbeitslosigkeit sind ein Indikator mentaler Reflexion von Handlungs- und Lebensmöglichkeiten und geben damit ebenfalls indirekt Aufschluß über die empfundene soziale Stellung.

Die Verteilung der Bewältigungsmuster zeigt bei der Problemgruppe gegenüber den übrigen Arbeitslosen auffällige Besonderheiten. Für diese nach ausgewählten Kriterien am unteren Ende gesellschaftlicher Ungleichheitsstruktur stehende Gruppe trifft auch auf der subjektiven Ebene des Umganges mit Arbeitslosigkeit zu, daß das Empfinden von Deprivation dominiert (siehe Abbildung 3). Es ist aber auch festzustellen, daß für mehr als ein Viertel selbst dieser Gruppe, die sich objektiv in einer sozial weit unterprivilegierten Lage befindet und diese subjektiv (in Zufriedenheiten, Kontrollüberzeugungen und Zukunftserwartungen ausgedrückt) überwiegend auch so empfindet, der optimistisch-aktive Typ der Nichtakzeptanz von Arbeitslosigkeit zutrifft.

Das bestätigt, daß die im vorangegangenen Kapitel von uns vorgenommene Zurückweisung der nicht selten anzutreffenden Behauptung einer angeblich für ostdeutsche Arbeitslose, insbesondere für Langzeitarbeitslose, typischen, biographisch verwurzelten hilflos-entmutigten Haltung zu ihrer Situation, zu Recht erfolgte.

Abbildung 3: Bewältigungstypen der Arbeitslosigkeit bei der Problemgruppe Arbeitsloser und bei den übrigen Arbeitslosen

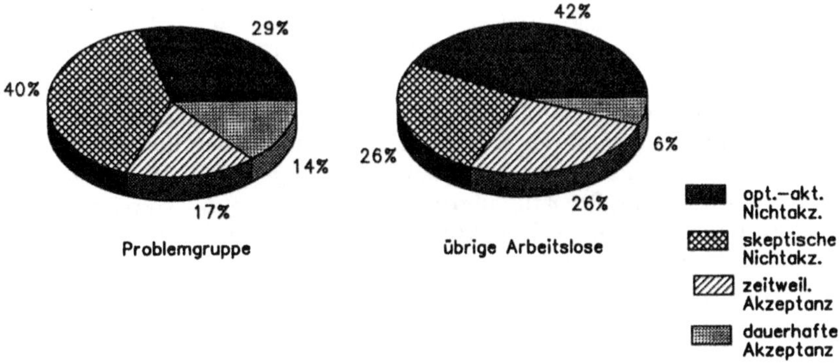

Datenbasis: biab-Erwerbsverlaufspanel, Querschnitt 1995

Zusammenfassend ist für den analysierten zweiten Aspekt sozialer Ungleichheit, also bezogen auf die subjektiv reflektierten Lebenschancen, festzuhalten, daß für die untersuchte *Problemgruppe Arbeitsloser* in der Tat auch *überproportional häufig das Bewußtsein von Unterbeteiligung an gesellschaftlichen Lebenschancen* charakteristisch ist. Dennoch kann von einer Deckungsgleichheit objektiver und subjektiver Aspekte arbeitslosigkeitsinduzierter Ungleichheit nicht die Rede sein. Weitere Untersuchungen sind unerläßlich.

Insgesamt läßt sich aus den hier vorgestellten, für die neuen Bundesländer insgesamt jedoch nicht repräsentativen Daten schlußfolgern, daß *Arbeitslosigkeit vorhandene, teils zwar aus der DDR überkommene, unter den neuen Systembedingungen jedoch erst voll zu Geltung gelangende soziale Unterschiede* – etwa auf der Achse von beruflicher Bildung und Stellung, aber auch zwischen den Geschlechtern – *potenziert.*

Allerdings gilt das insbesondere auf der Ebene objektiver Lebensveränderungen und nicht unbedingt auf der Ebene subjektiver Selbstwahrnehmung. Arbeitslose Frauen unterscheiden sich beispielsweise hinsichtlich der Reflexion ihrer Lebensrealitäten weniger von erwerbstätigen Frauen als arbeitslose von erwerbstätigen Männern.

Gleichzeitig hat Arbeitslosigkeit eine sozial objektiv nivellierende Funktion. Sie läßt Angehörige von einander bildungs- und arbeitsfunktionsmäßig fernstehenden Gruppen zumindest hinsichtlich der Einkommenslage näher zusammenrücken, und zwar dann, wenn die unfreiwillige Ausgrenzung aus dem Erwerbsleben länger anhält. Dabei gibt es allerdings gegenwirkende Kräfte – insbesondere aus den Familien- und Haushaltseinbindungen rührende Kompensationen. Und auch hier folgt die subjektive Reflexion nicht linear der objektiven Lage.

Daß die heute erreichte quantitative Dimension von Arbeitslosigkeit im Osten Deutschlands, und ihre inzwischen auch im Westen das langjährige Normalitätsmaß weit übertreffende Quote, soziale Strukturen mehr als marginal berührt, steht außer Frage. Noch differenzieren zwar Bildung und Qualifikation die materielle und soziale Lebenslage insgesamt stärker als der Erwerbsstaus. Aber ein Szenario, in dem eine *Dreiteilung der Gesellschaft* typisch ist in jene, die sich keinen Arbeitsplatz erkämpfen können, gleich über welche Ressourcen sie verfügen, ferner in jene, die zwar Arbeit haben, aber ihre Arbeitskraft unterwertig und unterbezahlt einsetzen müssen, und schließlich in jene, die zu leistungsäquivalenten Bedingungen arbeiten können, hat sicher Realitätshintergrund.

Insofern hat es mehr als theoretische Bedeutung, aktuelle Tendenzen der Ungleichheitsentwicklung, wie sie sich mit Arbeitslosigkeit mehr oder weniger zwingend verbinden, wie sich dabei mit anderen Ungleichheiten überlagern, diese potenzieren oder aufheben, aufmerksam zu verfolgen.

4.2 Wiederbeschäftigung nach Arbeitslosigkeit und soziale Mobilität

Stand bisher die Frage im Vordergrund, inwieweit Arbeitslosigkeit, insbesondere langfristiger Verbleib in ihr, ungleichheitsrelevant ist, so stellt sich nicht weniger nachdrücklich die Frage, *welche Bedeutung Arbeitslosigkeitsverläufe mit mehr oder weniger stabiler Rückkehr in Erwerbstätigkeit für soziale Mobilitäten haben.*

In welchem Maße sind Wiedereinstiege von beruflicher und sozialer Aufstiegsmobilität begleitet – bezogen auf vor der Arbeitslosigkeit eingenommene Positionen? Oder kommen sie eher, auch verglichen mit jenen Erwerbstätigen, deren Erwerbsverlauf nicht durch Arbeitslosigkeit unterbrochen wurde, Abstiegen nahe?

Wenn im folgenden die Mobilitätsproblematik näher beleuchtet wird, dann sollen dabei zwei Zusammenhangsrichtungen interessieren:

a) *Mobilität als Voraussetzung*, um aus Arbeitslosigkeit in Beschäftigung zu gelangen.

Die empirische Fragestellung lautet hier: Unterscheiden sich später Wiederbeschäftigte und arbeitslos Gebliebene in der Zeit ihrer Arbeitslosigkeit hinsichtlich ihrer vorhandenen und eingesetzten Mobilitätsressourcen voneinander?

b) *Mobilität als Ergebnis* von Erwerbsunterbrechungen durch Arbeitslosigkeit.

Die empirische Fragestellung lautet hier: Befördern Arbeitslosigkeitsphasen gegenüber kontinuierlichem Verbleib in Erwerbstätigkeit Mobilität? Unterscheiden sich Wiederbeschäftigte von Erwerbstätigen ohne Arbeitslosigkeitserfahrung hinsichtlich der Qualität und Quantität von Lageveränderungen?

Diese Fragestellungen verdeutlichen, daß Mobilität im folgenden umfassend verstanden wird: als soziale und berufliche, räumliche und zeitliche, horizontale wie vertikale Mobilität. Es geht

- sowohl um relative Veränderungen objektiver Lebensverhältnisse von Individuen und Gruppen in Bezug zu den Lebensverhältnisse anderer Individuen und Gruppen, um Bewegung ihrer Stellung innerhalb sozialer Strukturen, insbesondere gesellschaftlicher Ungleichheitsstrukturen,
- als auch um subjektiv vielfältig motiviertes Verhalten des flexiblen Reagierens auf oder des Vorwegnehmens von Erfordernissen sozialer Existenz.

Mobilität soll also mit ihren beiden Komponenten – objektiver Lage und subjektivem Verhalten – erfaßt werden.

Wenden wir uns zuerst der Fragestellung a) zu, also der Mobilität als Voraussetzung für produktive Beendigung von Arbeitslosigkeit.

Ist Mobilität – hier namentlich in ihrer Verhaltenskomponente gefaßt – wesentlicher Einflußfaktor, um Wiedereinstiege zu realisieren?

Zunächst zeigen die eigenen Panelbefunde, daß *objektive Voraussetzungen für Mobilitätsfähigkeit* bei später arbeitslos Gebliebenen und später Wiederbeschäftigten signifikant ungleich verteilt waren:
Einige wesentliche Momente seien aufgezählt:

– *Gesundheitliche Situation*

Der Mittelwert für die Gesundheitszufriedenheit betrug 1993 bei Arbeitslosen, die auch 1995 noch ohne Beschäftigung waren 6,4 (Skala 0 bis 10) gegenüber 7,5 bei später Wiederbeschäftigten. Die gesundheitliche Situation sah damals fast jede(r) Fünfte als Ursache dafür an, daß man noch keine Stelle gefunden habe (vs. 5 Prozent). Über die regionale Begrenzung unserer Daten hinausreichende Befunde des SOEP, speziell der Paneldatei 90-94 für Ostdeutschland, belegen diese Tendenz (siehe Abbildung 4).

Abbildung 4: Beurteilung des Gesundheitszustandes 1992 bei Personen mit verschiedenen Erwerbsverläufen bis 1994

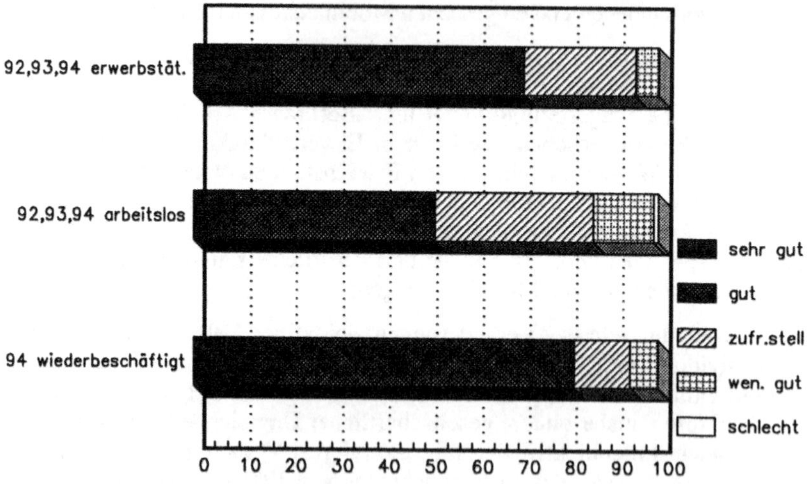

Quelle: SOEP Paneldatei Ost 1990-1994

– *Bildungs- und Qualifikationsvoraussetzungen*
Arbeitslose ohne abgeschlossene Berufsausbildung sind weit unterproportional unter Wiederbeschäftigten zu finden (noch seltener unter Erwerbstätigen ohne Arbeitslosigkeitsphasen). Personen mit Fach- und Hochschulabschluß verfügen über günstige Voraussetzungen für berufliche Mobilität und sind überproportional unter den Wiederbeschäftigten vertreten (wenn auch seltener als unter Erwerbstätigen ohne Arbeitslosigkeitserfahrung). Das bestätigen auch SOEP, ALLBUS sowie MTU[11].

– *Berufliche Stellung vor 1989*
Nach Angaben der Befragten waren Wiederbeschäftigte signifikant seltener als jene, die keine neue Stellung finden konnten, Arbeiter, häufiger waren sie Angestellte, auch ‚Beamte'/Richter/Soldaten. Obwohl innerhalb der Berufsstruktur der Frauenanteil unter den Angestellten und der Anteil der Männer unter den Arbeitern höher ist, hat sich allerdings der stärkere Arbeitsplatzabbau bei den Arbeiterberufen in keiner Weise begünstigend auf die Arbeitsmarktsituation der Frauen ausgewirkt.

– *Geschlecht*
Der Mobilitätsvorteil, männlich zu sein (v.a. bezüglich zeitlicher und räumlicher Beweglichkeit relevant), ist bei Wiederbeschäftigten häufiger als bei arbeitslos Bleibenden anzutreffen. Allerdings zeigt sich gerade hier der Einfluß struktureller Rahmenbedingungen, die das Gewicht dieses Vorteils relativieren können, so wenn z.B. für Ostberliner in Westberlin, also in räumlicher Nähe, Arbeitsplätze zu finden sind. Es ist nur folgerichtig, daß es deutlich höhere Wiedereinstiegsquoten von Ostberlinerinnen als von Brandenburgerinnen gibt.

– *Lebensalter*
Übereinstimmend weisen alle Erhebungen ein niedrigeres Durchschnittsalter Wiederbeschäftigter gegenüber den übrigen Erwerbstätigen aus (in den verschiedenen Untersuchungen liegt die Spanne zwischen 2 und 4 Jahren) und noch deutlicher gegenüber den längerfristig in Arbeitslosigkeit Verbliebenen (nach unseren Befunden gut 5 Jahre Unterschied zwischen Wiederbeschäftigten und Arbeitslosen mit Verbleib über zwei Jahren).

Weiter belegen die Panelbefunde, daß auch *subjektive Voraussetzungen für Flexibilität sowie reales Mobilitätsverhalten* bei Gruppen arbeitsloser Personen mit später auseinanderdriftenden Erwerbskarrieren unterschiedlich verteilt waren.

11 Mehrthemenumfrage der KSPW, eigene Auswertung

– *Kontrollerwartungen*
Hält man Lebensumstände für beeinflußbar, dann sucht man auch danach, sein Verhalten und Leben darauf einzurichten. Im Kapitel 3 wurde bereits exemplarisch gezeigt, daß Kontrollerwartungen in der Tat zu den Einflußfaktoren unterschiedlicher Erwerbsverläufe gehören (wenn auch lt. Regressions- und Chaidanalysen nicht zu den primären – siehe Kapitel 2). Ebenso ist erkennbar, wie sich das Bewußtsein der Selbst- bzw. Fremdbestimmtheit unter dem Einfluß von unterschiedlichen Erwerbsverläufen selbst verändert.

– *Qualifizierungsbereitschaft und -aktivität*
Obwohl später Wiederbeschäftigte bessere qualifikatorische Voraussetzungen einbringen als arbeitslos Bleibende, sahen und sehen sie signifikant häufiger Weiterbildungsbedarf (90 vs. 65 Prozent), sie haben seit der Wende häufiger an Qualifizierungsmaßnahmen teilgenommen (75 vs. 60 Prozent), sie gingen und gehen allerdings auch weitaus häufiger von Chancenverbesserung durch derartige Aktivitäten aus.

– *Aktivitäten zur Arbeitsuche*
Intensität und Ausdauer bei der Arbeitsuche waren während der Zeit ihrer Arbeitslosigkeit bei später Wiederbeschäftigten deutlich höher als bei den dann arbeitslos Gebliebenen. Speziell sahen sie sich weitaus häufiger in Westberlin nach Arbeit um. Allerdings ist auch an unseren Befunden ersichtlich, wie sich die Aufnahmekraft des Westberliner Arbeitsmarktes zunehmend erschöpfte. Von den 1995 schon länger als 2 Jahre wiederbeschäftigten Ostberlinern waren fast 30 Prozent Pendler, überwiegend in den Westen, von den erst kürzer Wiederbeschäftigten nur noch 12 Prozent.

– *Partnerunterstützung*
Lebenspartner(innen) von später Wiederbeschäftigten zeigten tendenziell häufiger Bereitschaft zu evtl. erforderlichem Wohnortwechsel.
Insgesamt überwog aber auch bei später arbeitslos Gebliebenen moralische und tätige Unterstützung ihrer Partner(innen).

– *Konzessionsbereitschaft*
Die eigene Bereitschaft, im Interesse einer neuen Arbeit Zugeständnisse hinsichtlich verschiedener Bedingungen und Umstände dieser Arbeit zu machen, war bei später Wiederbeschäftigten widersprüchlich ausgeprägt. Stärker als bei den in Arbeitslosigkeit Verbleibenden war sie hinsichtlich zeitlicher Bedingungen und Arbeitsweg, neuer Tätigkeitsinhalte und -anforderungen, der Aneignung völlig neuer Kenntnisse. Niedriger war sie hinsichtlich der Übernahme von Tätigkeiten weit unter der Qualifikation, einer geringeren beruflichen Position und der Akzeptanz von physischen Arbeitserschwernissen (Abbildung 5 a, b). Freilich bleibt zu konstatieren, daß auch bei den letzge-

nannten Aspekten Zustimmung zu Konzessionen häufiger als Ablehnung war.

Aus den empirischen Ergebnissen ist zu schlußfolgern, daß *Mobilitätsfähigkeit und Mobilitätsverhalten Wiedereinstiege in das Erwerbsleben nach Arbeitslosigkeit befördern, ohne jedoch deren primärer Einflußfaktor zu sein.* Wenn man berücksichtigt, daß ein beträchtlicher Teil derjenigen Arbeitslosen, denen auch nach zwei oder mehr Jahren keine Reintegration gelungen ist, umfassende Aktivitäten, Kompromißbereitschaft und Flexibilität an den Tag legten, läßt sich individuelles Verhalten als zwar bedeutsame aber keineswegs hinreichende Voraussetzung für einen erfolgreichen Weg aus der Arbeitslosigkeit in Beschäftigung einordnen.

Gehen wir nun zur Fragestellung b) über: Wieweit werden mit einer durch Arbeitslosigkeit unterbrochenen Erwerbskarriere gegenüber kontinuierlicher Beschäftigung spezifische soziale Mobilitätsprozesse, Veränderungen in der sozialen Lage und Perspektive in Gang gesetzt? Einige Indizien seien angeführt.

Abbildung 5: Konzessionsbereitschaft von Arbeitslosen

a) Arbeitslose 1993, die 1995 wiederbeschäftigt waren

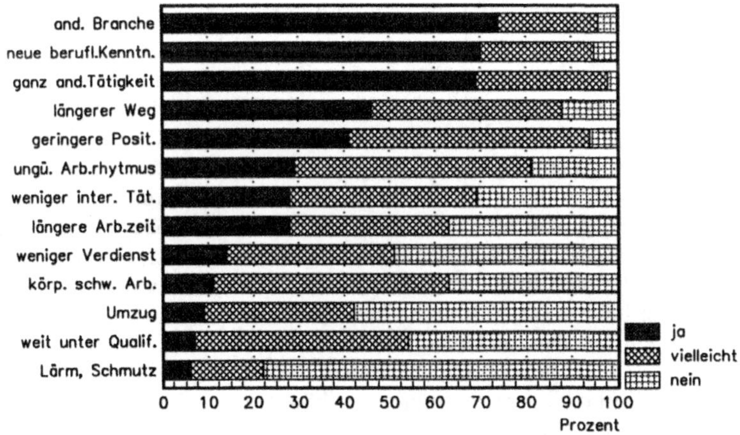

b) Arbeitslose 1993, die auch 1995 arbeitslos waren

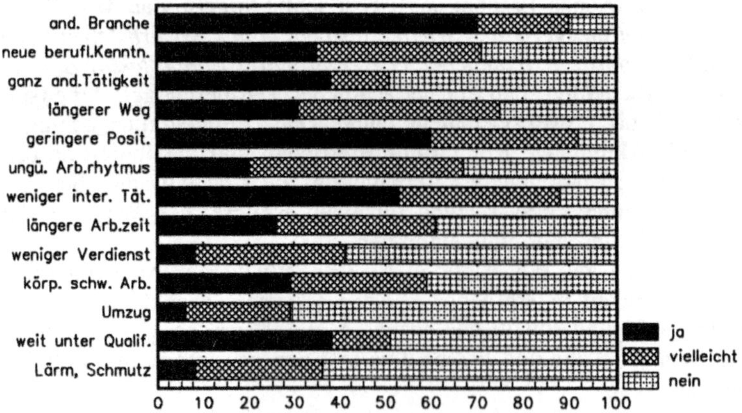

Datenbasis: biab-Erwerbsverlaufspanel 1993-1995

– *Einkommen*

Wiederbeschäftigte haben gegenüber kontinuierlich Erwerbstätigen (auch wenn man moderierende Einflüsse wie Qualifikation, Alter, Geschlecht neutralisiert) sichtbar niedrigere Einkommen. Das zeigen nicht nur unsere Befragungsergebnisse, sondern auch SOEP und ALLBUS. Danach verfügten zum Befragungszeitpunkt 1994 Wiederbeschäftigte gegenüber seit 10 Jahren ununterbrochen Erwerbstätigen im Schnitt über ca. 350,- DM geringere persönliche Nettoeinkommen. Diese Diskrepanz bleibt in etwa gleich, sofern nur Facharbeiter im Alter von 30-44 Jahren verglichen werden und sie hat auch im Westen ähnliche Dimensionen, bei natürlich wesentlich höherem Einkommensniveau. Besonders niedrige individuelle Einkommen verzeichnen Wiederbeschäftigte, die sich (meist erstmalig und in Kleinstunternehmen) selbständig gemacht haben. Die Fallzahlen unseres Panels sind für diese Gruppe zwar zu klein, um verläßliche Aussagen zu machen. Wenn die Daten ein weit mehr als doppelt so hohes Einkommen jener Selbständigen ausweisen, die keine Erwerbsunterbrechung durchliefen, so könnten damit jedoch durchaus reale Tendenzen abgebildet sein.[12]

Die insgesamt für Wiederbeschäftigte offensichtlich eher als für andere Erwerbstätige zutreffenden finanziellen Einschränkungen werden auch in ihrer Beurteilung der Haushaltseinkommenssituation deutlich. Der ALLBUS '94

12 Zu den ‚alten‘ und ‚neuen‘ Selbständigen siehe z.B. Büchel, F./Pannenberg 1992; Hinz, T. 1995

zeigt auch hier für Ost und West ähnliche Relationen zwischen den verschiedenen Erwerbsgruppen, offenbart aber gleichzeitig die im Westen größere, im Osten kleinere Schere zwischen Arbeitslosen und Erwerbstätigen (siehe Abbildung 6).

Abbildung 6: „Das Gesamteinkommen des Haushalts ist gegenwärtig gegenüber dem war gebraucht wird..."

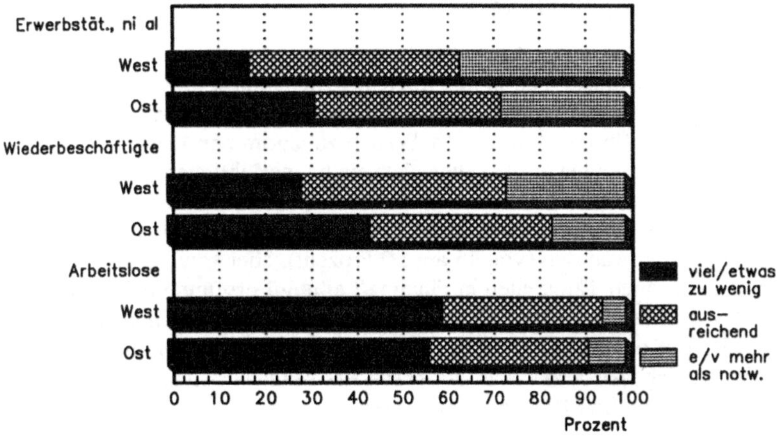

Datenbasis: ALLBUS '94

Wie weit nun die Vermutung „einmal arbeitslos – langfristig geringere Partizipation an der allgemeinen Einkommensentwicklung" zutreffend ist, kann erst längere Beobachtung zeigen. Unser Panel zeigt jedenfalls, daß der Zeitpunkt des Wiedereinstieges und die Dauer der vorangegangenen Arbeitslosigkeit ebenso sichtbar zwischen den Wiederbeschäftigten trennen, wie die Dauer und Häufigkeit von Arbeitslosigkeit zwischen den Arbeitslosen (siehe hierzu Kapitel 2). Wer schon bald nach der Wende in Arbeitslosigkeit geraten und bereits seit mehreren Jahren wieder in einem normalen Beschäftigungsverhältnis ist, unterscheidet sich im Einkommen nicht von den Erwerbstätigen ohne Arbeitslosigkeitsphase. Je kürzer zum Befragungszeitpunkt 1995 der Neueinstieg in eine Erwerbstätigkeit zurücklag, desto häufiger waren die Wiederbeschäftigten offenbar zu Zugeständnissen hinsichtlich des Verdienstes gezwungen, um überhaupt wieder in Arbeit zu kommen.

Unsere Befunde weisen auf die besonders problematische Einkommenssituation jener Wiederbeschäftigten hin, die bereits wiederholt arbeitslos waren.

Legt man für Einkommensarmut analog zur oben dargestellten Herausarbeitung einer Problemgruppe Arbeitsloser auch hier die 60-Prozent-Schwelle des durchschnittlich verfügbaren bedarfsgewichteten Haushaltseinkommens pro Kopf zugrunde, so mußten 1995 fast die Hälfte der mehrmals arbeitslos gewesenen Wiederbeschäftigten als einkommensarm bezeichnet werden. Allerdings ist sowohl auf das durchschnittlich niedrigere Lebensalter (40 Prozent waren zum letzten Befragungszeitpunkt jünger als 31 Jahre), als auch auf den besonders hohen Anteil von Arbeiterberufen in dieser Gruppe hinzuweisen. Auch sind bei diesen Wiederbeschäftigten vor allem Männer zu finden (siehe hierzu auch Kapitel 2).

– *Berufliche Stellung und Arbeitsinhalte*

Während bei Erwerbstätigen ohne Arbeitslosigkeitsphase zwar der Anteil derjenigen, die sich jetzt als Angestellte bezeichnen, gegenüber der retrospektiven Selbstzuordnung für die Zeit vor der Wende zugenommen hat (von 43 auf 53 Prozent), sich nach eigenen Angaben aber die hauptsächlichen Inhalte ihrer beruflichen Tätigkeit seither kaum verändert haben, gelten für Wiederbeschäftigte zum Teil andere Relationen. Nach ihrer Angabe ist der Anteil Angestellter bei ihnen geringer gewachsen (von 45 auf 50 Prozent), aber sowohl Tätigkeiten an Maschinen als auch Tätigkeiten in Planung/Leitung/Forschung haben sich etwa halbiert. Zugenommen haben manuell-gewerbliche Tätigkeiten und ‚anderes'. Das dürfte mit der Zunahme von Selbständigen zu tun haben. Erwartungsgemäß finden sich Wiederbeschäftigte besonders selten als ‚Beamte'Richter/Soldaten (Funktionen im Staatsapparat) wieder.

Das entspricht Befunden des ALLBUS '94. Danach sind Wiederbeschäftigte gegenüber anderen Erwerbstätigen signifikant seltener in Wissenschaft, Technik, Leitung sowie Gütererzeugung, hingegen häufiger in Handel und Dienstleistung tätig.

Für Erwerbstätige ohne Arbeitslosigkeitsphasen scheint also eher Konstanz beruflicher Positionen charakteristisch, für Wiederbeschäftigte mehr Veränderung. Obwohl erst ein längerer Beobachtungszeitraum verläßliche Aussagen erlaubt, muß man als bisher erkennbare Tendenz festhalten, daß *auf Arbeitslosigkeit, sofern ein Wiedereinstieg gelingt, eher berufliche Abstiege als Aufstiege folgen.*

Dies, obwohl Wiederbeschäftigte seit 1989 weitaus häufiger an Weiterbildungsmaßnahmen teilgenommen haben als Erwerbstätige ohne Arbeitslosigkeitserfahrung. (75 vs. 40 Prozent).

Unsere Ergebnisse weisen sowohl aus, daß unter Wiederbeschäftigten wie unter den anderen Erwerbstätigen der Anteil Angestellter gegenüber 1989 zugenommen hat (allerdings namentlich unter Männern), als auch, daß der Angestelltenanteil unter arbeitslos Gebliebenen deutlich niedriger ist. Das spricht dafür, daß der seit der Wende eingeleitete wirtschaftliche Strukturwandel Arbeitsmarktvorteile für Angestelltenberufe bietet. Obwohl in der Beschäftigtenstruktur der DDR Frauen in diesen Berufen überrepräsentiert waren, scheinen sie nun in keiner Weise von diesem Strukturwandel zu profitieren. Im Gegenteil. Zunehmend werden bis dahin von Frauen eingenommene Positionen von Männern besetzt. Besonders eindrucksvoll läßt sich das z.B. in den Bereichen des traditionell stark weiblich besetzten Finanzdienstleistungssektors nachweisen. Hier „findet ein eher schleichender, gebremster und subtiler Geschlechterwechsel statt".[13]

– *Arbeitsplatzsicherheit und Arbeitsbedingungen*

Wiederbeschäftigte (wohlgemerkt bei uns ohne ABM-Beschäftigte gefaßt) meinen weitaus seltener als seit 1989 kontinuierlich erwerbstätige Personen, daß sie ihren Arbeitsplatz sicher behalten würden (ein Drittel vs. zwei Drittel). Je länger die neue Beschäftigung bereits währt, umso häufiger hält man den Arbeitsplatz für sicher.

Je kürzer die Aufnahme der neuen Beschäftigung zurückliegt, umso häufiger geben die Befragten an, ein befristetes Arbeitsverhältnis zu haben. Hier wirken zwei Ursachen zusammen: In der Anfangszeit des Transformationsprozesses wurden zum einen noch häufiger als heute unbefristete Neueinstellungen vorgenommen. Zum anderen ist bei denjenigen, die schon damals befristet eingestellt worden waren, in der Regel der Befristungszeitraum inzwischen abgelaufen.

Signifikant häufiger als die Kontrollgruppe Erwerbstätiger konstatieren Wiederbeschäftigte im Vergleich zur Zeit vor der Wende Verschlechterungen des Arbeitsverdienstes (bezogen auf die Lebenshaltungskosten – 38 vs. 18 Prozent), wobei auch bei ihnen der Eindruck von Verbesserung auf diesem Feld verbreitet ist, aber eben doch sichtbar seltener vorkommt (42 vs. 62 Prozent). Tendenziell häufiger sehen Wiederbeschäftigte Verschlechterungen bezüglich beruflicher Aufstiegschancen und der Anwendung vorhandener Fertigkeiten sowie des Arbeitsweges.

Sie haben nicht nur häufiger befristete Arbeitsverhältnisse. Nach Befunden der MTU sind Wiederbeschäftigte auch häufiger als noch nicht arbeitslos gewesene Erwerbstätige teilzeitbeschäftigt. Bei Vollzeitbeschäftigung arbeiten sie nach diesen Befunden trotz regulär gleicher Arbeitszeit real im Schnitt in der Woche 5,5 Std. länger als andere Erwerbstätige.

Wohl als Reflex bisheriger Erwerbsverlaufserfahrung waren und sind Wiederbeschäftigte offenbar zu mehr Zugeständnissen und Abstrichen hinsichtlich vieler Arbeitsbedingungen bereit als es Erwerbstätige ohne Arbeitslosigkeitserfahrung im Falle der Aufnahme einer neuen Tätigkeit wären. Auch darauf weisen insbesondere Ergebnisse der MTU hin.

---

13 Nickel, H.M. 1995, S. 32

Abbildung 7: Selbsteinordnung im Oben-Unten-Gefüge der Gesellschaft zu zwei Befragungszeitpunkten (1993 und 1995) und bei verschiedenen Erwerbsverläufen

a) retrospektiv ‚vor der Wende'

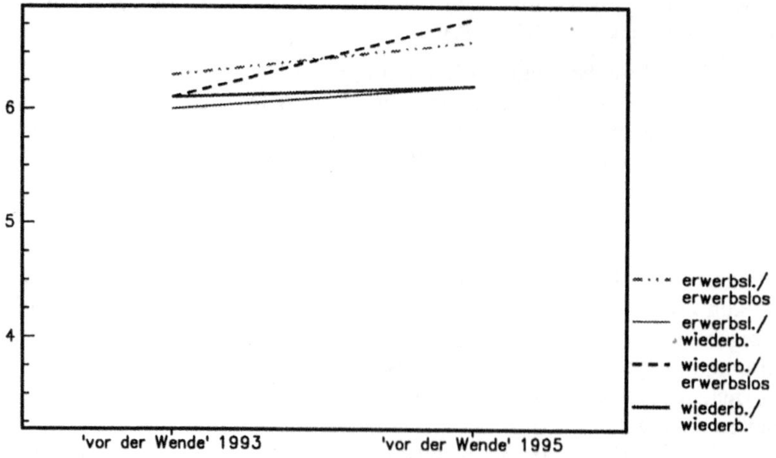

b) ‚gegenwärtig'

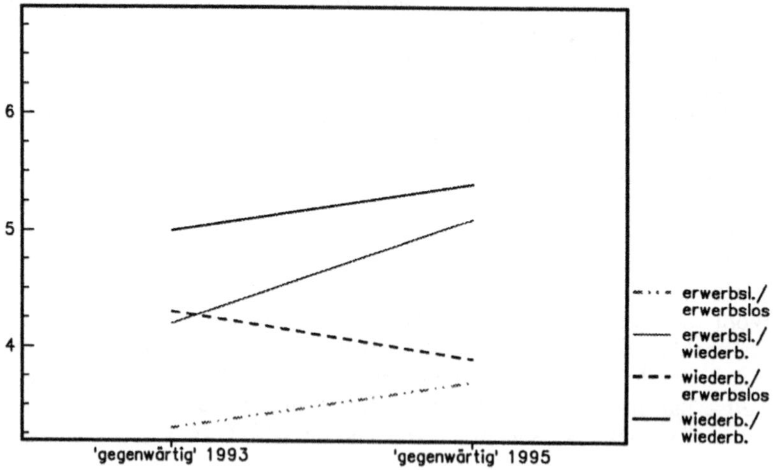

Datenbasis: biab-Erwerbsverlaufspanel 1993-1995. Mittelwerte (0 – ‚ganz unten' bis 10 – ‚ganz oben')

– *Subjektive soziale Position*

Mit den dargestellten Unterschieden der Lage zwischen Wiederbeschäftigten und noch nie arbeitslos gewesenen Erwerbstätigen korrespondiert der Befund geringerer Einkommens- sowie allgemeiner Lebenszufriedenheit Wiederbeschäftigter und auch ihrer niedrigeren Selbstpositionierung im Oben-Unten-Gefüge der Gesellschaft.

Während die retrospektiv erinnerte Position vor der Wende zwischen den Erwerbsgruppen kaum variiert, sind statistisch signifikante Unterschiede in der aktuellen Selbstverortung zu verzeichnen. Der Vergleich subjektiver Selbstwahrnehmung bei gleichen Personengruppen zu verschiedenen Erhebungszeitpunkten (1993 und 1995) belegt, daß es weniger der jeweilige Erwerbsstatus, als vielmehr der Erwerbsverlauf und auch dessen jeweils erwartete Entwicklung sind, die differenzierend wirken – allerdings nicht hinsichtlich einer unterschiedlichen Einfärbung, der Verklärung oder der verschärft kritischen Sicht von DDR-Vergangenheit, wohl aber hinsichtlich der aktuellen Lagebewertung. Abbildung 7a zeigt bei allen Erwerbsverläufen ein über zwei Jahre nahezu unverändertes erinnertes Bild von der eigenen gesellschaftlichen Stellung in der DDR. Eine geringfügige Aufwertung vollziehen lediglich jene, die in dieser Zeit von Erwerbstätigkeit in Erwerbslosigkeit übergegangen sind. Die Profile der betrachteten vier Gruppen mit unterschiedlichen Erwerbsverläufen liegen dabei ganz dicht beieinander. Deutlich zu erkennen ist hingegen eine Spreizung dieser Profile bei der Bewertung der jeweiligen aktuellen Position – und zwar mit über zwei Jahre gleich bleibendem Abstand zwischen konstant Wiederbeschäftigten einerseits und konstant Erwerbslosen andererseits (Abbildung 7b). Immerhin nimmt aber auch letztere Gruppe in den betrachteten zwei Jahren eher eine leichte Aufwärtsentwicklung ihrer subjektiv im unteren Bereich der Gesellschaft angesiedelten Position wahr. Das unterstreicht die oben erörterte, das Gewicht der eigenen Erwerbssituation modifizierende Funktion von Familien-, Haushalts- und anderen Einbindungen für Lage und Befinden.

Eine klare Aufwärtsentwicklung ihrer Position in der gesellschaftlichen Hierarchie wird über die zwei Jahre von jenen subjektiv wahrgenommen, die von Erwerbslosigkeit in Wiederbeschäftigung übergingen, eine klare Abwärtsentwicklung von jenen, die von Wiederbeschäftigung erneut in Erwerbslosigkeit gerieten. Die durchschnittliche Ausgangsbewertung 1993 war dabei für beide Gruppen fast identisch.

Versucht man aus der Verbindung beider Variablen für den Befragungszeitpunkt 1995 ein Bild subjektiven Empfindens von Auf- bzw. Abstiegen nachzuzeichnen, so ergibt sich ein deutlicher Zusammenhang zum Erwerbsstatus, wobei Wiederbeschäftigte gewissermaßen zwischen Arbeitslosen und Erwerbstätigen ohne Arbeitslosigkeitserfahrung stehen (siehe Abbildung 8).

Natürlich handelt es sich hier nicht um objektive Mobilitätsvorgänge, sondern um deren subjektive Wahrnehmung. Auch ist auf die Problematik der Indikatoren hinzuweisen. Es wurde eben nicht direkt gefragt, ob und in welchem Maße man sich aktuell im Vergleich zur Zeit vor 1989 mehr bei den unteren oder bei den oberen Gesellschaftsgruppen stehen sieht. Da es in beiden Gesellschaftsystemen ein völlig anderes qualitatives Koordinatensystem und andere quantitative Dimensionen von ,Oben' und ,Unten' gibt, ist ein solcher direkter Vergleich auch kaum sinnvoll. Daß sich rückblickend die meisten Befragten in der in vieler Hinsicht nivellierten DDR-Gesellschaft (man denke nur an die geringen und alles andere als meritokratisch bestimmten Einkommensunterschiede) im oberen Mittelfeld ansiedeln, kann nicht verwundern. Daß sich nun diese Selbsteinordnung auch innerhalb gleicher Erwerbsgruppen polarisiert, weil Qualifikation, Beruf, ausgeübte Tätigkeit sowie Einkommen die Lebenslage und das Ansehen weitaus stärker differenzieren, kann ebenfalls nicht erstaunen.

Abbildung 8: Wahrgenommene Veränderung der Stellung im Oben-Unten-Gefüge der Gesellschaft ,vor der Wende' und ,gegenwärtig' bei verschiedenen Erwerbsgruppen 1995

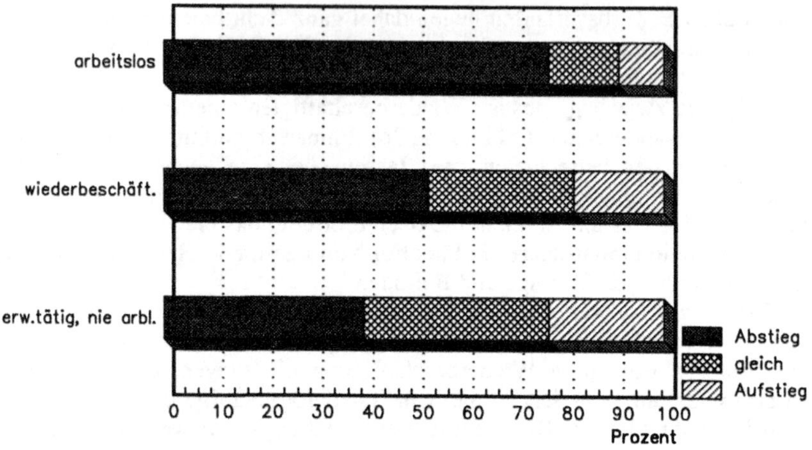

Datenbasis: biab-Erwerbsverlaufspanel, Querschnitt 1995

Aber diese internen Differenzierungen werden dominant durch den Erwerbsstatus, durch die seit 1989 vollzogene Erwerbskarriere und durch die Erwerbsperspektive bestimmt. Erwerbstätige ohne Arbeitslosigkeitsphasen sahen sich 1995 zu mehr als der Hälfte eher im oberen Bereich der neuen Gesellschaft (vor der Wende waren es noch mehr – etwa 60 Prozent), jede(r) Fünfte aber auch eher im unteren Bereich (vor der Wende 15 Prozent). Die Selbstzuordnung Wiederbeschäftigter für die Zeit vor 1989 ist mit der der Erwerbstätigen identisch. 1995 sehen sich aber nur 40 Prozent eher oben, fast 30 Prozent eher unten. Arbeitslose sehen sich aktuell zu über der Hälfte eher unten, jede(r) Fünfte aber auch eher oben.

Das Vergangenheitsbild Arbeitsloser ist ähnlich wie bei den anderen beiden Gruppen. Lediglich etwas häufiger wähnte man sich eher oben. Arbeitslose, die ihre Arbeitsmarktperspektive recht günstig beurteilen, ordnen sich zudem aktuell höher im Oben-Unten-Gefüge der Gesellschaft ein als Erwerbstätige, die ihre Perspektive pessimistisch beurteilen.

Vergleichbar scheinen uns diese Befunde mit ALLBUS-Ergebnissen bezüglich der Selbstzuordnung Ostdeutscher zu Schichten, wobei auch der Vergleich zwischen gleichen Erwerbsgruppen in Ost und West von Interesse ist (siehe Tabelle 5).

Der West-Ost-Vergleich ist hier vor allem deshalb von besonderem Interesse, weil er die biographisch verwurzelten, aber auch aktuellen Alltagserfahrungen entspringenden sehr unterschiedlichen subjektiven Zuordnungskriterien beleuchtet, die mit objektiven Merkmalen, wie etwa Bildung und Qualifikation, nichts zu tun haben müssen. Beispielsweise verfügen weitaus weniger westdeutsche als ostdeutsche Arbeitslose über eine abgeschlossene Berufsausbildung. Dennoch ordnen sich drei Viertel der ostdeutschen, aber nur gut die Hälfte der westdeutschen Arbeitslosen der unteren Schicht der Gesellschaft zu.

Tabelle 5: Selbstzuordnung zu Schichten in der Gesellschaft – verschiedene Erwerbsgruppen in West und Ost 1994 (Spaltenprozent)

	Osten			Westen		
	Erw.tät.*	Wbesch.	Arblose	Erw.tät.*	Wbesch.	Arblose
Arbeiter-/Unterschicht	52	63	74	24	34	55
Mittelschicht	40	34	22	60	53	32
obere Mittel-/Oberschicht	2	1	1	12	8	6
keine Zuordnung	6	2	3	4	5	7

Datenbasis: ALLBUS '94. * Erwerbstätige ohne Arbeitslosigkeitsphasen seit 10 Jahren

Übereinstimmend in West und Ost siedeln sich Wiederbeschäftigte in der gesellschaftlichen Hierarchie quasi zwischen Arbeitslosen und Erwerbstätigen ohne Arbeitslosigkeiterfahrung an. Ebenfalls in West und Ost übereinstimmend wird die individuelle Selbstverortung in teils ebenso starkem Maße wie durch die eigene Erwerbssituation und -perspektive durch die Partnererwerbskonstellation im Haushalt bestimmt. Das betrifft insbesondere Frauen.

Auffallend im Vergleich Wiederbeschäftigter mit den anderen beiden Erwerbsgruppen ist, daß ihre Orientierung auf die Ausübung von Berufsarbeit auch unter der Voraussetzung, daß sie finanziell darauf nicht angewiesen wären, noch stärker als bei den anderen Erwerbstätigen und bei den Arbeitslosen ausgeprägt ist.

Gleichzeitig würden aber gerade sie tendenziell häufiger als die anderen Gruppen unter der Voraussetung, daß der Arbeitsplatz erhalten bliebe, hin und wieder unbezahlten Urlaub nehmen.

Resümierend ist festzuhalten:

1. Durch Arbeitslosigkeit unterbrochene Erwerbskarrieren scheinen Mobilitätsprozesse zu fördern: Sie sind Impuls für berufliche Mobilität, für Erweiterung von Fähigkeiten und Horizonten.
2. Allerdings können daran nur jene teilhaben, die bereits arbeitsmarktlich gefragte Mobilitätsressourcen mitbringen bzw. die nicht durch geschriebene wie ungeschriebene gesellschaftliche Regeln mehr oder weniger ausgegrenzt werden.
3. Vielfach geht der durch individuell realisierte Mobilität gelungene Wiedereinstieg mit großen Abständen zur finanziellen und sozialen Lage der Erwerbstätigen ohne Arbeitslosigkeitsphase einher, bedeutet bezogen auf die vorherige berufliche Position häufiger als bei diesen Abstieg. *Einmal in Arbeitslosigkeit geraten zu sein bedeutet zumindest für einen Teil Betroffener, selbst wenn sie eine Rückkehr in Erwerbstätigkeit schaffen, langfristig in einer sozial benachteiligten Lage zu verbleiben.* Auch das ist eine Dimension sozialer Ungleichheit, die für ostdeutsche Bürger völlig neu ist. Für mindestens ein Drittel der Wiederbeschäftigten muß nach bisherigen Befunden von dieser Situation ausgegangen werden.
4. Wiederbeschäftigte mit wiederholter Arbeitslosigkeitserfahrung befinden sich häufiger als die übrigen Wiederbeschäftigten in einer eher problematischen sozialen Lage. Realität und Risiko sozialen Abstieges sind besonders hoch.

4.3 Ungleichheitslagen und politische Einstellungen bei verschiedenen Arbeitslosigkeitskarrieren

Wenn für etwa 30 Prozent der Arbeitslosen (häufig aber nicht immer sind sie lang- bzw. dauerarbeitslos) festgestellt wurde, daß sie sich in einer sie benachteiligenden Ungleichheitslage befinden und daß dies von ihnen auch im

Bewußtsein von Unterprivilegierung reflektiert wird, so ist zu fragen, ob ein Zusammenhang zu politischen Haltungen, Parteiensympathien und Gesellschaftsbildern existiert. Gleiches ist für jenes gute Drittel Wiederbeschäftigter zu fragen, deren Erwerbsunterbrechung eine besonders starke und möglicherweise sogar dauerhafte soziale Schlechterstellung gegenüber anderen Erwerbstätigen impliziert.

Es ist noch umfassender ist zu fragen:

Inwiefern prägt das Erfahren des persönlichen Erwerbsbruchs durch Arbeitslosigkeit die mentale Verarbeitung des gesellschaftlichen Systemumbruchs insgesamt? Beeinflussen das Gelingen eines Wiedereinstiges in Erwerbstätigkeit bzw. der anhaltende Verbleib in Arbeitslosigkeit in merklicher Weise gesellschaftspolitische Einstellungen und die Bewertung des gesellschaftlichen Wandels in den neuen Bundesländern?

Das Ergebnis unserer Datenanalyse sei zusammengefaßt vorangestellt.

Erstens. Unterschiedliche Erwerbsverläufe haben keine dramatischen Wirkungen auf die erinnernde Bewertung des Gesellschaftssystems in der DDR und der eigenen Lebensqualität in dieser Gesellschaft. Weder führen negative Erfahrungen anhaltend vergeblicher Reintegrationsbemühungen Arbeitsloser in das Erwerbssystem zu einer vergleichsweise besonders starken Idealisisierung früherer Verhältnisse, noch bedeuten erfolgreiche Erwerbskarrieren und höheres Befriedigungsniveau vieler Bedürfnisse unter den neuen Gesellschaftsbedingungen, daß eine besonders kritische Sicht auf die alten Bedingungen forciert würde.

Zweitens. Auch die Bewertung der neuen Gesellschaftsverhältnisse und der Parteien, die Meinungen zu Ursachen und Wegen der Bekämpfung von Arbeitslosigkeit werden nur in geringem Maße durch Erwerbsstatus und -verlauf beeinflußt. Weitaus stärker differieren diese Auffassungen in Abhängigkeit von Bildung und Qualifikation sowie von der Berufs- und Tätigkeitsbiographie.

Wichtig für die Interpretation dieser Befunde ist ein weiteres Ergebnis unseres Panels, das sich weitgehend mit SOEP-Daten deckt, zum großen Teil auch mit Resultaten anderer repräsentativer Erhebungen, teils allerdings auch deutlich von diesen abweicht:

Es ist *kein mit der Wende vor sich gehender grundlegender Wertewandel* feststellbar. Die heute erkennbare Grundstruktur von Wertorientierungen ist kein ‚Wende'produkt, sondern eher Ausdruck relativ stabiler Lebenshaltungen, was Bedeutsamkeitsschwankungen einzelner Orientierungen, z.B. der Orientierung auf Berufsarbeit, unter dem Einfluß aktueller Restriktionen für Bedürfnisbefriedigungen bzw. auch verbesserter Bedingungen dafür, nicht aus-, sondern einschließt.

Vergleicht man die Angaben der gleichen Personen zur Bedeutsamkeit, die sie 1990 und 1994 verschiedenen Lebensbereiche für ihr Wohlbefinden beimaßen, so zeigen sich in diesen 4 Jahren gesellschaftlicher Transfomation kaum Veränderungen individueller Wertemuster. Merklich zurückgegangen ist die Wichtigkeit der Einflußnahme auf politische Entscheidungen, die schon 1990 einen relativ niedrigen Rang hatte.[14]

Darüber hinaus ist festzustellen, daß die Grundstruktur von Wertorientierungen der Erwerbspersonen in Ostdeutschland mit denen der in Westdeutschland mehr Gemeinsamkeiten als Unterschiede aufweist.[15]

Unser Erwerbsverlaufspanel läßt eine bemerkenswerte Stabilität der Bedeutsamkeit der verschiedenen Lebensbereiche unabhängig davon erkennen, wie sich der Fortgang der Arbeitslosigkeit gestaltete. Die Familie rangiert in unserer Erhebung, übereinstimmend mit Befunden repräsentativer Befragungen in den neuen Bundesländern, vor anderen wichtigen Lebensbereichen, wie etwa der Berufsarbeit, und zwar zu allen Befragungszeitpunkten und bei verschiedenen Erwerbsverläufen. Die Wichtigkeit der Berufsarbeit ist bei Personen mit anhaltender Arbeitslosigkeit praktisch unverändert hoch geblieben (Mittelwert 1993 8.8, zwei Jahre später 8.7). Sie hat bei Personen mit anhaltender Wiederbeschäftigung einen etwas höheren, aber ebenso unveränderten Rang (jeweils 9.2). Lediglich bei Personen, die von Wiederbeschäftigung in Erwerbslosigkeit übergegangen sind, hat Berufsarbeit an Bedeutung verloren (8.8 bzw 7.6). Bei positivem Verlauf der Rückkehr Arbeitsloser in normale Beschäftigung ist ein leichter Bedeutsamheitszuwachs zu verzeichnen (8.6 bzw 8.8).

Daß die *Zufriedenheit mit dem Bereich der Berufsarbeit* unter dem Einfluß positiver oder negativer Erwerbsverläufe starken Wechseln unterliegt, ist evident. Hingegen bleibt die *Zufriedenheit mit der Familie* davon nahezu unberührt. Tendenziell wächst die Zufriedenheit sowohl bei Personen mit anhaltendem Verbleib in Arbeitslosigkeit, als auch bei jenen, denen der Wiedereinstieg ins Erwerbsleben gelungen ist. Obwohl beide Verlaufsformen von Arbeitslosigkeit durchaus auf ihre Weise mit Belastungen des Familienlebens und mit spezifischen Anforderungen an die Familienangehörigen verknüpft sind, scheint die soziale Einbindung in Familie und Partnerschaft einen gleichbleibend starken Rückhalt zu bieten.

In der *allgemeinen Lebenszufriedenheit* bündeln sich die Zufriedenheiten mit den einzelnen Lebensbereichen, wobei die einzelnen Zufriedenheiten je nach subjektiver Wertigkeit dieser Lebensbereiche natürlich mit unterschiedlichem Gewicht in das Gesamtempfinden eingehen. Nach Befunden des Sozio-ökonomischen Panels ist bei den ostdeutschen Bürgern von 1990 bis 1994 ein leichter Rückgang der allgemeinen Lebenszufriedenheit zu ver-

---

14 Eigene Auswertung der SOEP-Paneldatei 1990-1994

15 Siehe hierzu Datenreport 1994, Gebhardt/Kamphausen 1994, Spellerberg 1994a und 1994b, Brähler/Richter 1995, Meulemann 1995, Gensicke 1995

zeichnen. Er ist geringfügig bei jenen, die in dieser Zeit immer erwerbstätig waren, sehr deutlich bei jenen, die in dieser Zeit arbeitslos geworden sind und auch bei jenen, die bereits 1990 und 1994 noch/wieder arbeitslos waren. Noch stärker hat in diesen vier Jahren die anfangs große Zuversicht in die Zunahme der eigenen Lebenszufriedenheit innerhalb der jeweils nächsten fünf Jahre abgenommen. Meinten 1990 noch alle Gruppen, daß sie im Jahr 1995 wesentlich zufriedener als zum Befragungszeitpunkt sein würden, so war dieser Optimismus 1994 für das Jahr 1999 sichtbar gedämpfter. Sowohl hinsichtlich der aktuellen als auch der künftig erwarteten Lebenszufriedenheit vollzog sich die rückläufige Entwicklung namentlich bis 1992. Seitdem sind die Werte im wesentlichen stabil, haben allerdings bei negativem Erwerbsverlauf weiter abgenommen.

Unser Panel zeigt ähnliche Tendenzen wie das SOEP. Seit 1993 sind die jährlichen Bewertungen der aktuellen Lebenszufriedenheit bei Personen, die seitdem ununterbrochen wiederbeschäftigt sind, vollkommen stabil geblieben, bei konstant Erwerbslosen sogar etwas gestiegen, mit allerdings deutlich niedrigerem Ausprägungsniveau gegenüber den Wiederbeschäftigten. Merklich getiegen und die Empfindungen der konstant Wiederbeschäftigten inzwischen übertreffend, ist das Zufriedenheitsniveau bei jenen Personen, die im Beobachtungszeitraum den Übergang von Arbeitslosigkeit in Wiederbeschäftigung vollzogen haben. Entgegengesetzt sieht der Trend bei jenen aus, die sich nach einer Wiederbeschäftigung erneut in Erwerbslosigkeit befinden.

Betrachtet man nun die von den Befragten *wahrgenommene Veränderung allgemeiner Lebenszufriedenheit*, also die Relation zwischen der retrospektiv empfundenen Zufriedenheit mit dem Leben vor der Wende, aktuell empfundener Zufriedenheit und schließlich erwarteter Lebenszufriedenheit in 5 Jahren, so zeigt ein Vergleich dieser Relation für gleiche Personen zu zwei Meßzeitpunkten (1993 und 1995) zwar Bewegung, aber kaum im Sinne verklärender Abbildung der Vergangenheit.

Konstant Wiederbeschäftigte zeigen eine weitgehend stabile retrospektiv wie aktuell wahrgenommene Lebenszufriedenheit. Zwar ist der Anteil derjenigen, die sich gegenwärtig (1993 bzw. 1995) zufriedener fühlten, als sie jeweils meinten, vor der Wende gewesen zu sein, von einem Drittel auf ein Viertel gesunken. Aber insgesamt ist das Nivau der künftig erwarteten wie der gegenwärtig empfundenen Zufriedenheit von 1993 auf 1995 gestiegen. Bei positivem Erwerbsverlauf durch Übergang von Arbeitslosigkeit in normale Beschäftigung ist der Anteil jener, die im aktuellen gegenüber dem erinnertem Empfinden zufriedener waren, in den zwei Jahren erwartungsgemäß gestiegen (von einem Zehntel auf ein Viertel). Bei deutlich höherer aktueller Zufriedenheitsausprägung 1995 gegenüber 1993 ist die erinnerte Zufriedenheit vor der Wende zum Befragungszeitpunkt 1995 gegenüber dem Zeitpunkt zwei Jahre zuvor, als man noch arbeitslos war, gleich geblieben. Bei konstant Arbeitslosen ist die erinnerte Lebenszufriedenheit vor der Wende in den zwei Jahren eher zurückgegangen. Hier findet also das Gegenteil einer Verklärung unter dem Einfluß einer sich weiter verschlechternden und auch so bewerteten aktuellen Lebenssituation statt. Unverändert ist bei dieser Gruppe mit ca. drei Vierteln der Anteil jener geblieben, die sich früher zufriedener als gegenwärtig wähnten.

Wenig Veränderungen über die Zeit zeigen *Auffassungen über die Ursachen der hohen Arbeitslosigkeit* im Lande. Von Querschnitt zu Querschnitt haben bei den Panelteilnehmern wie bei den übrigen Befragten Schuldzuweisungen an die alte Politik in der DDR eher ab- als zugenommen, unkontrollierte Übernahme von Prinzipien der Marktwirtschaft wurde tendenziell immer häufiger genannt. Jeweilige Erwerbsverläufe haben keinen wesentlichen Einfluß auf diese Haltungen.

Praktisch keine oder höchstens tendenzielle Bedeutung haben Erwerbsstatus und Erwerbsverlauf auch auf die Beantwortung der Frage, *welcher Partei man am ehesten zutrauen würde, der Arbeitslosigkeit und ihren Folgen zu begegnen*. Insgesamt gewachsen ist der Anteil derjenigen, die in dieser Frage *keiner Partei Lösungen zutrauen*. 1995 meinten das jeweils 55 Prozent der Arbeitslosen und ebenso der Erwerbstätigen ohne Arbeitslosigkeitserfahrung. Den höchsten Vertrauensbonus genießt noch die SPD (etwa ein Fünftel der Befragten aus Ostberlin und Brandenburg, und zwar konstant über 2 Jahre). Die CDU wird in beiden Befragungswellen von Erwerbstätigen etwas häufiger als von Arbeitslosen, besonders selten aber von Wiederbeschäftigten genannt. Insgesamt ist ihr Ansehen in dieser Frage gesunken (1995 nur noch 7 Prozent aller Befragten). Zurückgegangen ist auch der Anteil derjenigen, die in dieser Frage Erwartungen in die PDS setzen (1995 von 13 Prozent aller Befragten genannt, von Erwerbstätigen und Arbeitslosen gleich häufig mit jeweils 9 Prozent, von Wiederbeschäftigten und ABM-Beschäftigten häufiger).

Nicht nur in dieser konkreten Frage ist *Mißtrauen bezüglich der praktisch-politischen Kraft der vorhandenen Parteien* vorhanden. Generell nimmt Jahr für Jahr die Zahl derjenigen ab, die für irgendeine Partei überhaupt irgendwelche Sypmpathie bekunden. 1995 meinten ein Viertel aller Befragten, daß ihnen alle Parteien egal seien oder sie artikulierten ausschließlich Ablehnung. Wenn Sympathie bekundet wird, so eher selten sehr starke Sympathie.

Hinsichtlich dieser Haltung und auch hinsichtlich konkreter Sympathieausprägungen für die eine oder andere Partei bzw. auch für mehrere Parteien zeigt sich, daß weder der Erwerbsstatus, noch der bisherige Erwerbsverlauf oder die erwartete Erwerbsentwicklung durchgängig und nachhaltig Einfluß haben. Zeigen sich Unterschiede etwa zwischen Arbeitslosen und Erwerbstätigen, so lassen sie sich im wesentlichen auf soziodemograhische Besonderheiten dieser Gruppen zurückführen. Solche Merkmale, insbesondere die Bildung und Qualifikation, die berufliche Biographie und frühere Arbeitsfunktionen differenzieren in dieser Frage sichtbar stärker als die aktuelle Erwerbssituation und -entwicklung. Dennoch gibt es Zusammenhänge zwischen der Entwicklung von Parteienpräferenzen einerseits und den verschiedenen Verläufen von Arbeitslosigkeit.

Für die Panelteilnehmer sind über drei Befragungszeitpunkte sowohl Stabilität als auch einige Veränderungstendenzen von Sympathien bzw. Gleichgültigkeit oder Ablehnung der verschiedenen Parteien charakteristisch. Dramatische Stimmungs- und Meinungswechsel sind kaum konstatierbar, aber doch deutliche Trends. Weitgehend unabhängig von ihrem konkreten Erwerbsverlauf trifft für die meisten Befragten das Anhalten einer eher ablehnenden als sympathisierenden Haltung gegenüber der CDU zu, die Ablehnung der FDP ist gewachsen. Eine Sympathiezunahme bzw. Ablehnungsabnahme erfahren im Zeitraum der hier betrachteten zwei Jahre SPD, Bündnis ,90/Grüne und auch PDS. Die bereits 1993 sehr starke Ablehnung der REPs ist weiter gestiegen (siehe Tabelle 6).

Tabelle 6: Entwicklung von Sympathie/Gleichgültigkeit/Ablehnung gegenüber ausgewählten Parteien von 1993 zu 1995 bei den Panelteilnehmern (Mittelwertvergleich)

	1993	1995	Signifik. d. T-Tests
CDU	-1,47	-1,44	nicht s.
PDS	0,27	0,59	hoch s.
REP	-.2,28	-2,61	hoch s.
SPD	0,45	0,73	hoch s.

Datenbasis: biab-Erwerbsverlaufspanel 1993-1995

Die Frage lautete: „In welchem Maße sysmpatisieren Sie mit folgenden Parteien?" Für die vorgegebenen etablierten Parteien war jeweils auf einer 7-Werte-Skala von +3 („sehr große Sympatie") über 0 („ist mir egal") bis -3 („lehne ich ab") die eigene Bewertung anzugeben

Frauen und Männer unterscheiden sich nur wenig. Namentlich die CDU trifft bei Frauen auf weniger Ablehnung als bei Männern. Der Sympathiezuwachs für die PDS gilt für Männer noch stärker als für Frauen. Die SPD genießt bei Frauen häufiger als bei Männern, in Brandenburg häufiger als in Berlin Sympathie. Während die Haltung zur PDS bei den Berliner Befragten des Panels über zwei Jahre stabil blieb, ist in Brandenburg ein deutlicher Abbau von Ablehnung und eine Zunahme von Sympathie zu verzeichnen, ohne daß die Durchschnittswerte der Berliner erreicht werden.

Abbildung 9: Entwicklung von Sympathie/Ablehnung gegenüber ausgewählten Parteien 1993 bis 1995 bei verschiedenen Arbeitslosigkeitsverläufen (nur Facharbeiter, 26-50 Jahre).

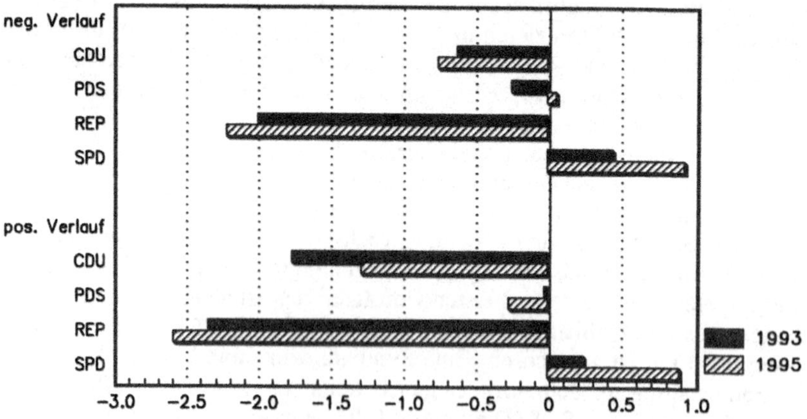

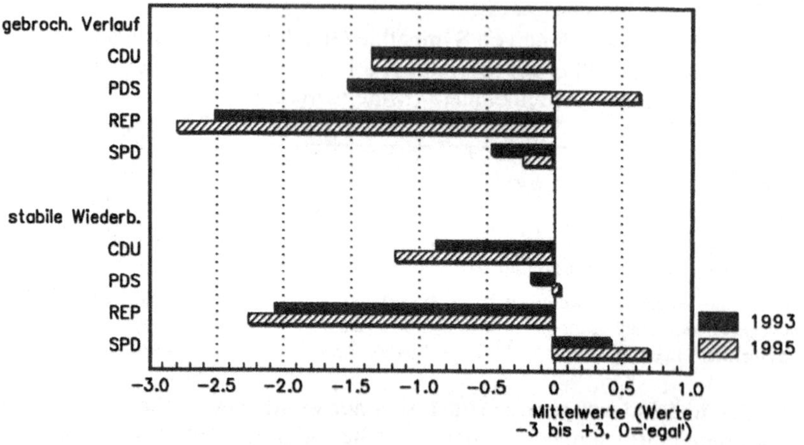

Datenbasis: biab-Erwerbsverlaufspanel 1993-1995.

Um über den möglichen Einfluß verschiedener Arbeitslosigkeitsverläufe auf die Einstellung zu den Parteien Genaueres sagen zu können, werden im folgenden jene beiden Faktoren, die einerseits diese Einstellungen besonders stark beeinflussen, die andererseits bei den Erwerbsverlaufstypen unterschiedlich ausgeprägt sind – Qualifikation und Lebensalter –, in ihrer Wirkung weitgehend neutralisiert. Das geschieht dadurch, daß nur Facharbeiter verglichen werden und daß sowohl die jüngste wie die älteste Gruppe, die sich in dieser Frage besonders stark voneinander und von den mittleren Altersgruppen unterscheiden, ausgenommen werden (siehe Abbildung 9).

Die oben genannten allgemeinen Trends wiederholen sich mit leichten Variationen bei den 26-50jährigen arbeitslosen Facharbeitern, und zwar weitgehend unabhängig vom Verlauf ihrer Arbeitslosigkeit. Bei positivem Erwerbsverlauf ist über zwei Jahre die Ablehnungshaltung gegenüber der CDU geringfügig seltener geworden. Insbesondere bei positivem und noch mehr bei negativem Verlauf hat die SPD leicht an Sympathie gewonnen. Ein sehr auffälliger und der einzige statistisch hoch signifikante Meinungswandel tritt bei Personen des gebrochenen Verlaufstyps auf: aus der für sie 1993 charakteristischen überdurchschnittlich häufigen Ablehnung der PDS (75 Prozent vs. 25 Prozent bei den übrigen) ist 1995 die seltenste Ablehnung (20 vs. 25 Prozent) und eine häufigere Sympathiebekundung geworden, als sie bei den anderen Verlaufstypen anzutreffen ist. Hier könnten Enttäuschungen eine Rolle spielen, die möglicherweise bei den diesem Erwerbsverlauf zuzuordnenden Personen besonders intensiv sind. Im gebrochenen Erwerbsverlauf Arbeitsloser wurden mit zunächst oft realisierten Übergängen in Erwerbstätigkeit vielfach Hoffnungen für eine stabile Rückkehr in das Erwerbsleben geweckt, die sich dann aber nicht erfüllten.

Untersucht man nun, wie sich Sympathien bzw. Ablehnung bezüglich der einzelnen Parteien bündeln, so lassen sich 1995 ähnlich wie in den vorangegangenen Jahren 4 Typen ausmachen (Tabelle 7).

Eine sehr kleine Minderheit der Befragten verkörpert jenen Typ, in dem sich Sympathiebekundungen für REP und für PDS verknüpfen. Männer sind hier häufiger als Frauen zu finden, Jugendliche bis 25 Jahren eher als andere Altersgruppen. Sympathie mit der PDS bündelt sich aber vor allen Dingen mit gleichzeitiger Sympathie mit der SPD und mit Bündnis'90/Grüne. Dieser Typus hat mit 60 Prozent den insgesamt größten Anteil unter den Befragten, zeigt aber signifikant unterschiedliche Häufigkeiten in Abhängigkeit von Bildung und Qualifikation sowie bei den Berufs- und Tätigkeitsgruppen, denen sich die Befragten für die Zeit bis zur Wende selbst zuordneten.

Schließlich sei noch auf einen wichtigen Aspekt politischer Einstellungen eingegangen – *die Haltung zu Ausländern.* Hier bestätigen sich die bisher getroffenen Aussagen zur relativ geringen Bedeutung von Erwerbsstatus und -verlauf.

Zwei auf diese Fragestellung bezogene Indikatoren werden zunächst gesondert betrachtet, und zwar im Vergleich 1993 und 1995 für die gleichen Personen mit unterschiedlichem Erwerbsverlauf und mit unterschiedlicher Bildung.

Tabelle 7: Typen von Parteiensympathien bei verschiedenen Erwerbs- und anderen Gruppen

	REP u. PDS	CDU u. FDP	SPD,Bü'90/ Grüne, PDS	keine
Gesamt	3	20	60	17
– Frauen	2	21	63	14
– Männer	5	19	55	21
– arbeitslos	3	24	56	17
– erwerbstätig	2	19	61	19
– 8. Klasse	4	29	45	22
– Abitur	(2)	5	80	13
– o.Abschl./TFA	(5)	37	36	22
– Facharbeiter	4	22	58	17
– Hochschule	(2)	7	79	12
– Arbeiter*	3	28	49	20
– Angestellte*	2	13	72	13
– erzieh.Tät.*	0	7	85	8
– Tät. an Masch.*	5	24	50	21
– Bauwirtschaft*	(6)	34	36	24
– öff. Verwaltg.*	(3)	6	72	19
– bis 25 Jahre	7	30	44	19
– 30-40 Jahre	(2)	21	59	18
– über 50 J.	5	14	67	14
– Berlin(Ost)	2	16	68	14
– Brandenbg.	4	21	56	19

Datenbasis: biab-Erwerbsverlaufspanel, Querschnitt 1995. Angaben in Zeilenprozent. ( )= Fallzahl < 10.

* Selbstzuordnung bezgl. berufl. Stellung, Wirtschaftsbereich, Tätigkeitsinhalte bis Nov. 1989.

Der Unterschied zwischen den verschiedenen Erwerbsgruppen ist statistisch nicht signifikant. Die verschiedenen soziodemographischen Merkmale, die in den Tabellen 8 und 9 ausschnittsweise erfaßt sind, trennen hingegen mit hoher statistischer Signifkanz.

Tabelle 8 zeigt die starke Zunahme der Meinung, Arbeitslosigkeit könnte auch dadurch eingedämmt werden, daß keine ausländischen Arbeitskräfte beschäftigt würden. Während sich Arbeitslose mit positivem oder mit negativem Verlauf nur wenig voneinander unterscheiden, zeigt die Gegenüberstellung der höchsten und der niedrigsten Qualifikationsstufe den überaus starken Einfluß des Bildungsniveaus. Allerdings ist die Tendenz des Zuwachses bei allen Gruppen erkennbar.

Anders ist die Entwicklung des allgemeineren Stimmungsbildes einzuschätzen. Als Indikator wurde hier die Frage gewählt, ob man als ein von der Politik anzustrebendes Gesellschaftsziel auch die Akzeptanz des Zusammenlebens mit Ausländern sehen würde (siehe Tabelle 9). Hier hat sich an der mehrheitlichen Zustimmung der Gesamtheit von Befragten über zwei Jahre nur wenig geändert. Bewegung gab es eigentlich nur bei Personen der niedrigsten Qualifikationsstufe mit einer Abnahme der Zustimmung. Der Erwerbsverlauf hat praktisch keinen Einfluß auf diese Seite der Einstellung zu Ausländern.

Tabelle 8: Keine Beschäftigung ausländischer Arbeitskräfte – Weg zur Bekämfung der Arbeitslosigkeit?

	Erwerbsverlauf				Qualifikation			
	arbeitslos/ wieder-besch.		arbeitslos/ arbeitslos		o.A./TFA		HSA	
	'93	'95	'93	'95	'93	'95	'93	'95
ja	38	47	38	53	51	68	11	19
nein	62	53	62	47	49	32	89	81

Datenbasis: biab-Erwerbsverlaufspanel 1993-1995. Angaben in Spaltenprozernt

Tabelle 9: Akzeptanz des Zusammenlebens mit Ausländern in der Gesellschaft – anzustrebendes gesellschaftspolitisches Ziel?

	Erwerbsverlauf				Qualifikation			
	arbeitslos/wie-derbesch.		arbeitslos/ arbeitslos		o.A./TFA		HSA	
	'93	'95	'93	'95	'93	'95	'93	'95
nein	8	9	19	14	18	20	3	1
unent-schieden	33	28	18	27	28	38	13	14
ja	59	63	63	59	54	42	84	84

Datenbasis: biab-Erwerbsverlaufspanel 1993-1995. Angaben in Spaltenprozernt

Führt man die Antworten auf beide Fragen zusammen, so ergibt sich ein widersprüchliches Bild von Veränderung in der Einstellung zu Ausländern (siehe Abbildung 10). Bei Personen, die im betrachteten Zeitraum von Arbeitslosigkeit in neue Beschäftigung gelangt sind, ist die Abnahme von ungeteilt positiver Haltung charakteristisch. Zugenommen hat bei ihnen die Kombinantion der Zustimmung zur allgemeinen Ausländerakzeptanz mit der Ablehnung ausländischer Arbeitskräfte. Bei Personen mit fortdauernder Arbeitslosikeit ist eher der umgekehrte Trend zutreffend, allerdings bei deutlicher Zunahme des vorher bei ihnen kaum vorkommenden Segmentes einer unentschiedenen Haltung bezüglich der allgemeinen Akzeptanz bei gleichzeitiger Ablehnung einer Nichtbeschäftigung ausländischer Arbeitskräfte.

Abbildung 10: Meinung zur Akzeptanz des Zusammenlebens mit Ausländern als Gesellschaftsziel und zur möglichen Bekämpfung von Arbeitslosigkeit durch Nichtbeschäftigung von Ausländern. 1993 und 1995 bei zwei Erwerbsverläufen

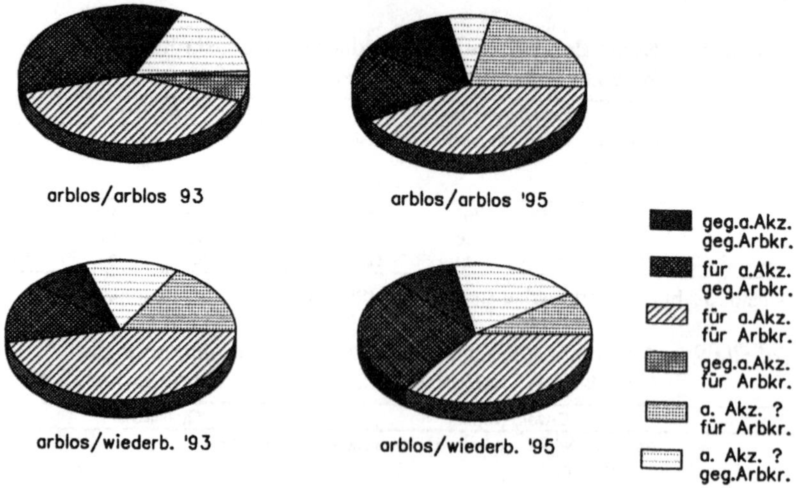

Datenbasis: biab-Erwerbsverlaufspanel 1993-1995

Andere Untersuchungen weisen zwar Unterschiede zwischen Arbeitslosen und Erwerbstätigen aus – etwa bezüglich der Bedrohungswahrnehmung durch Ausländer.[16] Es scheint aber, daß auch hinter diesen Befunden vor allem soziodemographische Merkmale stehen. Denn erstens trennen diese, nach den veröffentlichten Ergebnissen zu schließen, sehr viel stärker als der Erwerbsstatus. Zweitens sind Arbeitslose und Erwerbstätige gerade hinsichtlich dieser trennenden Merkmale unterschiedlich strukturiert.

Abschließend wenden wir uns zusammenfassend der schon mehrmals in einzelnen Zusammenhängen angesprochenen Frage zu, *inwieweit Arbeitslosigkeitserfahrung die mentale Verarbeitung der Wende färbt* oder ob man, soweit die Daten dazu überhaupt Antworten erlauben, eher von einer *prägenden Wirkung der jeweiligen Bewertung des Systemwechsels für die Art der Wahrnehmung eigener Arbeitslosigkeit* ausgehen muß.

Wir haben unter Zusammenführung von Aussagen der Befragten über ihre gegenwärtige und ihre erinnerte Zufriedenheit vor der Wende mit den ver-

16 Siehe etwa Seifert, Rose, Zapf 1993, S.61f

schiedenenen Lebensbereichen und mit dem Leben insgesamt sowie über ihre zukünftig erwartete Lebenszufriedenheit, ferner über ihre erinnerte und gegenwärtig beurteilte Stellung im Oben-Unten-Gefüge der Gesellschaft eine über Faktor- und Clusteranalyse gewonnene Variable gebildet, die wir arbeitsdefinitorisch als *,Gewinner-Verlierer'-Dimension* bezeichnen.

Die vier Werte dieser Variablen charakterisieren typische Bündelungen der Antworten auf die einbezogenen Fragen (Tabelle 10). Da in den Befragungswellen vor 1994 die zukünftig erwartete Zufriedenheit nicht erfragt wurde und daher variierte ,Gewinner-Verlierer-Typen' gebildet wurden, findet im folgenden nur ein Vergleich für 1994—1995 statt.

Tabelle 10: Psychische Verarbeitung der ,Wende'. Anteile der Gewinner-Verlierer-Typen 1994 und 1995 bei verschiedenen Erwerbsgruppen und bei verschiedenen Erwerbsverläufen

		Gewinner absolut und relativ	Verlierer und Gewinner	Verlierer absolut und relativ	immer auf der Verliererseite
Querschnitte					
Arbeitslose	'94	8	40	33	19
	'95	17	27	41	15
Wiederbeschäftigte	'94	20	59	15	6
	'95	34	40	15	11
Erwerbstätige	'94	23	61	8	8
	'95	47	37	10	7
Gesamtstichprobe	'94	14	48	24	14
	'95	30	33	26	11
Längsschnitt					
kontin. wiederbesch.	'94	37	42	17	4
	'95	47	33	18	2
kontin.arbeitslos	'94	–	30	37	33
	'95	7	35	48	10
arblos/wiederbesch.	'94	10	66	20	4
	'95	44	34	14	8

Datenbasis: biab-Erwerbsverlaufspanel, Querschnitte 1994 und 1995. Angaben in Zeilenprozent

Es handelt sich hier um den Vergleich von subjektiver Wahrnehmung der Bedeutung ausgewählter Aspekte der alten wie der neuen Gesellschaftsverhältnisse für die eigene Lebensgestaltung, keineswegs um eine an objektiven Lebensbedingungen messende vergleichende Analyse der Qualität sozialer Existenz vor und nach der Wende. Die wertenden Reflexionen des Früher und des Heute werden zueinander in Bezug gesetzt und analysiert, inwieweit sich diese Reflexionen sowie ihre Relation zueinander über die Zeit verändern. Zusammenhänge mit einigen objektiven sozialen Merkmalen, soweit sie durch die Erhebungsinstrumente ermittelbar sind, finden Betrachtung. Die so gefaßte Gewinner-Verlierer-Dimension hat durchaus eigenständige Bedeutung insofern, als damit eine der Facetten der Stimmungslage verschiedener Erwerbsgruppen und Erwerbsverlaufstypen erfaßbar wird, die zumindest potentiell auch Verhaltensweisen beeinflußt.

Die Querschnittsvergleiche zeigen insgesamt eine Zunahme derjenigen, die sich eher als ‚Gewinner' der Wende sehen. Und zwar sehen sie sich absolut als Gewinner insofern, als sie für die meisten Lebensbereiche und für das Leben insgesamt gegenwärtig höhere Zufriedenheitsausprägungen angeben, als für die Zeit vor der Wende erinnert. Von einer relativen Gewinnerposition kann man insofern sprechen, als die Personen diesen Typs aktuell höhere Zufriedenheit artikulieren als die anderen Befragten. Ähnlich verhält es sich bei diesem Typ mit der Selbstverortung im Oben-Unten-Gefüge der Gesellschaft.

Zurückgegangen ist der Anteil derjenigen, die sich sowohl als Verlierer als auch als Gewinner insofern sehen, als die wahrgenommene Veränderung von Zufriedenheit für die verschiedenen Aspekte des Lebens sehr ambivalent ausfällt, aber eine positive Persektive für die Zukunft angenommen wird.

Die Anteile derjenigen, die sich absolut wie relativ als ‚Verlierer' fühlen und derjenigen, die sich immer auf der Verliererseite insofern sehen, als sie aktuell wie retrospektiv niedrigere Zufriedenheiten und niedrigere soziale Positionierungen als alle anderen angeben, sind im wesentlichen stabil geblieben.

Bei Arbeitslosen ist der Anteil der ‚Verlierer absolut und relativ' gestiegen, aber auch der (nach wie vor weitaus niedrigere) Anteil der sich als Gewinner Fühlenden. Bei Erwerbstätigen, die noch nie arbeitslos waren, erreicht der ‚Gewinner'-Anteil fast die Hälfte dieser Gruppe. Gewachsen ist er auch bei Wiederbeschäftigten, bleibt aber weiterhin deutlich hinter dem Anteil bei den Erwerbstätigen zurück.

Betrachet man die Längsschnittstichprobe, so fällt auf, daß sich namentlich langfristig Wiederbeschäftigte zunehmend als ‚Gewinner' betrachten. Bei kontinuierlich Arbeitslosen kommt dieser Typ psychischer Verarbeitung des Systemwechsels 1994 nicht vor, taucht 1995 jedoch ungeachtet ihrer anhaltenden Ausgrenzung aus dem Erwerbssystem auf – allerdings ausschließlich dann, wenn sie in Partnerschaft und ohne Kinder leben.

Der Vergleich zwischen 1994 und 1995 (siehe Abbildung 11) zeigt für die Erwerbsverlaufstypen einerseits eine Tendenz der Festigung jeweiliger Wahrnehmungsperspektiven alter und neuer Lebensverhältnisse, und zwar bei stabilen Wiedereinstiegen, aber auch bei gebrochenen Erwerbsverläufen. Andererseits sind Veränderungen dieser Perspektiven deutlich, die mit der Entwicklung der eigenen Arbeitsmarktposition zusammenhängen (etwa bei positivem Erwerbsverlauf), die aber offenbar auch von anderen Faktoren, insbesondere dem Familien-und Haushaltszusammenhang, abhängen.

Abbildung 11: Psychische Verarbeitung der ,Wende'. Entwicklung von 1994 zu 1995 bei den Erwerbsverlaufstypen

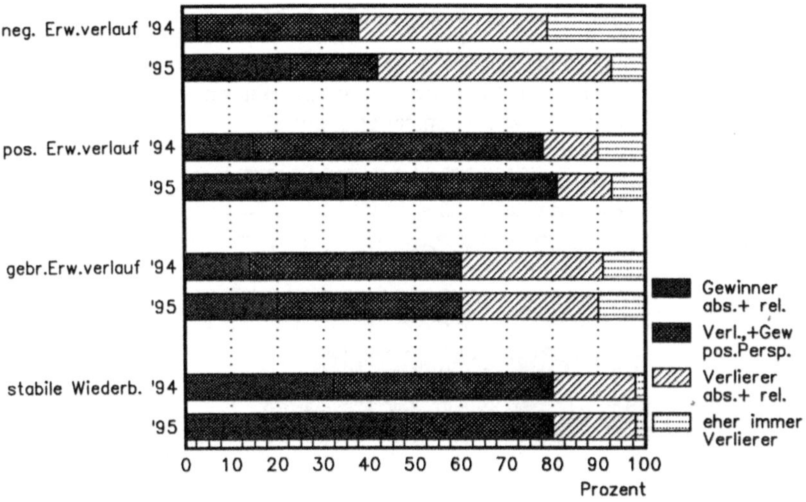

Datenbasis: biab-Erwerbsverlaufspanel, Längsschnitt 1994-1995

Gibt es keinen Arbeitslosen im Haushalt, dann sehen sich beispielsweise Personen mit negativem Erwerbsverlauf zu mehr als der Hälfte auf der ,Gewinnerseite'. Das sind allerdings ausschließlich solche Vertreter des negativen Erwerbsverlaufstyps, die 1995 in Fortbildung oder Umschulung weilen, jünger sind und ihre Arbeitsmarktperspektive ungeachtet ihrer bisherigen negativen Erfahrungen zumindest für mittelmäßig halten.

Wie stark neben dem eigenen Erwerbsverlauf die Partnererwerbskonstellation im Haushalt für das persönliche Verarbeiten der Wende ins Gewicht fällt, verdeutlicht auch Abbildung 12.

Deutlich ablesbar ist die Wirkung konkreter Verläufe der Arbeitslosigkeit. Die Ähnlichkeit zwischen jenen Arbeitslosen, die zum ersten Mal und kürzer als ein Jahr in dieser Lage sind, und Wiederbeschäftigten, die schon mehrfach Arbeitslosigkeitserfahrung gemacht haben, ist deutlich größer als zwischen letzteren und bereits längerfristig Wiederbeschäftigten. Diese wiederum ähneln eher Erwerbstätigen ohne Arbeitslosigkeitsphasen.

Stärker als der Erwerbsstatus als solcher aber auch stärker als der Erwerbsverlauf schlägt sich allerdings die Haushaltserwerbskonstellation insgesamt in der psychischen Verarbeitung der Wende nieder. Sind in Partnerhaushalten beide Partner arbeitslos, so ist die Wahrnehmung von Verlusten besonders ausgeprägt. Verschärft wird dies durch im Haushalt zu versorgende Kinder. In diesen Fällen sehen sich rund drei Viertel der Befragten als ‚Verlierer'. Sind beide Partner erwerbstätig und sind Kinder zu versorgen, dann gilt diese Wahrnehmung für knapp ein Fünftel.

Abbildung 12: Psychische Verarbeitung der ‚Wende'. Anteile der Typen 1995 bei verschiedenen Erwerbsverläufen und Haushaltserwerbskonstellationen

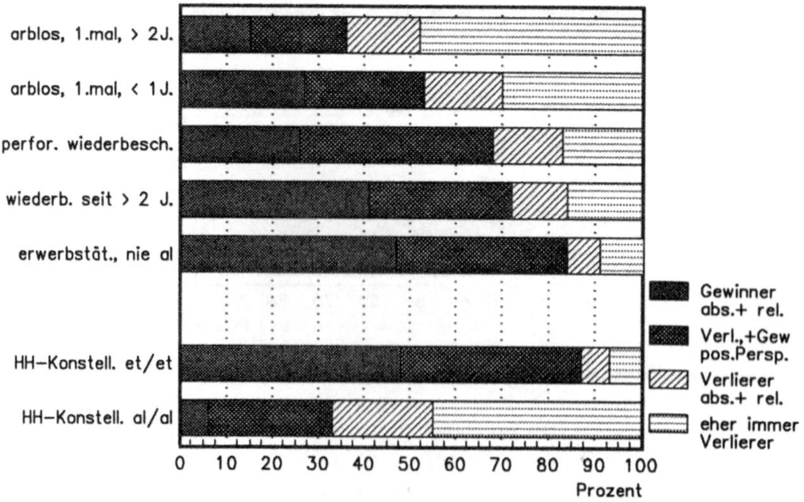

Datenbasis: biab-Erwerbsverlaufspanel, Querschnitt 1995

Fragt man nach möglichen Zusammenhängen zwischen ‚Gewinner-Verlierer'-Dimension und früherer beruflicher Stellung, so ist die Antwort eindeutig: Gegenüber der Erwerbskarriere seit der Wende ist die Berufs- und Tätigkeitsbiographie vor der Wende als Einflußfaktor untergeordnet. Zwar meinen Erwerbstätige ohne Arbeitslosigkeitserfahrung, sofern sie sich für die Zeit vor der Wende als Arbeiter einordnen, etwas seltener als diejenigen Erwerbstätigen, die sich als Angestellte einordnen, absolut wie relativ ‚Gewinner' zu sein. Arbeitslose, die sich als Arbeiter verstehen, weisen hingegen einen höheren Anteil der ‚Verlierer'typen auf als Arbeitslose, die sich als Angestellte betrachten. Aber diese Unterschiede sind gering gegenüber der Polarisierung innerhalb der Arbeiter und innerhalb der Angestellten in Abhängigkeit davon, ob sie arbeitslos sind und wie die Arbeitslosigkeit bisher verlaufen ist. Analoges gilt für Gruppierungen nach Zugehörigkeit zu Wirtschaftsbereichen und nach Tätigkeitsinhalten bis November 1989. Selbst vormalige hauptamtliche Tätigkeit in Parteien und Organisationen, in Behörden, Polizei, Verteidigung färbt die Wahrnehmung früherer bzw. gegenwärtiger Bedürfnisbefriedigung offensichtlich kaum ein.

Die Typen psychischer Verarbeitung der Wende stehen zwar in einem *statistisch signifikantem Zusammenhang mit den Typen der Bewältigung von Arbeitslosigkeit*; aber dieser Zusammenhang sieht nicht so aus, daß der aktiv-optimistische Typ von Nichtakzeptanz etwa besonders häufig mit dem ‚Gewinner'-Typ, der Typ konfliktvoll dauerhafter Akzeptanz mit den ‚Verlierer'-Typen verknüpft wären. Der auffälligste und stärkste Zusammenhang ist der zwischen zeitweiliger Akzeptanz der Arbeitslosigkeit und Selbstwahrnehmung als ‚Gewinner' der Wende.

Zusammenfassend läßt sich festhalten:

1. Persönliches Erleben des Übergangs in Arbeitslosigkeit und auch die Erfahrung jeweiligen weiteren Arbeitslosigkeitsverlaufs sind unter den Einflußfaktoren, die für die politische Bewertung der neuen Gesellschaftsverhältnisse, für die Haltung zu Parteien, für Auffassungen über Ursachen und Bekämpfung der Arbeitslosigkeit relevant sind, von nachrangiger Bedeutung. Entscheidend sind Bildung, Qualifikation und berufliche Entwicklung vor der Wende, aber auch das Lebensalter.
2. Für die Art der persönlichen Wahrnehmung des Systemumbruchs in seiner Relevanz für die eigene Lebensqualität hat dagegen der Erwerbsverlauf seit der Wende, hat die Tatsache, ob und wie anhaltend man selbst, aber auch der/die Lebenspartner/in von Arbeitslosigkeit betroffen wurden, erstrangige Bedeutung.

Schlußbemerkung

Unser theoretisches Konzept für das biab-Erwerbsverlaufspanel umsetzend, identifizierten wir an Hand der empirischen Daten nicht nur typische Arbeitslosigkeitsverläufe in den neuen Bundesländern und stellten nicht nur individuelle, familiale und sozialstrukturelle Wirkungen dieser Verläufe unter dem Einfluß verschiedener moderierender Variablen fest. Wir fragten insbesondere auch danach, in welchem Maße ostdeutsche Arbeitslose Akteure ihrer Situation sind, wie sie durch ihre Bewältigungsstrategien und ihr Verhalten sowohl den eigenen Erwerbsverlauf als auch gesellschaftliche Verhältnisse, speziell Arbeitsmarktverhältnisse beeinflussen.

Was zeigte sich?

Erstens: Durch die hartnäckige Unwilligkeit der meisten Arbeitslosen, auch der Langzeitarbeitslosen und der Frauen nicht weniger als der Männer, ihren Wunsch nach beruflicher Tätigkeit aufzugeben und aus dem Erwerbssystem auszuscheiden, nehmen sie Einfluß auf die Situation des Arbeitsmarktes. Die Politik muß mit diesem Verhalten der Mehrzahl der Arbeitslosen, mit ihrer anhaltenden Arbeitssuche, einschließlich aktiver Anpassung an jeweilige Arbeitsmarkterfordernisse bei einer großen Zahl Betroffener, rechnen. Auch wenn es dabei um ganz individuelle Handlungsstrategien, um kein organisiertes und institutionalisiertes Handeln geht, schafft das anhaltend erwerbsorientierte Verhalten Arbeitsloser Realitäten von Gewicht.

Zweitens: Der größere Teil der befragten ostdeutschen Arbeitslosen verfügt nach fünf Jahren Erfahrung mit der Marktwirtschaft und mit bundesdeutschen Institutionen über ein hohes Maß an Handlungskompetenz auf dem Arbeitsmarkt. Die 1995 arbeitslosen Befragten haben zu über 60 Prozent seit der Wende an Weiterbildungsmaßnahmen teilgenommen, bei den inzwischen Wiederbeschäftigten sind es sogar gut drei Viertel. Ostdeutsche Arbeitslose sind überwiegend selbständig und initiativreich bei der Arbeitssuche, flexibel hinsichtlich zeitlicher und inhaltlicher Arbeitsanforderungen, wenn auch die räumliche Mobilität vielfach weniger entwickelt ist. Die meisten Arbeitslosen bleiben auch nach Mißerfolgen motiviert und engagiert in ihrem Bemühen zur Reintegration in das Erwerbsleben.

Drittens: Beendigung der Arbeitslosigkeit durch Wiederbeschäftigung ist zwar in erster Linie von endogenen Strukturen des Arbeitslosigkeitsverlaufs selbst sowie von objektiven exogenen Faktoren, insbesondere von den jeweiligen Arbeitsmarktbedingungen und von den Selektionskriterien am Arbeitsmarkt, abhängig. Aber die Nutzung oder gar Überschreitung dieser mehr oder weniger engen Spielräume ist eine Frage des Vorhandenseins und des Einsatzes subjektiver mentaler Ressourcen (motivationaler und volitiver Potenzen), interpersonaler Beziehungen und vor allem flexibler individueller Aktivitäten. Angesichts des anhaltend großen Defizits an Arbeitsplätzen bedeutet nun jedoch ein erfolgreicher Wiedereinstieg Arbeitsloser in reguläre Beschäftigung gegenwärtig real die Verdrängung anderer aus Erwerbstätigkeit. Mit ihrem aktiven Verhalten auf dem Arbeitsmarkt verändern diese Arbeitslosen ihre persönliche Situation. Aber sie reproduzieren zugleich, ob sie es wollen oder nicht, die bestehende defizitäre Arbeitsplatzsituation und verschärfen sogar teilweise die vorhandenen Segregationen auf dem Arbeitsmarkt sowie daraus resultierende Konfliktpotentiale. Politischer Handlungsbedarf liegt auf der Hand, um Interessenlagen der Wirtschaft zur Schaffung von Arbeitsplätzen zu stimulieren und um die vorhandene Arbeit umzuverteilen.

Viertens: Zu untersuchen bleibt, inwieweit massenhafte Arbeitslosigkeit, bei gleichzeitig ungleichmäßiger Verteilung bei den sozialen Gruppen und Milieus, nicht nur objektive Lebensbedingungen, insbesondere wirtschaftliche Lagen, mehr oder weniger nachhaltig verändert, sondern längerfristig auch Mentalitäten und Lebenstätigkeiten, soziale Beziehungen und Lebensstile umstrukturiert. Verändern sich dadurch Milieus, vor allem jene, deren Vertreter überproportional von Arbeitslosigkeit betroffen sind (etwa das sog. traditionslose Arbeitermilieu)? Gibt es Wanderungen zwischen den Milieus? Wie weit reicht die relative Unabhängigkeit der Lebensorientierungen und individuellen Lebenstätigkeiten von den materiellen Lebensvoraussetzungen sowie von den herrschenden Statusnormen der Arbeitsgesellschaft? Nach den Befunden unserer Untersuchung, die allerdings kein Indikatorensystem zur komplexen Erfassung von Lebensweisen enthielt und die auch nur ansatzweise Vergleiche mit Erwerbspersonen ohne Arbeitslosigkeitserfahrung zuläßt, sind die Verhaltenskomponenten von Milieuzugehörigkeiten zum großen Teil durch Arbeitslosigkeit relativ wenig berührt – allerdings sind dafür die Einbindungen in jeweilige Haushalts-, Familien- und Partnerschaftskontexte von entscheidender Bedeutung. Die Verbindung von Arbeitslosigkeitsforschung und milieubezogener Ungleichheitsforschung bleibt auf der Tagesordnung.

Anhang

1. Methodik des biab-Erwerbsverlaufspanels

Die folgenden Angaben über das biab-Erwerbsverlaufspanel betreffen die erhobenen Daten, soweit sie in der vorliegenden Arbeit Verwendung fanden. Das betrifft die Querschnitte der Jahre '93, '94, '95, ferner die Paneldatei '93 bis '95 sowie die Paneldatei '94/'95.

1.1 Anlage der Untersuchung

Ziel der 1992 begonnenen Untersuchung ist es, über einen Zeitraum von mehreren Jahren den Erwerbsverlauf Ostdeutscher nach ihrem Eintritt in Arbeitslosigkeit repräsentativ für das Land Brandenburg und Berlin (Ost) zu verfolgen. Untersucht wird der Einfluß von:

- strukturellen Bedingungen,
- soziodemographischen Zugehörigkeiten,
- familial-partnerschaftlichen Einbindungen
- sowie psychischen Dispositionen, individuellen Wertorientierungen und Verhaltensweisen auf die Erwerbsverläufe.

In der Untersuchung werden die gleichen Personen in jährlichen Abständen wiederholt befragt.

In die Erstbefragung wie auch in die Auffüllungen der Folgewellen wurden bzw. werden Arbeitslose und deren Lebenspartner(innen) aufgenommen.

Zusätzlich werden als Kontrollgruppe Erwerbstätige, die noch niemals arbeitslos waren, befragt. Diese Gruppe wird zu jeder Befragungswelle neu gezogen und geht nicht in das Panel ein.

Für alle Befragten wird ein standardisierter Fragebogen eingesetzt, der einen erwerbsstatusspezifischen Anhang hat, und zwar getrennt für:

- Arbeitslose, Teilnehmer an arbeitsamtsfinanzierter Fortbildung und Umschulung (FuU) sowie (vorrübergehend) nicht Erwerbstätige (Vorruhestand, Studium, Mutterschutz etc.)

- Teilnehmer an Arbeitsbeschaffungsmaßnahmen (ABM), Wiederbeschäftigte und Erwerbstätige.

Die Partner(innen) werden mit einem gesonderten Erhebungsinstrument erfaßt, welches ausgesuchte Indikatoren des Hauptfragebogens enthält (ohne erwerbsstatusspezifischen Anhang).

Neben der Ausgangsstichprobe '92 der Arbeitslosen und ihrer Lebenspartner(innen) wurden Probanden eines bereits seit 1990 laufenden Panels für Berlin (Ost) und Potsdam in die Stichprobe integriert.

1.2 Stichprobenziehungen

Ausgangsstichprobe 1992:

- Ziel der Ausgangsstichprobe: 1000 Arbeitslose; 300 Partner; 200 Erwerbstätige
- Ergebnis der Feldarbeit: 900 Arbeitslose (incl. FuU); 358 Partner; 225 Erwerbstätige

Zusätzlich wurden in die Stichprobe 287 Personen aus einer vorangegangenen Paneluntersuchung in Berlin (Ost) und Potsdam integriert.

Da die Bleibewahrscheinlichkeiten bei der Zielgruppe der Arbeitslosen im Vergleich zu Befragungen der Erwerbsbevölkerung relativ gering ist, wurden die folgenden Befragungen durch weitere Arbeitslose aufgefüllt.

Datenbasis Querschnitt '93:
n = 1659, davon 354 Partner(innen).
Die Probandendatei (n = 1305; ohne Parter) setzt sich aus den Panelteilnehmern der vorangegangenen Welle(n) zusammen (n = 435). Davon waren zum Zeitpunkt der Befragung 139 arbeitslos. Zusätzlich wurde die Erhebung mit 318 Arbeitslosen aufgefüllt. 271 Personen wurden mit einem anderen Erwerbsstatus als arbeitslos in das Panel neu aufgenommen, vor allem Teilnehmer an FuU. Die Kontrollgrupe der Erwerbstätigen betrug n = 281 Personen.

Datenbasis Querschnitt '94:
n = 1736, davon 391 Partner(innen).
Die Probandendatei (n = 1345; ohne Parter) setzt sich aus den Panelteilnehmern der vorangegangenen Welle(n) zusammen (n = 488). Davon waren zum Zeitpunkt der Befragung 143 arbeitslos. Zusätzlich wurde die Erhebung mit 466 Arbeitslosen aufgefüllt. 100 Personen wurden mit einem anderen Erwerbsstatus als arbeitslos in das Panel neu aufgenommen, vor allem Teilnehmer an FuU. Die Kontrollgrupe der Erwerbstätigen betrug n = 291 Personen.

Datenbasis Querschnitt '95:
n = 1627, davon 374 Partner(innen).
Die Probandendatei (n = 1253; ohne Parter) setzt sich aus den Panelteilnehmern der vorangegangenen Welle(n) zusammen (n = 582). Davon waren zum Zeitpunkt der Befragung 173 arbeitslos. Zusätzlich wurde die Erhebung mit 268 Arbeitslosen aufgefüllt. 90 Personen wurden mit einem anderen Erwerbsstatus als arbeitslos in das Panel neu aufgenommen, vor allem Teilnehmer an FuU. Die Kontrollgruppe der Erwerbstätigen betrug n = 313 Personen.

1.3 Grundgesamtheit

Grundgesamtheit war in allen Befragungswellen der Teil des Erwerbspersonenpotentials, der zum Befragungszeitpunkt arbeitslos gemeldet war.
Den Stichprobenziehungen für die Arbeitslosen lagen die Bestandsdaten vom Juni des jeweiligen Jahres zugrunde.

1.4 Gewichtung

Die Gesamtstichprobe weist in den jeweiligen Befragungswellen Abweichungen bzgl. der Qualifikation und des Geschlechts auf. Für diese beiden Merkmale wurden Gewichtungen getrennt für das Bundesland Brandenburg und für Berlin (Ost) und getrennt für den Erwerbsstatus vorgenommen.

Gewichtungsrahmen:
- Arbeitslose → Strukturanalyse der Bundesanstalt für Arbeit
- Teilnehmer an FuU → Bestandsdaten der Bundesanstalt für Arbeit
- Teilnehmer an ABM → Bestandsdaten der Bundesanstalt für Arbeit
- Erwerbstätige → Mikrozensus des Statistischen Bundesamtes

Wiederbschäftigte und ‚aus anderen Gründen‘ nicht Erwerbstätige wurden nicht gewichtet.

1.5 Panelmortalität des Panels 1993-1995

Von den 1378 Personen (incl. Partnergruppe, ohne Kontrollgruppe) der Bruttostichprobe von 1993 nahmen 1995 noch 515 teil. Das entspricht einem Panelausfall von 63 Prozent. Von '93 zu '94 waren die Ausfälle besonders hoch (51 Prozent). Von '94 zu '95 waren sie mit 24 Prozent deutlich geringer (s. Abbildung 1).

Für Personen mit anhaltender oder wiederholter Arbeitslosigkeit bedeutet es häufig eine starke psychische Belastung, immer wieder durch die Befragung daran erinnert zu werden, daß sie erfolglos geblieben sind, keine stabile Reintegration in das Erwerbsleben geschafft haben. Die Motivation zu wiederholter Befragungsteilnahme geht zurück. Ähnlich ist es, allerdings aus anderen Gründen, bei inzwischen Wiederbeschäftigten. Sie stehen häufig unter starkem Leistungsdruck, haben geringe Zeitreserven. Angesichts dessen ist die dargestellte Panelteilnahme durchaus positiv zu werten. Gefördert wird sie durch regelmäßige Probandeninformationen über wesentliche Ergebnisse der Befragungen, die von den Teilnehmern am Panel mit Interesse aufgenommen werden.

Abbildung 1: Entwicklung der Panelstichprobe von 1993 zu 1995

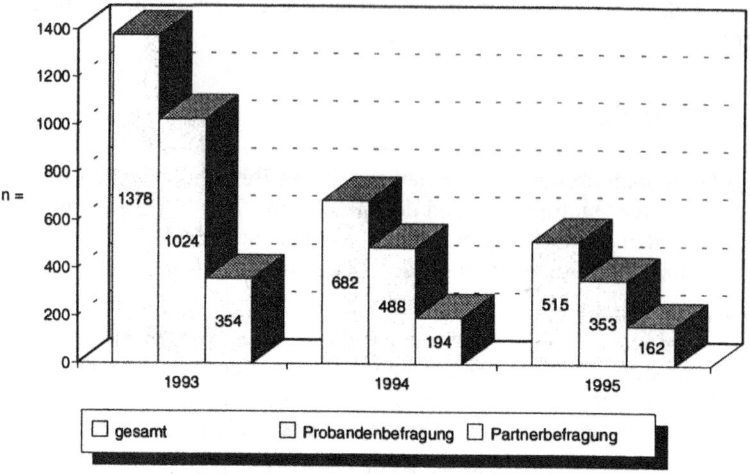

Datenbasis: biab-Erwerbsverlaufspanel Längsschnitt 1993 – 95

2. Daten der amtlichen Statistik

Tabelle 1: Arbeitslosenquoten nach Region und Geschlecht

	Berlin (Ost)			Land Brandenburg			Neue Bundesländer insgesamt		
	gesamt	Frauen	Männer	gesamt	Frauen	Männer	gesamt	Frauen	Männer
Juni 1992	14,3	15,9	12,8	14,4	18,9	10,6	14,2	18,9	10,0
Juni 1993	13,0	14,6	11,4	15,0	20,4	10,1	15,1	20,2	10,4
Juni 1994	12,8	14,1	11,5	15,1	20,6	9,9	15,7	21,3	10,4
Juni 1995	12,0	12,8	11,3	13,8	18,3	9,6	14,8	19,4	10,4

Quelle: Statistische Mitteilungen Landesarbeitsamt Berlin-Brandenburg 1992 ff.; IAB Werkstattberichte 1992 ff., ANBA Jahreszahlen 1993

Tabelle 2: Arbeitslose nach Qualifikation, Geschlecht und Region Ende September 1993

	Berlin (Ost)		Land Brandenburg		Neue Bundesländer insgesamt	
	Frauen	Männer	Frauen	Männer	Frauen	Männer
Qualifikation						
– ohne Abschluß	20,6	22,4	23,3	26,8	22,3	24,8
– betriebl. Ausbildung	56,8	51,8	66,7	60,1	65,7	60,9
– Berufsfach-/Fachsch.	13,5	10,8	7,8	7,3	8,8	7,4
– Fachhochschule	0,7	1,4	0,5	1,1	0,7	1,1
– Hochschule	8,3	13,6	1,8	4,7	2,5	5,8
Alter						
– unter 30 Jahre	26,5	28,5	24,6	24,6	24,1	26,1
– 30 bis unter 40 Jahre	26,2	26,5	29,5	26,2	28,2	27,4
– 40 bis unter 50 Jahre	20,7	20,5	20,3	24,6	22,3	22,5
– 50 Jahre und älter	26,5	24,3	25,6	24,6	25,3	24,1
In Arbeitslosigkeit seit						
– unter 1 Monat	10,7	14,2	6,8	11,7	7,9	12,5
– 1 bis 3 Monaten	19,3	22,8	15,5	21,3	17,4	24,0
– 3 Mon. – unter ½ J.	17,9	19,5	17,1	19,5	16,4	19,0
– ½ bis unter 1 Jahr	21,3	20,6	23,1	20,7	23,3	21,8
– 1 bis unter 2 Jahren	19,6	14,4	24,4	16,7	23,8	14,8
– 2 Jahre und länger	11,2	8,3	13,2	10,2	11,2	7,9
Familienstand						
– verheiratet					68,8	48,4
– nicht verheiratet					31,2	51,6

Quelle: Strukturanalyse der Bundesanstalt für Arbeit, Nürnberg 1994; Angaben in Spaltenprozent. Leere Zellen – fehlende Angaben in der Statistik

Tabelle 3: Arbeitslose nach Qualifikation, Geschlecht und Region Ende September 1994

	Berlin (Ost)		Land Brandenburg		Neue Bundesländer insgesamt	
	Frauen	Männer	Frauen	Männer	Frauen	Männer
Qualifikation						
– ohne Abschluß	21,2	21,0	23,2	26,7	19,8	21,9
– betriebl. Ausbildung	56,8	53,2	66,9	59,9	68,8	63,0
– Berufsfach-/Fachsch.	12,9	9,7	7,8	6,9	8,5	7,5
– Fachhochschule	1,0	2,0	0,5	1,4	0,5	1,3
– Hochschule	8,2	14,1	1,7	5,1	2,4	6,4
Alter						
– unter 30 Jahre	24,7	26,7	22,9	24,2	22,9	25,2
– 30 bis unter 40 Jahre	26,1	26,7	28,9	26,3	27,7	25,4
– 40 bis unter 50 Jahre	19,2	19,6	20,1	20,9	21,7	21,6
– 50 Jahre und älter	30,0	27,1	28,0	28,5	27,8	27,7
In Arbeitslosigkeit seit						
– unter 1 Monat	11,2	15,2	7,1	13,4	7,9	14,1
– 1 bis 3 Monaten	19,8	23,9	14,1	20,6	14,8	21,6
– 3 Mon. – unter ½ J.	17,4	19,5	13,1	15,9	13,7	16,8
– ½ bis unter 1 Jahr	23,6	22,4	23,5	23,2	23,7	23,4
– 1 bis unter 2 Jahren	15,6	12,2	22,4	16,1	22,2	15,5
– 2 Jahre und länger	12,4	6,6	19,9	10,8	17,7	8,6
Familienstand						
– verheiratet					66,9	47,4
– nicht verheiratet					33,1	52,6

Quelle: Strukturanalyse der Bundesanstalt für Arbeit, Nürnberg 1995; Angaben in Spaltenprozent. Leere Zellen – fehlende Angaben in der Statistik

Tabelle 4: Berufliche Weiterbildung: Vorher Arbeitslose nach Geschlecht und Qualifikation, Bestand Ende Dezember 1993

	Berlin (Ost)		Land Brandenburg	
	Frauen	Männer	Frauen	Männer
Qualifikation				
– ohne Abschluß	6,0	8,3	6,3	12,8
– betriebl. Ausbildung	61,4	57,1	78,6	71,9
– Berufsfach-/Fachschule	19,9	15,3	11,6	8,5
– Fachhochschule	2,1	4,7	1,3	3,1
– Hochschule	10,6	14,6	2,2	3,7

Quelle: Bundesanstalt für Arbeit, Referat IIb3, Angaben in Spaltenprozent

Tabelle 5: Berufliche Weiterbildung: Vorher Arbeitslose nach Geschlecht und Qualifikation, Bestand Ende Dezember 1994

	Berlin (Ost)		Land Brandenburg	
	Frauen	Männer	Frauen	Männer
Qualifikation				
– ohne Abschluß	9,8	12,3	8,5	14,4
– betriebl. Ausbildung	62,7	56,1	75,6	68,8
– Berufsfach-/Fachschule	15,9	11,5	12,6	9,4
– Fachhochschule	3,0	6,4	1,5	3,3
– Hochschule	8,6	13,6	1,9	4,1

Quelle: Bundesanstalt für Arbeit, Referat Iib3, Angaben in Spaltenprozent

Tabelle 6: Erwerbstätige 15 Jahre und älter im April 1993

	Neue Bundesländer insgesamt	
	Frauen	Männer
Qualifikation		
– Lehr-/Anlernausbildung	63,2	68,2
– Berufsfach-/Fachschule	23,2	15,6
– Fachhochschule	2,6	3,9
– Hochschule	11,0	12,2
Alter		
– unter 30 Jahre	27,5	27,8
– 30 bis unter 40 Jahre	30,6	29,6
– 40 bis unter 50 Jahre	24,3	23,2
– 50 Jahre und älter	17,4	19,4

Quelle: Statistisches Bundesamt, Bevölkerung und Erwerbstätigkeit, Reihe 4.1.2, Wiesbaden 1995, Angaben in Spaltenprozent

Tabelle 7: Leistungsbezug Arbeitsloser im November 1995

	Arbeitslosengeld	Arbeitslosenhilfe	ohne Leistung
Land Brandenburg	54	34	12
Berlin (Ost)	52	26	22

Quelle: Statistische Mitteilungen Landesarbeitsamt Berlin-Brandenburg November 1995, Angaben in Zeilenprozent

3. Literaturverzeichnis

Adler, F./Kretzschmar, A.: Zum Wandel sozialer Ungleichheit in der DDR/Ostdeutschlands seit 1989/90 – Brüche und Kontinuitäten. In: Reader zum DFG-Workshop am 30.11. und 1.12.1994 in Bremen

Adler, F./Kretschmar, A: Vertikale Mobilität im ostdeutschen Transformationsprozeß. In: Andreß, H.-J. (Hrsg.): Fünf Jahre danach. Berlin: Walter de Gruyter Verlag, 1995, S. 11-39

Allerbeck, K.: Arbeitswerte im Wandel. In: MittAB 2/1985, S. 209-216

ANBA 1993: Bestand an Arbeitslosen in den neuen Bundesländern nach ausgewählten Strukturmerkmalen. Amtliche Nachrichten der Bundesanstalt für Arbeit, Heft 7/1993.

ANBA 1994: Arbeitsmarkt 1993. Arbeitsmarktanalyse für die alten und neuen Bundesländer. Amtliche Nachrichten der Bundesanstalt für Arbeit. 1994, Sondernummer.

Andreß, H.-J.: Spezifikationsfehler und unbeobachtete Heterogenität in Regressionsmodellen für Übergangsraten. In: KZfSS. 40(1988), S. 99-116

Andreß, H.-J.: Instabile Erwerbskarrieren und Mehrfacharbeitslosigkeit – ein Vergleich mit der Problemgruppe der Langzeitarbeitslosen. In: MittAB 1/1989, S. 17-32

Andreß, H.-J. (1995a): Analysen zum unteren Einkommensbereich – Auf- und Abstiege, Ereignisse, Reaktionen und subjektives Wohlbefinden. In: Zapf, W./Schupp J./Habich R. (Hrsg.): Lebenslagen im Wandel: Sozialberichterstattung im Längsschnitt. Frankfurt a. M.: Campus 1995, S. 321-347

Andreß, H.-J. (1995b) (Hrsg.): Fünf Jahre danach. Berlin: Walter de Gruyter Verlag, 1995

Andreß, H-J./Lipsmeier, G.: Was gehört zum Lebensstandard und wer kann ihn sich leisten? In: Aus Politik und Zeitgeschichte. B 31-32/1995, S. 35-49

Arbeitsmarkt Monitor für die neuen Bundesländer, im Auftrag der Bundesanstalt für Arbeit, Infratest Sozialforschung. München 1994

Arbeitsmarkt Monitor für die neuen Bundesländer, im Auftrag der Bundesanstalt für Arbeit, Infratest Sozialforschung. München 1995

Autorengemeinschaft 1993: Der Arbeitsmarkt 1993 und 1994 in der Bundesrepublik Deutschland. In: MittAB 4/1993, S. 445-466

Beck, U.: Risikogesellschaft. Auf dem Weg in eine andere Moderne. Frankfurt a. M.: Suhrkamp, 1986

Beckmann, P./Bender, St.: Arbeitslosigkeit in ostdeutschen Familien. In: MittAB 2/1993, S. 222-283

Berger, H./Schultz, A.: Veränderungen der Erwerbssituation in ostdeutschen Privathaushalten und Befindlichkeit der Menschen. In: Aus Politik und Zeitgeschichte. B 16/1994, S. 3-15

Berger, H./Bulmahn, Th./Hinrichs, W.: Erwerbsverläufe in Ostdeutschland, Forschungspapier des WZB FS III 95-403. Berlin: 1995

Berger, P. A.: Ungleichheitsphasen. Stabilität und Instabilität als Aspekte ungleicher Lebenslagen. In: Berger, P. A./Hradil, St. (Hrsg.): Lebenslagen – Lebensläufe – Lebensstile. Göttingen: Verlag Otto Schwartz & Co, 1990, S. 319-350

Berger, P. A./Sopp, P.: Stabilität und Fluktuationen. Theoretische und empirische Argumente für eine ‚verzeitlichte‘ Sozialstrukturanalyse. In: Glatzer, W. (Hrsg.): Entwicklungstendenzen der Sozialstruktur. Frankfurt/New York: Campus 1992, S. 60-104

Berger, P.A.: „Was früher starr war, ist nun in Bewegung" – oder: Von der eindeutigen zur unbestimmten Gesellschaft. In: Thomas, M. (Hrsg.): Abbruch und Aufbruch. Berlin: Akademie Verlag, 1992, S. 128-151

Berger, P.A.: Soziale Ungleichheiten und sozio-kulturelle Milieus. Die neuere Sozialstrukturforschung zwischen „Bewußtsein" und „Sein". In: Berliner Journal für Soziologie Nr. 2/1994

Berger, P.A.: Mobilität, Verlaufsvielfalt und Individualisierung. In: Berger, P.A./Sopp, P. (Hrsg.): Sozialstruktur und Lebenslauf: Opladen: Leske + Budrich, 1995, S. 65-83

Berger, P.A./Sopp, P. (Hrsg.): Sozialstruktur und Lebenslauf. Opladen: Leske + Budrich, 1995

Bertram, B: Zur Entwicklung der sozialen Geschlechterverhältnisse in den neuen Bundesländern. In: Aus Politik und Zeitgeschichte, B6/93, S. 27-38

Bertram, H. (Hrsg.): Ostdeutschland im Wandel: Lebensverhältnisse – politische Einstellungen. Opladen: Leske + Budrich 1995

Bertram, H./Dannenbeck C.: Pluralisierung von Lebenslagen und Individualisierung von Lebensführungen. In: Berger, P. A./Hradil, St. (Hrsg.): Lebenslagen – Lebensläufe – Lebensstile. Göttingen: Verlag Otto Schwartz & Co, 1990, S. 207-230

Bielinski, H./ Brinkmann, Ch./ Kohler, B.: Erwerbsverläufe und arbeitsmarktpolitische Maßnahmen in Ostdeutschland. IAB Werkstattbericht Nr. 12/14.12.1994

Bleich, Ch./ Witte, E. W.: Zu Veränderungen der Paarbeziehung bei Erwerbslosigkeit des Mannes. In: Kölner Zeitschrift für Soziologie und Sozialpsychologie. 44(1992)4, S. 731-746

Blien, U./ Hirschenauer, F.: Die Entwicklung regionaler Disparitäten in Ostdeutschland. In: MittAB 27(1994)4, S. 323-337

Blossfeld, H. P./Hamerle, A./ Mayer, K. M.: Ereignisanalyse. Frankfurt/ NewYork: Campus Verlag, 1986

Blossfeld, H. P.: Berufsverläufe und Arbeitsmarktprozesse. In: Lebensverläufe und sozialer Wandel. Opladen: Westdeutscher Verlag, 1990, S. 118-145

Bogai, D. u. a.: Binnenstruktur der Langzeitarbeitslosigkeit älterer Männer und Frauen. In: MittAB 2/1994, S. 73-93

Bolte, K. M.: Strukturtypen sozialer Ungleichheit. In: Berger, P./Hradil, S. (Hrsg.): In Lebenslagen – Lebensläufe – Lebensstile. Göttingen: Verlag Otto Schwartz & Co 1990, S. 27-50

Bonß, W./Heinze, R. G. (Hrsg.): Arbeitslosigkeit in der Arbeitsgesellschaft. Frankfurt a. M.: Suhrkamp, 1984

Bonß, W./Plum, W.: Gesellschaftliche Differenzierung und sozialpolitische Normalitätsfiktion. Zum theoretischen und empirischen Gehalt von Normalitätsunterstellungen in der Sozialpolitikdiskussion. In: Zeitschrift für Sozialreform. H. 36/1990, S. 692-715

Bothin, G./Wunsch, R.: Arbeitslos – ein „Fall" für die Sozialhilfe? In: Sozialer Fortschritt Heft 7, 1992

Bothin, G./Wunsch, R.: Die neue Armut in Ostdeutschland. Sozialhilfebezieher in der Stadt Brandenburg – Ursachen, Konsequenzen, Perspektiven. trafo verlag 1996

Bourdieu, P.: Die feinen Unterschiede. Frankfurt a. M.: Suhrkamp 1987

Brähler, E./Richter, H.-E.: Deutsche Befindlichkeiten im Ost-West-Vergleich. In: Aus Politik und Zeitgeschichte. B 40-41/1995, S. 13-20

Brandenburg an der Havel, Daten, Fakten, Perspektiven, Hrsg.: Stadt Brandenburg an der Havel 1994

Braun, M.: Arbeitsplatzunsicherheit und die Bedeutung des Berufs. In: Glatzer, W./Noll, H.-H. (Hg.): Lebensverhältnisse in Deutschland. Ungleichheit und Angleichung. Frankfurt a. M./NewYork.: Campus Verlag, 1992, S. 75-88

Brinkmann, Ch.: Die individuellen Folgen langfristiger Arbeitslosigkeit. Ergebnisse einer repräsentativen Längsschnittuntersuchung. In: MittAB 4/1984, S. 454-473

Brinkmann, Ch.: Neue arbeitsmarktpolitische Hilfen für den „harten Kern" von Arbeitslosen. Arbeitspapier 1989-8. Paderborn. Arbeitskreis Sozialwissenschaftliche Arbeitsmarktforschung (SAMF)

Brinkmann, Ch. u.a.: Arbeitslosigkeit und Sozialhilfebezug. In: MittAB 1/1991, S. 157-177

Brinkmann, Ch./Klauder, W./Reyer, L./Thon, M.: Methodische und inhaltliche Aspekte der Stillen Reserve. In: MittAB 4/1987, S. 387-409

Brinkmann, Ch./Müller, K./Wiedemann E.: Problemgruppen am ostdeutschen Arbeitsmarkt. In: Neubäumer, R. (Hrsg.): Arbeitsmarkt kontrovers. Darmstadt: Wissenschaftliche Buchgesellschaft, 1993, S.176-203

Brinkmann, Ch./Schober, K. (Hrsg): Erwerbsarbeit und Arbeitslosigkeit im Zeichen des Strukturwandels – Chancen und Risiken am Arbeitsmarkt. Nürnberg: BeitrAB 163/1992

Brinkmann, Ch./Spitznagel, E.: Belastungen des Haushaltes durch Arbeitslosigkeit. In: Hauswirtschaft und Wirtschaft. H 32/1984, S. 256-263

Brinkmann, Ch./Wiedemann, E.: Zu den psycho-sozialen Folgen der Arbeitslosigkeit in den neuen Bundesländern. In: Aus Politik und Zeitgeschichte. B 16/1994, S. 176-203

Brinkmann, Ch./Wiedemann, E.: Arbeitsrisiken im Transformationsprozeß. Ergebnisse des Arbeitsmarkt-Monitor 1989-1994 In: MittAB 3/95, S. 323-338

Brinkmann, Ch./ Schober, K.: Verlaufsuntersuchungen bei erwachsenen und jugendlichen Arbeitslosen. In: BeitrAB 70/1988, S. 700-723

Büchel, F.: Die Qualität der Wiederbeschäftigung nach ununterbrochener und nach perforierter Langzeitarbeitslosigkeit. In: BeitrAB 162/1992, S. 16-28

Büchel, F.: Die Einkommensstruktur der Perforations-Jobs bei perforierter Langzeitarbeitslosigkeit. In: MittAB 3/1993, S. 336-347

Büchel, F./ Pannenberg, M. (1992a): Erwerbsbiographische Folgerisiken von Kurzarbeit und Arbeitslosigkeit. In: MittAB 2/1992, S. 158-167

Büchel, F./ Pannenberg, M. (1992b): „Neue Selbständige" in Ostdeutschland – Statusentscheidung, Realisierungschancen und materielle Zufriedenheit. In: MittAB 4/1992, S. 544-552

Büchel, F./ Weisshuhn, G.: Zur Stabilität der Wiederbeschäftigung nach Arbeitslosigkeit. In: MittAB 2/1990, S. 263-283

Buchmann, M./ Sacchi, St.: Mehrdimensionale Klassifikation beruflicher Verlaufsdaten. In: KZfSS. 47(1995)3, S. 413-442

Büchtemann, Ch. F.: Erwerbskarrieren im Anschluß an Arbeitslosigkeit. In: MittAB 2/1982, S. 120-130

Büchtemann, Ch. F.: Der Arbeitslosigkeitsprozeß. Theorie und Empirie strukturierter Arbeitslosigkeit in der Bundesrepublik Deutschland. In: Bonß, W./R. G. Heinze (Hrsg.): Arbeitslosigkeit in der Arbeitsgesellschaft. Frankfurt a. M.: Suhrkamp 1984, S. 53-105

Büchtemann, Ch. F./Infratest Sozialforschung 1983: Die Bewältigung von Arbeitslosigkeit im zeitlichen Verlauf. In: Bundesminister für Arbeit und Sozialordnung (Hrsg.): Forschungsberichte. Bonn: B 85/1983

Büchtemann, Ch. F./von Rosenbladt, B. : Kumulative Arbeitslosigkeit. In: MittAB 3/83, S.262-275

Büssing, A.: Arbeitslosigkeit – Differentielle Folgen aus psychologischer Sicht. In: Arbeit. 2 (1993)1, S. 5-19

Cramer, U./Karr, W.: Lebensalter und Dauer der Arbeitslosigkeit. In: Brinkmann, C./Schober, K. (Hg.): Erwerbsarbeit und Arbeitslosigkeit im Zeichen des Strukturwandels – Chancen und Risiken am Arbeitsmarkt. Nürnberg: BeitrAB 163/1992, S. 189-206

Diekmann, A./Mitter, P.: Methoden zur Analyse von Zeitverläufen. Stuttgart: B. G. Teubner, 1984

Engel, U./Reinecke J.: Panelanalyse: Grundlagen, Techniken, Beispiele; Berlin: de Gruyter 1994

Ehrhardt, G.: Bewältigunsstrategien von Arbeitslosigkeit im Verlauf. In: Kieselbach, Th./Voigt, P. (Hrsg.): Systemumbruch, Arbeitslosigkeit und individuelle Bewältigung in der Ex-DDR. Weinheim: Deutscher Studien Verlag, 1992, S. 216-226

Ehrhardt, G.: Die Orientierungen Ostberliner Arbeitsloser auf ihre persönliche Zukunft. In: Meyer, H.-G. (Hrsg.): Soziologen-Tag Leipzig 1991. Berlin: Akademie Verlag 1992, S. 1133-1141

Ehrhardt, G./Hahn, T.: Verläufe und Verarbeitungsformen von Arbeitslosigkeit – Ergebnisse einer Paneluntersuchung in Ostdeutschland. In: MittAB 1/1993, S. 36-52

Engelbrech, G.: Frauenerwerbslosigkeit in den neuen Bundesländern. Folgen und Auswege. In: Aus Politik und Zeitgeschichte. B 6/1994, S. 22-32

Erwerbsverläufe seit der „Wende“. Infratest Sozialforschung. München: 1993

Esser, H.: Werte und die „Konstitution der Gesellschaft. In: Holst, E./Rinderspacher, J. P./Schupp, J. (Hrsg.): Erwartungen an die Zukunft. Frankfurt a. M.: Campus Verlag, 1994, S. 77-106

Fachinger, U.: Kumulation von individuellen Arbeitslosigkeitsphasen oder Mehrfacharbeitslosigkeit. Ein quantitativ bedeutsames Problem? In: MittAB 3/1991, S. 559-576

Ferchland, R./Ullrich, R.: ‚Junge Alte‘ – in abgeschlagener Position auf dem Arbeitsmarkt. In: Arbeitslosenreport. H 1/1994, S. 31-33

Frauen in den neuen Bundesländern im Prozeß der deutschen Einigung. Ergebnisse einer repräsentativen Infas-Umfrage im Auftrag des BMFJ. Materialien zur Frauenpolitik, Bad Godesberg: H 11/1991

Frick, J./Hauser, R./Müller, K./Wagner, G.: Die Auswirkungen der hohen Unterbeschäftigung in Ostdeutschland auf die personelle Einkommensverteilung. In: Neubäumer, R. (Hrsg.): Arbeitsmarktpolitik kontrovers. Darmstadt: 1993, S. 204-228

Frick, J./Müller, K.: Arbeitslosigkeit und Einkommensmobilität ostdeutscher Personen seit 1990. In: Zapf, W./Schupp J./Habich R. (Hrsg.): Lebenslagen im Wandel: Sozialberichterstattung im Längsschnitt. Frankfurt a. M.: Campus 1995, S. 291-320

Friedrich, W.: Mentalitätswandlungen in der Jugend der DDR. In: Aus Politik und Zeitgeschichte. B 16-17/1990, S. 25-37

Gebhardt, W./Kamphausen, G.: Mentalitätsunterschiede im wiedervereinten Deutschland? In: Aus Politik und Zeitgeschichte. B 16/1994, S. 29-39

Geißler, R.: Soziale Ungleichheit zwischen Frauen und Männern im geteilten und vereinten Deutschland. In: Aus Politik und Zeitgeschichte. B 14-15/1991, S. 13-24

Geißler, R. (1992a): Die Sozialstruktur Deutschlands. Opladen: Westdeutscher Verlag: 1992

Geißler, R. (1992b): Die ostdeutsche Sozialstruktur unter Modernisierungsdruck. In: Aus Politik und Zeitgeschichte. B 29-30/1992, S. 15-28

Geißler, R. (Hrsg.): Sozialer Umbruch in Ostdeutschland. Opladen: Leske + Budrich 1993
Geißler, R. (Hrsg.): Soziale Schichtung und Lebenschancen. Stuttgart: Ferdinand Enke Verlag, 1994
Gensicke, Th.: Mentalitätsentwicklungen im Osten Deutschlands seit den 70er Jahren. Speyerer Forschungsberichte, 109/1992
Gensicke, Th.: Pragmatisch und optimistisch: Über die Bewältigung des Umbruchs in den neuen Bundesländern. In: Bertram, H. (Hg.): Ostdeutschland im Wandel. Lebensverhältnisse und politische Einstellungen. Opladen: Leske + Budrich, 1995, S. 127-154
Gerlach, F./Kronauer, M./Vogel, B.: Soziallage Arbeitslosigkeit und Schicht der Dauerarbeitslosen. In: Mitteilungen des SOFI. H 18/1990, S. 40-47
Glatzer, W./Noll, H.-H. (Hrsg.): Lebensverhältnisse in Deutschland: Ungleichheit und Angleichung. Frankfurt a. M./NewYork: Campus Verlag, 1992
Grassinger, R.: Verfestigte Arbeitslosigkeit. Das Hysteresis-Phänomen unter besonderer Berücksichtigung des Humankapitalansatzes. Nürnberg: BeitrAB 174/1993
Grünert, H./Lutz, B.: Transformationsprozeß und Arbeitsmarktsegmentation, In: Nickel, H. M./Kühl, J./Schenk, S. (Hg.): Erwerbsarbeit und Beschäftigung im Umbruch. Berlin: Akademie-Verlag, 1994, S. 3-28
Habich, R./Krause, P./Priller, E.: Subjektives Wohlbefinden. In: BeitrAB 143/1991, S. 37-41
Habich, R./Spellerberg, A.: Wertorientierungen, Ansprüche und Erwartungen. In: Datenreport 1994. Bundeszentrale für politische Bildung. Bonn: 1994, S. 438-449
Häder, M./Mohler, P.P.: Zukunftsvorstellungen der Menschen als Erklärungsvariable für die Krise in der DDR und die gegenwärtige Situation in Ostdeutschland. In. Aus Politik und Zeitgeschichte. B 27/1995, S.19-27
Hahn, T.: Leistung und soziale Gerechtigkeit. In: Arbeitswissenschaften. 34(1990)2, S.120-125
Hahn, T.: Zur Untersuchung von Freizeitverhalten in der DDR. In: Timmermann, H. (Hrsg.): Lebenslagen. Saarbrücken-Scheidt: Dadder, 1990, S. 235-250
Hahn, T.: Soziale Problemgruppen. In: Sozialreport Ost-Berlin 1990. Berlin: 1990, S. 255-269
Hahn, T./Ehrhardt, G.: Arbeitslosigkeit in der früheren DDR: objektive Gegebenheiten und subjektive Wahrnehmung. Ergebnisse einer Fallstudie. In: Utopie kreativ. 1(1990)3, S. 71-76
Hahn, T.: Zu bildungs- und berufsbezogenen Einstellungen und Handlungspotenzen Auszubildender, junger Erwerbstätiger und Arbeitsloser in Ostdeutschland. Nürnberg: Beitr.AB 153.2/1992, S. 79-91
Hahn, T.: Lageveränderungen, Wertorientierungen und Aktivitätspotentiale bei Arbeitslosen. In: Kieselbach, Th./Voigt, P. (Hrsg.): Systemumbruch, Arbeitslosigkeit und individuelle Bewältigung in der Ex-DDR. Weinheim: Deutscher Studien Verlag, 1992, S. 199-215
Hahn, T.: Soziale Spezifik und individuelle Verarbeitung von Arbeitslosigkeit in den neuen Bundesländern. In: Meyer, Hansgünter (Hrsg.): Soziologen-Tag Leipzig 1991. Berlin: Akademie Verlag, 1992, S. 1093-1111
Hahn, T.: Erwerbslosigkeitserfahrungen von Frauen in den neuen Bundesländern. In: Mohr, G. (Hrsg.): Ausgezählt – Theoretische und empirische Beiträge zur Psychologie der Frauenerwerbslosigkeit. Weinheim: Deutscher Studien Verlag, 1993, S. 87-125

Hahn, T.: Erwerbsverläufe nach Eintritt in Arbeitslosigkeit. Ergebnisse eines Panels in Ostdeutschland/Land Brandenburg. In: Sozialunion in Deutschland. Berlin: SFZ/Böcklerstiftung, 1994, S. 50-65

Hahn, T.: Frauen und Arbeitslosigkeit. In: Sydow, H./Schlegel, U./Helmke, A. (Hrsg.): Chancen und Risiken im Lebenslauf: Beiträge zum gesellschaftlichen Wandel in Ostdeutschland. Berlin: Akademie Verlag, 1995, S. 171-186

Hahn, T.: Verläufe der Verarbeitung von Arbeitslosigkeit in den neuen Bundesländern. In: Sahner, H. (Hrsg.): Transformationsprozesse in Deutschland. Opladen: Leske + Budrich 1995, S. 51-79

Hahn, T.: Erfahrung und Bewältigung von Arbeitslosigkeit im West-Ost-Vergleich. In: Berichte aus dem Zentrum für Gerechtigkeitsforschung an der Universität Potsdam. Nr. 2/1995, S. 60-85

Hahn, T./Miethe, H.: Arbeitslosigkeit im Ostdeutschland und individuelle Bewältigung. In: SAMF, Arbeitspapier 1995-4, Gelsenkirchen S. 123-143

Hahn, T./Schön, G.: Besonderheiten ostdeutscher Langzeitarbeitslosigkeit. In: Andreß H.-J. (Hrsg.): Fünf Jahre danach. Zur Entwicklung von Arbeitsmarkt und Sozialstruktur im vereinten Deutschland. Berlin/New York: Walter de Gruyter Verlag, 1995, S. 103-183

Hamerle, A./Tutz, G.: Diskrete Modelle zur Analyse von Verweildaueren und Lebenszeiten. Frankfurt a. M./New York: Campus Verlag, 1989

Hanesch, W. et al.: Armut in Deutschland. Reinbek bei Hamburg: Rowohlt, 1994

Hanesch, W.: Sozialpolitik und arbeitsmarkbedingte Armut. Strukturmängel und Reformbedarf in der sozialen Sicherung bei Arbeitslosigkeit. In: Aus Politik und Zeitgeschichte. B 31-32/1995, S. 14-23

Hauser, R./Berntsen, R.: Einkommensarmut – Determinanten von Aufstiegen und Abstiegen. In: Hujer, R./Schneider, H./Zapf, W. (Hrsg.): Herausforderungen an den Wohlfahrtsstaat im strukturellen Wandel, Frankfurt a. M./New York: Campus 1992, S. 73-97

Hauser, R./Müller, K./Frick, J./Wagner, G.: Die Auswirkungen der hohem Unterbeschäftigung in Ostdeutschland auf die personelle Einkommensverteilung. WZB P93-103

Hauser, R.: Das empirische Bild der Armut in der Bundesrepublik Deutschland – ein Überblick. In: Aus Politik und Zeitgeschichte. B 31-32/1995, S. 3-13

Heise, D. R.: Seperating reliability and stability in test-retest-correlation. In: American Sociological Review . 34(1969), S. 93-101

Helwig, G./Nickel, H.M. (Hrsg.): Frauen in Deutschland 1945-1992. Bundeszentrale für politische Bildung. Bonn: B 318/1993

Heseler, H.: Stabile und instabile Erwerbsverläufe bei Betriebsstillegungen. In: BeitrAB 133

Hess, D./Hartenstein, W./Smid, M.: Auswirkungen von Arbeitslosigkeit auf die Familie. In: MittAB 1/1991, S. 178-192

Hillmann, K.-H.: Wertwandel. Darmstadt: Wissenschaftliche Buchgesellschaft, 1989

Hinz, T.: Zwänge und Chancen. In: Berger, P.A./Sopp, P. (Hrsg.): Sozialstruktur und Lebenslauf. Opladen: Leske + Budrich, 1995. S. 253-276

Hofmann, M./Rink, D.: Die Auflösung der ostdeutschen Arbeitermilieus. In: Aus Politik und Zeitgeschichte. B 26-27/1993, S. 29-36

Holst, E./Rinderspacher, J. P./Schupp, J. (Hrsg.): Erwartungen an die Zukunft. Frankfurt a. M./New York: Campus Verlag, 1994

Holst, E./Schupp, J.: Frauenerwerbslosigkeit in den neuen und alten Bundesländern – Befunde des Sozio-ökonomischen Panels. In: DIW Diskussionspapier Nr. 37. Berlin: 1991

Holst, E./Schupp, J.: Perspektiven der Erwerbsbeteiligung von Frauen im vereinten Deutschland. In: DIW Diskussionspapier Nr. 68. Berlin: 1993

Holst, E./Schupp, J.: Erwerbsbeteiligung und Erwerbsorientierung von Frauen in West- und Ostdeutschland 1990 bis 1993. In: DIW Diskussionspapier Nr. 90. Berlin: 1994

Holst, E./Schupp, J.: Aspekte der Arbeitsmarktentwicklung in Ostdeutschland. In: DIW Wochenbericht 23/1995, S. 401-410

Holzkamp, K.: ,Wirkung' oder Erfahrung der Arbeitslosigkeit – Widersprüche und Perspektiven psychologischer Arbeitslosenforschung. In: Forum Kritische Psychologie, Argument-Sonderband AS 139. Berlin: 1986, S. 9-37

Hondrich, K. O. et al.: Krise der Leistungsgesellschaft? Opladen: Westdeutscher Verlag, 1988

Hornstein, W. et.al.: Bericht zum Forschungsprojekt ,Arbeitslosigkeit in der Familie'. München: Universität der Bundeswehr, 1986

Hradil, S. (Hrsg.): Sozialstruktur im Umbruch. Opladen: Leske + Budrich 1985

Hradil, S.: Sozialstrukturanalyse in einer fortgeschrittenen Gesellschaft. Opladen: Leske + Budrich 1987

Hradil, S: Lebenslagenanalysen in der Bundesrepublik Deutschland. In: Timmermann, H. (Hrsg.): Lebenslagen. Sozialindikatorenforschung in beiden Teilen Deutschlands. Saarbrücken-Scheidt: 1990, S. 125-146

Hradil, S. (Hrsg.) (1992a): Zwischen Bewußtsein und Sein. Opladen: Leske + Budrich 1992

Hradil, S. (1992b): „Lebensführung" im Umbruch. In: Thomas, M. (Hrsg.): Abbruch und Aufbruch. Berlin: Akademie Verlag 1992, S. 183-197

Hradil, S.: Die „objektive" und die „subjektive" Modernisierung. In: Aus Politik und Zeitgeschichte. B 29-30/1992, S. 3-14

Hradil, S.: Soziale Schichtung und Arbeitssituation In: Geißler, R. (Hrsg.): Soziale Schichtung und Lebenschancen. Stuttgart: Ferdinand Enke Verlag, 1994, S. 37-73

Hradil, S.: Die Modernisierung des Denkens. Zukunftspotentiale und „Altlasten" in Ostdeutschland. In: Aus Politik und Zeitgeschichte. B 20/1995, S.3-15

Hujer, R./Schnabel, R.: Strukturelle und institutionelle Determinanten der Arbeitslosigkeit aus mikroanalytischer Sicht. In: Hujer, R./Schneider, H./Zapf, W. (Hrsg.): Herausforderungen an den Wohlfahrtsstaat im strukturellen Wandel. Frankfurt a. M./New York: Campus Verlag, 1992, S. 315-341

Hujer, R./Schneider, H.: Unemployment Duration as a Function of Individual Charakteristics and Economic Trends In: Mayer, K. U./Tuma, N. B. (Hrsg.): Applications of Event History Analysis in Life Course Research, Max-Planck-Institut für Bildungsforschung, Berlin 1987, S. 301-326

Hujer, R./Schneider, H./Zapf, W. (Hrsg.): Herausforderungen an den Wohlfahrtsstaat im strukturellen Wandel. Frankfurt a. M./NewYork: Campus Verlag, 1992

Infratest Sozialforschung: Arbeitsmarkt Monitor für die neuen Bundesländer, München Mai 1994

Infratest Sozialforschung: Erwerbsverläufe seit der „Wende", München Oktober 1993

Inglehart, R.: Kultureller Umbruch. Wertewandel in der westlichen Welt. Frankfurt a. M.: Campus 1989

Jackson, P. R: Individuelle und familiäre Bewältigung von Arbeitslosigkeit. In: Schindler, H./Wacker, A./Wetzels, P. (Hrsg.): Familienleben in der Arbeitslosigkeit. Heidelberg: Asanger 1990, S. 23-41

Jahoda, M./Lazarsfeld, P./Zeisel, H.: Die Arbeitslosen von Marienthal. Frankfurt a. M.: Suhrkamp 1969

Jahoda, M.: Arbeitslose bei der Arbeit. Die Nachfolgestudie zu „Marienthal“ aus dem Jahr 1938. Frankfurt a. M./New York: Campus Verlag, 1989

Jaufmann, D./Kistler, E./Meier, K./Strech, K.-H. (Hg.): Empirische Sozialforschung im vereinten Deutschland. Frankfurt a. M./New York: Campus Verlag, 1992

Kaelble, H./Kocka, J./Zwar, H. (Hrsg.): Sozialgeschichte der DDR. Stuttgart: Klett Cotta, 1994

Karr, Werner/John, Karl: Mehrfacharbeitslosigkeit und kumulative Arbeitslosigkeit. In: MittAB 1/1989, S. 1-16

Kieselbach, Th.: Arbeitslosigkeit als psychologisches Problem – auf individueller und gesellschaftlicher Ebene. In: Montada, L. (Hrsg.): Arbeitslosigkeit und soziale Gerechtigkeit. Frankfurt a. M.: 1994, S. 233-263

Kieselbach, Th. et al.: Wege aus der Arbeitslosigkeit. Psychosoziale Problemlagen, Erwartungen und Verbleib von Teilnehmern einer Maßnahme für Langzeitarbeitslose. Kooperationsprojekt Universität Bremen, Förderwerk e.V., Bremen: 1994

Kieselbach, Th./Voigt, P. (Hrsg.): Systemumbruch, Arbeitslosigkeit und individuelle Bewältigung in der Ex-DDR. Weinheim: Deutscher Studienverlag, 1992

Kieselbach, Th./Wacker, A.: Individuelle und gesellschaftliche Kosten der Massenarbeitslosigkeit. Weinheim: Deutscher Studienverlag, 1987

Kieselbach, Th./Wacker, A. (Hrsg.): Bewältigung von Arbeitslosigkeit im sozialen Kontext. Weinheim: Deutscher Studienverlag, 1991

Klages, H.: Wertorientierungen im Wandel. Frankfurt a. M.: Campus 1984

Klages, H.: Traditionsbruch als Herausforderung. Perspektiven der Wertewandelsgesellschaft. Frankfurt a. M.: Campus 1993

Klages, H./Gensicke, Th. (1992a): Wertewandel in den neuen Bundesländern. In: Glatzer, W./Noll, H.-H. (Hg.): Lebensverhältnisse in Deutschland: Ungleichheit und Angleichung. Frankfurt a. M.: Campus 1992, S. 301-360

Klein, Th.: Arbeitslosigkeit und Wiederbeschäftigung im Erwerbsverlauf. In: Kölner Zeitschrift für Soziologie und Sozialpsychologie. 42(1990)4, S. 688-705

Klein, Th.: Zur Zeitabhängigkeit der Wiederbeschäftigungsrate Arbeitsloser. In: Kölner Zeitschrift für Soziologie und Sozialpsychologie. 44(1992)1, S. 134-138

Klipstein, M. v./Strümpel, B.: Der Überdruß am Überfluß. München/Wien: Olzog, 1984

Kmieciak, P.: Wertstrukturen und Wertwandel in der Bundesrepublik Deutschland. Göttingen: Verlag Otto Schwartz, 1976

Koch, Th.: ‚Selbstunternehmertum‘ und ‚Aufschwung‘ Ost. In: Aus Politik und Zeitgeschichte. B 24/1992, S. 37-45

Kohli, M.: Die DDR als Arbeitsgesellschaft? Arbeit, Lebenslauf – soziale Differenzierung. In: Kaelble, H./Kocka, J./Zwar, H. (Hrsg.): Sozialgeschichte der DDR. Stuttgart: Klett Cotta, 1994, S. 31-61

Konietzka, D.: Lebensstile im sozialstrukturellen Kontext. Opladen: Westdeutscher Verlag, 1995

Krause, P.: Einkommensarmut in der Bundesrepublik Deutschland. In: Aus Politik und Zeitgeschichte. B 49/1992, S. 3-17

Krause, P.: Armut im Wohlstand: Betroffenheit und Folgen. DIW Diskussionspapier. Nr. 88 Berlin: 1994

Krause, P.: Ostdeutschland fünf Jahre nach der Einheit: Rückgang der Erwerbsbeteiligung scheint gestoppt, Einkommen gleichen sich weiter an, Armut stagniert; DIW Wochenbericht 50/95, Berlin

Kreckel, R. (1993a): Soziale Ungleichheit und Arbeitsmarktsegmentierung. In: Kreckel, R. (Hrsg.): Soziale Ungleichheiten. Göttingen: Schwartz 1983, S. 137-162

Kreckel, R. (Hrsg.) (1993b): Soziale Ungleichheiten. Göttingen: Schwartz 1983

Kreckel, R.: Klassenbegriff und Ungleichheitsforschung. In: Berger, P. A./Hradil, St. (Hrsg.): Lebenslagen, Lebensläufe, Lebensstile. Göttingen: Verlag Otto Schwartz & Co 1990, S. 51-79

Kreckel, R. (1992a): Markt, Macht, Klasse. In: Thomas, M. (Hrsg.): Abbruch und Aufbruch. Berlin Akademie Verlag: 1992, S. 152-161

Kreckel, R. (1992b): Politische Soziologie der sozialen Ungleichheit. Frankfurt a.M.: 1992

Krömmelbein, S./Schmid, A: Strukturierungsprozesse der Langzeitarbeitslosigkeit in den neuen Bundesländern In: SAMF Arbeitspapier 1995-4, Gelsenkirchen S. 145-150

Kronauer, M./Vogel, B./Gerlach, F.: Im Schatten der Arbeitsgesellschaft. Arbeitslose und die Dynamik sozialer Ausgrenzung. Frankfurt a.M./New York: Campus Verlag, 1993

Kronauer, M./Vogel, B.: Regionale Arbeitsmarktentwicklung und Arbeitslosigkeit in Ostdeutschland. In: SOFI-Mitteilungen. H 21/1994, S. 77-97

Kronauer, M./Vogel, B.: Arbeitslos im gesellschaftlichen Umbruch In: Andreß, H.-J. (Hrsg.): Fünf Jahre danach, Berlin De Gruyter S. 139-162

Kühl, J.: Warum schaffen zwei Millionen Betriebe und Verwaltungen nicht genügend Arbeitsplätze für alle? In: Aus Politik und Zeitgeschichte B3-4/96, S. 26-39

Landesarbeitsamt Berlin-Brandenburg 1992-1994. Referat Statistik. Statistische Mitteilungen.

Landua, D.: Verläufe von Arbeitslosigkeit und ihre Folgen für die Wohlfahrt von Haushalten und Individuen. In: Zeitschrift für Soziologie. 19(1990)3, S. 203-211

Landua, D.: Arbeitslosigkeit im Haushaltskontext. Erwerbstätigkeit und Arbeitslosigkeit. Analysen auf der Grundlage des Sozio-ökonomischen Panels. In: BeitrAB 144/1991, S. 135-148

Landua, D.: „Magere Zeiten". Eine Bilanz der Wohlfahrtsentwicklung in Ostdeutschland aus der Sicht der Betroffenen. In: Aus Politik und Zeitgeschichte. B 29-30/1992, S. 29-43

Landua, D./Habich, R.: Problemgruppen der Sozialpolitik im vereinten Deutschland. In: Aus Politik und Zeitgeschichte. B 3/1994, S. 3-14

Landua. D./Spellerberg, A./Habich, R.: Der lange Weg zur Einheit – Unterschiedliche Lebensqualität in den „alten" und „neuen" Bundesländern. WZB P 91-101, Berlin: 1991

Leibfried, S.: Soziale Grundsicherung – Das Bedarfsprinzip in der Sozial- und Gesellschaftspolitik der Bundesrepublik Deutschland, In: Vobruba, G. (Hrsg.): Strukturwandel der Sozialpolitik, Frankfurt a. M. 1990, S. 182-232

Leibfried, S./Voges, W. (Hrsg.): Armut im Wohlfahrtsstaat. Sonderheft 32 der KZfSS. Opladen: Westdeutscher Verlag, 1992

Leibfried, S./Leisering, L. u. a.: Zeit der Armut. Lebensläufe im Sozialstaat. Frankfurt a. M.: Suhrkamp 1995

Licht, G./Steiner, V.: Abgang aus der Arbeitslosigkeit, Individualeffekte und Hysteresis. In: BeitrAB 144, S. 182-206

Ludwig-Mayerhofer, W.: Arbeitslosigkeit und Erwerbsverlauf. In: ZfS. 19 (Oktober 1990)5, S. 345-359

Ludwig-Mayerhofer, W. (1992a): Arbeitslosigkeit, Erwerbsarbeit und Armut. Längerfristige Armutsrisiken im Kontext von Haushalt und Sozialstruktur. In: Leibfried, S./Voges, W. (Hrsg.): Armut im Wohlfahrtsstaat. KZfSS, Sonderheft 32. Opladen: 1992 , S. 380-402

Ludwig-Mayerhofer, W. (1992b): Fakt und Artefakt in der Analyse von Arbeitslosigkeitsverläufen. In: Kölner Zeitschrift für Soziologie und Sozialpsychologie. 44(1992)1, S.124-133

Ludwig-Mayerhofer, W. (1995a): Familiale Vermittlung sozialer Ungleichheit. In: Berger, P.A./Sopp, P. (Hrsg.): Sozialstruktur und Lebenslauf. Opladen: Leske + Budrich, 1995, S. 155-177

Ludwig-Mayerhofer, W. (1995b): Was heißt, und gibt es kumulative Arbeitslosigkeit? Untersuchungen zu Arbeitslosigkeitsverläufen über 10 Jahre. In: Zapf, W./Schupp J./Habich R. (Hrsg.): Lebenslagen im Wandel: Sozialberichterstattung im Längsschnitt. Frankfurt a. M.: Campus 1995, S. 210-239

Marz, L.: Dispositionskosten des Transformationsprozesses. In: Aus Politik und Zeitgeschichte. B 24/1992, S. 3-14

Mayer, K.U./Blossfeld, H.-P.: Die gesellschaftliche Konstruktion sozialer Ungleichheit im Lebensverlauf. In: Berger, P.A./Hradil, S. (Hrsg.): Lebenslagen, Lebensläufe, Lebensstile. Soziale Welt Sonderband 7. Göttingen: 1990, S. 297-318

Mayer,K. U.: Lebensläufe und sozialer Wandel. (Hg.): KZfSS, Sonderheft 31. Opladen: 1991

Metzler, P./Nickel, B.: Zeitreihen- und Verlaufsanalysen. Leipzig: S. Hirzel Verlag Leipzig 1986

Meulemann, H.: Wertewandel und kulturelle Teilhabe. Fernuniversität Hagen: 1992

Meulemann, H.: Aufholtendenzen und Systemeffekte. Eine Übersicht über Wertunterschiede zwischen West- und Ostdeutschland. In: Aus Politik und Zeitgeschichte. B 40-41/1995, S.21-33

Meyer, H. (Hrsg.): Soziologen-Tag Leipzig 1991. Berlin: Akademie Verlag, 1992

Meyer, S./Schulze, E.: Frauen in der Modernisierungsfalle – Wandel von Ehe, Familie und Partnerschaft in der Bundesrepublik Deutschland. In: Hellwig, G./Nickel, H. M.(Hrsg.): Frauen in Deutschland 1945-1992. Bundeszentrale für politische Bildung. Bonn: B 318/1993, S. 166-190

Montada, L. (Hrsg.): Arbeitslosigkeit und soziale Gerechtigkeit. Frankfurt a. M.: Campus Verlag, 1994

Müller, K./Frick, J./Hauser, R.: Die hohe Arbeitslosigkeit in den neuen Bundesländern und ihrer Verteilungwirkungen: In: Andreß, H.-J. (Hrsg.): Fünf Jahre danach. Berlin De Gruyter 1995, S. 197-223

Müller-Hartmann, I.: Soziale Lage, soziale Risiken und ihre Bewältigung in den neuen Bundesländern. In: Berliner Journal für Soziologie. H 3/1995, S.303-317

Mutz, G. (1993a): Biographische Normalisierung diskontinuierlicher Erwerbsverläufe, mps-texte. H 1/1993

Mutz, G. (1993b): Diskontinuierliche Erwerbsverläufe und soziale Ungleichheit, mps-texte. München: H 2/1993, S. 10

Mutz, G.: Unterbrechungen im Erwerbsverlauf und soziale Ungleichheit. In: Zwick M. (Hg.): Einmal arm, immer arm? Neue Befunde zu 'Armut in Deutschland. Frankfurt a. M/New York: Campus, 1994, S. 156-180

Mutz, G.: Erwerbsbiographische Diskontinuitäten in West- und Ostdeutschland. Eine Systematisierung ungleichheitsrelevanter Deutungsmuster. In: Berger, P.A./Sopp, P. (Hrsg.): Sozialstruktur und Lebenslauf. Opladen: Leske + Budrich, 1995, S 205-233

Mutz, G.: Institutionalisierung reflexiver Erwerbsverläufe in West- und Ostdeutschland. Erwerbsbiographische Stabilität und Kontinuität. In: Hoerning, E. M./Corsten, M. (Hrsg.): Institution und Biographie – die Ordnung des Lebens (im Druck).

Mutz, G.: Institutionalisierung von erwerbsbiographischer Diskontinuität in West- und Ostdeutschland. Eine Systematisierung ungleichheitsrelevanter Deutungsmuster. In: Hoerning, E. M./M. Corsten (Hrsg.): Institution und Biographie – die Ordnung des Lebens (im Druck).

Mutz, G./Ludwig-Mayerhofer, W./Koenen, E.J./Eder, K./Bonß, W.: Diskontinuierliche Erwerbsverläufe. Opladen: Leske + Budrich, 1995

Naßmacher, H./Niedermayer, D./Wollmann, H. (Hg.): Politische Struktur im Umbruch. Berlin: Akademie Verlag, 1994

Neubäumer, R. (Hrsg.): Arbeitsmarktpolitik Kontrovers. Darmstadt: Wissenschaftliche Buchgesellschaft, 1993

Nickel, H. M./Kühl, J./Schenk, S. (Hrsg.): Erwerbsarbeit und Beschäftigung im Umbruch. Berlin: Akademie Verlag 1994

Nickel, H. M.: Frauen im Umbruch der Gesellschaft. In: Aus Politik und Zeitgeschichte. B 36-37/1995, S. 35-44

Noelle-Neumann, E./Strümpel, B.: Macht Arbeit krank? Macht Arbeit glücklich? München, Zürich: Piper, 1985

Noll, H.-H./Schuster, F.: Soziale Schichtung und Wahrnehmung sozialer Ungleichheit im Ost-West-Vergleich. In: Glatzer, W./Noll, H.-H. (Hrsg.), Lebensverhältnisse in Deutschland. Ungleichheit und Angleichung. Frankfurt a. M./NewYork: Campus Verlag, 1992, S. 209-230

Noll, H.-H.: Steigende Zufriedenheit in Ostdeutschland, sinkende Zufriedenheit in Westdeutschland. In: ISI, Nr.11, 1994, S. 1-7

Norušis, M. J.: SPSS Advanced Statistics, Chicago SPSS 1994

Offe, C. (Hrsg.): Arbeitsgesellschaft. Frankfurt a. M.: Campus 1984

Osterloh, M./Oberholzer, K.: Der geschlechtspezifische Arbeitsmarkt: Ökonomische und soziologische Erklärungsansätze. In: Aus Politik und Zeitgeschichte. B 6/1994, S. 3-10

Parmentier, K. et al.: Berufs- und Erwerbsstrukturen West- und Ostdeutschlands im Vergleich. Nürnberg: 1993, BeitrAB 176

Parmentier, K.: Arbeitsmarktentwicklung in den neuen Bundesländern. Ergebnisse des Arbeitsmarkt-Monitors In: Glatzer, W./Noll, H.- H. (Hrsg.): Lebensverhältnisse in Deutschland. Ungleichheit und Angleichung. Frankfurt a. M.: Campus Verlag, 1992, S. 9-28

Pischner, R./Wagner, G.: Bilanz der Erwerbschancen fünf Jahre nach der Wende in Ostdeutschland. DIW Wochenbericht 46/95, Berlin

Pichelmann, K./Riedel, M.: New Jobs or Recalls, Folw Dynamics in Austrian Unemployment Reconsidered, In: Empirica – Austrian economic papers, Vol. 19, No. 2, 1992, S. 259 – 274

Pichelmann, K./Riedel, M.: Unemployment Duration and the change in individual earnings: Evidence from Austrian panel data, Forschungsbericht No. 317. Wien: Institut für Höhere Studien, 1993

Priller, E.: Armut durch Arbeitslosigkeit – sozialer Wandel und Verarmungsrisiken in den neuen Bundesländern. In: Beschäftigungsobservatorium Ostdeutschland. Nr. 12, 4. Jg., S. 3-6

Ritschel, D.: Ausdifferenzierung von Milieus und Lebensstilen in Ostdeutschland – Perspektivische Trends. In: Sydow, S./Schlegel, U./Helmke, A. (Hrsg.): Chancen und Risiken im Lebenslauf: Wandel in Ostdeutschland. Berlin: Akademie Verlag 1995, S. 223-234

Ritschel, D: Soziale Milieus in der ehemaligen DDR. In: Thomas, M. (Hrsg.): Abbruch und Aufbruch. Berlin: Akademie Verlag 1992, S. 293-302

von Rosenbladt, B.: Arbeitslose in einer prosperierenden Wirtschaft. In: MittAB 1/1991, S. 146-156

Rosendorfer, T.: Erwerbsbeteiligung von Frauen in Sachsen-Anhalt, In: Forschungsbeiträge zum Arbeitsmarkt in Sachsen-Anhalt Band 3, S. 10-35

Rudolph, H.: Struktur und Dynamik der Langzeitarbeitslosigkeit in der Bundesrepublik Deutschland 1980 – 1990

Sackmann, R.: Individuelle und gesellschaftliche Strukturierung beruflicher Diskontinuität. Vortrag, gehalten bei der Jahrestagung der Sektion Biographieforschung 1993. In: Hoerning E. M./ Corsten, M.: Institution und Biographie – die Ordnung des Lebens (im Druck).

Sackmann, R./Wingens, M.: Berufsverläufe von DDR-Hochschulabsolventen nach der „Wende", In: Das Hochschulwesen. 1994/1, S. 23-31

Sackmann, R.: Competing Generations in the Labour Market, paper presented at the World Congress of Sociology. Bielefeld: 1994

Schenk, S.: Erwerbsverläufe in Transformationsprozeß. In: Bertram, H. (Hrsg.): Ostdeutschland im Wandel. Lebensverhältnisse – politische Einstellungen. Opladen: Leske + Budrich, 1995, S. 69-97

Schenk, S./Schlegel, U.: Frauen in den neuen Bundesländern – Zurück in eine andere Moderne? In: Berliner Journal für Soziologie. B 3/1993, S. 369-384

Schindler, H./Wacker, A./Wetzels, P. (Hrsg.): Familienleben in der Arbeitslosigkeit. Heidelberg: Asanger 1990

Schmal, A.: Ungleichheiten auf dem Arbeitsmarkt zwischen Bevölkerungsgruppen und Regionen. In: Montada, L. (Hrsg.), Arbeitslosigkeit und soziale Gerechtigkeit. Frankfurt a. M.: Campus 1994, S. 87-106

Schramm, F.: Arbeitslosigkeit in Ostdeutschland. Wie betroffen sind die Nichtbetroffenen? In: Nickel, H.-M./Kühl, J./Schenk, S. (Hrsg.): Erwerbsarbeit und Beschäftigung im Umbruch. Berlin: Akademie Verlag, 1994

Schreyer, F.: Weibliche familiale Arbeit und männliche Dauerarbeitslosigkeit im Arbeitermilieu. Nürnberg: BeitrAB 149/1991

Schröter, U.: Ostdeutsche Frauen im Transformationsprozeß. In: Aus Politik und Zeitgeschichte. B 20/1995, S. 31-42

Schulze Buschoff, K.: Familie und Erwerbsarbeit in der Bundesrepublik. WZB, FS III 95-402

Schulze, G.: Die Transformation sozialer Milieus in der Bundesrepublik Deutschland. In: Berger, P. A./Hradil, St.: Lebenslagen – Lebensläufe – Lebensstile. Göttingen: Verlag Otto Schwartz & Co. 1990, S. 409-432

Schulze, G.: Erlebnisgesellschaft. Frankfurt a. M/NewYork: Campus Verlag, 1992

Schupp, J.: Stabilität, Wandel und „Optionalität". In: Berger, P.A./Sopp, P. (Hrsg.): Sozialstruktur und Lebenslauf. Opladen: Leske + Budrich, 1995, S 107-130

Schweigel, K./Segert, A./Zierke, I.: Leben im Umbruch. In: Aus Politik und Zeitgeschichte. B 29-30/1992, S. 55-51

Schweigel, K./Segert, A./Zierke, I.: Ostdeutsche Lebensgeschichten. In: Mitteilungen aus der kulturwissenschaftlichen Forschung. 17(1994)34, S. 192-398

Schwenk, O.G.: Mobilität sozialer Lagen in den neuen Bundesländern seit 1990. Vortragsmanuskript, KSPW-Workshop. Berlin: 12./13.10. 1994

Schwenk, O.G.: Gesellschaften im Umbruch. Vortragsmanuskript, 27. Kongreß der DGS. Halle: April 1994

Schwenk, O.G.: Lebensbedingungen und Bausteine für die Konstruktion sozialer Lagen in Ostdeutschland – Werkstattbericht. In: Bertram, H. (Hrsg.): Ostdeutschland im Wandel: Lebensverhältnisse – politische Einstellungen. Opladen: Leske + Budrich, 1995, S. 3-29

Segert, A./Zierke, I.: Gemeinsam im Protest – Verschieden im Anspruch. In: Berliner Journal für Soziologie. Band 3/1993, S. 409-429

Segert, A./Zierke, I.: Warum sind die Ostdeutschen plötzlich so kompliziert? In: Initial, H 2/1991, S. 206-215

Seifert, W./Rose, R./Zapf, W.: Ökonomische Verhaltensweisen und politische Einstellungen im vereinten Deutschland. WZB P93-109

Siebers, R./Vonderach, R.: Unterschiedliche lebensgeschichtliche Bewältigungsmuster junger Menschen gegenüber langandauernder Arbeitslosigkeit. In: MittAB 1/1991, S. 193-205

Silbereisen, R. K./Walper, S.: Arbeitslosigkeit und Familie. In: Handbuch der Familien- und Jugendforschung. Bd. I Familienforschung. Neuwied: Luchterhand 1989, S. 535-558

Soziale Welt, Sonderband 9, Umbrüche gesellschaftlicher Arbeit. Göttingen: 1994

Spellerberg, A.: Alltagskultur in Ost- und Westdeutschland. WZB P 94-1. Berlin: 1994

Spellerberg, A.: Freizeitverhalten – Werte – Orientierungen. WZB P 92-11. Berlin: 1994

Spellerberg, A.: Lebensstile in West- und Ostdeutschland. WZB P94-105

Statistisches Bundesamt (Hrsg.): Datenreport 1994. Bundeszentrale für politische Bildung Bonn 1995

Steiner, V.: Kumulative Arbeitslosigkeit, In: Wirtschaft und Gesellschaft. Heft 1, Jg. 13 (1988) S. 55-124

Strittmatter, F. J.: Langzeitarbeitslosigkeit im Wohlfahrtsstaat. Nürnberg: BeitrAB 157/1992

Vester, H. G.: Zeitalter der Freizeit. Darmstadt: Wissenschaftliche Buchgesellschaft, 1988

Vester, M./von Oertzen, P./Geiling, H./Hermann, T./Müller, D.: Soziale Milieus im gesellschaftlichen Strukturwandel. Köln: Bund-Verlag, 1993

Vester, M.: Das Janusgesicht sozialer Modernisierung. In: Aus Politik und Zeitgeschichte. B 26-27/1993, S. 3-19

Vester, M.: Deutschlands feine Unterschiede. In: Aus Politik und Zeitgeschichte. B 20/1995, S. 16-39

Vester, M./Hoffmann, M./Zierke, I. (Hrsg.): Soziale Milieus in Ostdeutschland. Köln: Bundes Verlag, 1995

Vonkrad, G./Siebus, R/Barr, M.: Arbeitslosigkeit und Lebensgeschichte. Opladen: Leske + Budrich, 1992

Wacker, A.: Arbeitslosigkeit: soziale und psychische Folgen. Frankfurt a. M.: Europäische Verlagsanstalt 1983

Wacker, A.: Differentielle Verarbeitungsformen von Arbeitslosigkeit. In: PROKLA, 13(1993)4, S. 77-88

Wagner, M.: Arbeitslosenkarrieren, In: Journal für Sozialforschung Nr. 30, 1990, S. 5-23

Weymann, A./Wingens, M.: Risikopassage Berufseintritt. Hochschulabsolventenkohorten in den neuen Bundesländern im Vergleich, In: Statuspassagen und Risikolagen im Lebensverlauf, Arbeits- und Ergebnisbericht des sfb 186. Bremen: 1993, S. 77-103

Winkler, G. (Hg.): Sozialreport 1995. Berlin: SFZ 1995

Wittich, D. (Hrsg.): Momente des Umbruchs. Berlin: Edition Sigma, 1994

Wittich, D.: Zur individuellen Verarbeitung von Langzeitarbeitslosigkeit – Auswertung qualitativer Interviews. In: Hahn, T./Schön, G.: Verläufe und subjektive Bewältigung von Arbeitslosigkeit/Wiederbeschäftigung, KSPW-Endbericht, Berlin: Trafo-Verlag 1996

Woderich, R.: Mentalitäten im Land der kleinen Leute. In: Thomas, M. (Hrsg.): Abbruch und Aufbruch. Berlin: 1992, S. 76-90

Zapf, W.: Modernisierung und Modernisierungstheorien. WZB AG Sozialberichterstattung, P 90-104. Berlin: 1990

Zapf, W.: Die Transformation in der ehemaligen DDR und die soziologische Theorie der Modernisierung. WZB AG Sozialberichterstattung, P 92-104, Berlin 1992. Auch in: Berliner Journal für Soziologie. B 3/1994, S. 295-305

Zapf, W./Habich, R.: Die Wohlfahrtsentwicklung im vereinten Deutschland. In: Zapf, W./Dierkes, M. (Hg.): Institutionenvergleich und Institutionendynamik. WZB-Jahrbuch 1994, Berlin: Edition Sigma, S. 327-348

Zapf, W./Schupp J./Habich R. (Hg.): Lebenslagen im Wandel: Sozialberichterstattung im Längsschnitt. Frankfurt a. M.: Campus 1995

Zoll, R.(Hrsg.): „Hauptsache, ich habe Arbeit“. Frankfurt a. M.: Suhrkamp, 1984

Zwick, M. M. (Hg.): Einmal arm, immer arm? Neue Befunde zur Armut in Deutschland. Frankfurt/Main New York: Campus 1994

Die Autoren des Bandes

Toni Hahn, Prof. Dr. sc., Jahrgang 1936. Seit 1959 Lehr- und Forschungstätigkeit in Ethik und Soziologie an der Humboldt-Universität Berlin, ab 1983 an der Akademie der Wissenschaften der DDR tätig. Forschungsschwerpunkte: Motivationsanalyse und -theorien, Lebensweise, soziale Problemgruppen. Seit 1990 Arbeitslosigkeitsforschung, insbesondere gefördert durch die DFG. Tätig am Brandenburgischen Institut für Arbeitsmarkt- und Beschäftigungsentwicklung (biab e.V.).

Gerhard Schön, Diplom-Soziologe, Jahrgang 1963. Bis 1992 Studium an der Freien Universität Berlin, Studienjahr 1989/90 DAAD-Stipendiat in Kasan und Moskau. Seit 1992 wissenschaftlicher Mitarbeiter am Brandenburgischen Institut für Arbeitsmarkt- und Beschäftigungsentwicklung (biab e.V.). Forschungsschwerpunkte: Gesellschaftstheorie, Arbeitslosigkeitsforschung, Methodik der empirischen Sozialforschung.

GPSR Compliance

The European Union's (EU) General Product Safety Regulation (GPSR) is a set of rules that requires consumer products to be safe and our obligations to ensure this.

If you have any concerns about our products, you can contact us on ProductSafety@springernature.com

In case Publisher is established outside the EU, the EU authorized representative is:

Springer Nature Customer Service Center GmbH
Europaplatz 3
69115 Heidelberg, Germany

Batch number: 10809464

Printed by Printforce, the Netherlands